U0689730

启真馆 出品

规则与治理：
理论、现实与政策选择

毛寿龙　冯兴元　主编

◎ 社会市场经济的经验与意蕴

◎ 暴力的制度结构

◎ 哈耶克与凯恩斯：论战最后的同与异

ZHEJIANG UNIVERSITY PRESS
浙江大学出版社

目 录

第三部分　中西思想与治道变革

第四部分　制度、自主治理与发展

第一部分　货币理论、财政民主与复合共和制

暴力的制度结构

毛寿龙 [*]

从经济上来说，暴力是得不偿失的，因为往往两败俱伤。从道德上来说，人类一直谴责暴力，以和为贵。但从政治上来说，冲突是普遍存在的。很多冲突，是暴力性的，有些是个性决定的，而且可能跟肝火有关系。但是，从制度上来说，很多冲突是结构性的，是制度结构决定的。中国目前普遍存在的网络语言暴力、腹诽以及无权力者的暴力，也就是社会群体性冲突事件，韩国、日本等民主化过程中存在的议会暴力，可能和当事个人的脾气有关系，但普遍存在的暴力行为，应该是一个制度结构问题。本文将分析暴力的制度结构因素。

一、暴力与秩序

暴力（violence），是人类社会的普遍存在。在中文世界，对暴力的研究较少，但在英文世界，却是很多学者的研究对象。搜索亚马逊英文网站，有将近 4 万本书，涉及暴力研究，并且是多学科的，包括政治学、经济学、法学、社会学等社会科学，主题

* 毛寿龙，中国人民大学公共管理学院公共政策与安全研究所教授、博士生导师，公共政策研究院执行副院长，中国政府制度创新研究中心主任。

涉及国家暴力、社会暴力、犯罪、家庭暴力、精神分析等。这足见暴力受人们关注的程度和其重要性。

诺贝尔经济学奖获得者诺斯和他的合作者于 2009 年写过一本书，专门研究暴力和社会秩序之间的逻辑关系，书名是《暴力与社会秩序：解释有文字记载以来人类历史的概念框架》。他们认为，对暴力的控制意味着秩序。人类历史上有两种秩序：一种是自然国家的秩序（natural states），一种是开放进入社会的秩序（open access society）。前者用封闭和控制暴力来建立秩序，后者用开放和竞争来建立秩序，该书的核心是探索什么是自然国家的秩序，什么是开放进入社会的秩序，然后探索人类如何从自然国家秩序向开放进入社会秩序转变的逻辑。人类从暴力秩序走向自然国家秩序，是文明的进入，从自然国家秩序走向开放进入社会的秩序，更是文明的进步。迄今为止，只有 25 个国家，15% 的人口，实现了第二步的转型。[1]

哈耶克，探索了人类的内在秩序（kosmos）和外在秩序（taxis）。他认为，秩序有两种，一种是制造（made）的秩序，即外在的秩序，一种是长成（grown）的秩序，即内在的秩序。制造的秩序，是以一种命令与服从的关系为基础，或者以整个社会的等级结构为基础的秩序，在这里"优位者的意志，从而最终是某个最高权力机构的意志，决定着每个个人所必须做的事情"。这种秩序是一种威权至上的秩序（authoritarian）。它是简单的制造者能够控制的，其目的始终服务于制造者的目的。与此相反，长成的秩序，是内在的秩序，是以自由和平等互助合作的关系为基础，没有整个社会的等级结构，是自由至上的秩序。它可能是简单的，但却易于长成为复杂的，它没有单一的目的，每一个成员都可以

[1] Douglass C. North, John Joseph Wallis & Barry R. Weingast, *Violence and Social Orders: A Conceptual Framework for Interpreting Recorded Human History*, Cambridge University Press, 2009.

有其目的。威权至上的秩序，显然是建构的秩序，而自由至上的秩序，自然是演进的秩序。哈耶克还分析了法律、自由和秩序之间的关系，发现从古希腊人、罗马的西塞罗，到洛克、休谟、康德等古典自由主义者，到19—20世纪美国的许多政治家，都认为法律与自由是相互依存而不可分离的，而对霍布斯、边沁和很多法国的思想家如卢梭以及现代法律实证主义者来说，法律必然意味着对自由的侵犯。哈耶克认为，这些伟大的思想家们的思想冲突，实际上反映了两种法律观的冲突。[1]

诺斯的思路是历史和理论框架的，哈耶克的思路是价值和逻辑的。他们的角度不同，用词不同，但价值和逻辑是一致的。他们都认为，有两种秩序，秩序意味着力量的非暴化，力量依然是秩序的核心，但是力量不再是暴力的，人与人之间可以争辩与竞争，但不再杀戮和压迫。

从诺斯的分析框架来看，中国很早就就进入了自然国家秩序，但是从自然国家秩序，到开放进入社会的秩序，经历了一百多年的暴力动乱，而后又回到了自然国家秩序。改革开放以来，由于市场秩序的发展，开放进入在经济领域逐步产生，社会领域也逐步开放，政治领域也有所松动。这个过程，显然也是暴力滋生的过程。如何在结构上理解暴力，有助于中国的转型。从哈耶克的价值和逻辑角度来看，中国一直试图以理性和暴力来建立一个等级制的外在秩序，虽然建立了一个文明的帝国，但是一直存在着难以解决的普遍暴力问题。一个内在的秩序如何形成？如何消除暴力的制度结构基础？哈耶克说明了内在秩序的逻辑，但却没有说如何做到，以及内在秩序是如何建立起来的。

本文要回答的问题是，暴力的制度结构是什么呢？或者说秩序的制度结构是什么呢？制度结构，对于约束暴力、建立文明秩序，

---

[1]　弗里德里希·冯·哈耶克著，《法律、立法与自由》（第一卷），邓正来　译，中国大百科全书出版社，2000。

是非常关键的。但是，制度结构的特点是什么呢？

本文认为，治理的制度结构，可以分为三种，一种是单中心集权的制度结构，一种是多中心自主治理的制度结构，一种是单中心民主的制度结构。本文发现，单中心集权的制度结构里，充满着无权力者的暴力，单中心集权结构民主化过程中形成的单中心民主结构中存在着大量的少数派暴力问题。

本文将在理论上分析这些结构中的冲突问题，并认为在多中心自主治理结构里，不会有结构性的暴力冲突问题，因为它有着多样化的暴力化解机制，而使得暴力处于最低的水平，并且暴力往往是因为个人的原因，即使有群体性的暴力，也很容易得到反思，并在多中心的结构里得到化解。单中心民主结构，随着民主实践的发展，政党将越来越民主化，国家层次的权力结构将多中心化，地方自治将越来越发展，个人言论自由、个人利益和个人权利也将得到充分保护，单中心民主结构也将为多中心的自主结构所取代，其暴力行为的制度结构基础将消失。

二、单中心集权与结构冲突

在单中心的制度结构里，有一个决策中心，这个决策中心，比如一位君主。在决策中心之下，有多个次决策中心，比如总督。总督下还有基层的决策中心，比如郡、县或乡镇，或者这三个都有，然后是最底层的个人。

在单中心的决策结构里，有很多冲突，比如认识冲突、利益冲突和权力冲突。认识冲突，可能是多个层面的。可能是理念的冲突、制度的冲突、人事的冲突、政策的冲突、策略的冲突，或者是议题的冲突。

理念的冲突，在单中心的结构里，往往是通过下级服从上级的形式形成的。下级必须无条件服从上级，全体必须服从核心。

但是，冲突还是存在的。因为个人不可能没有自己的意识。要让下级在理念上服从上级，要解决冲突必须形成共识。那么如何形成呢？首先，是通过系统的学习和教化。所以，单中心的体制需要经常组织学习，从而统一思想。学习的过程，是理解的过程，同时也是背诵和记忆的过程。反复的学习和灌输，也就是洗脑，尽可能去除思想杂念。其次，在利益层面给予鼓励。思想一致的，给予晋升，思想不一致的，不给予晋升的机会。最后，通过权力机制来消除冲突。在学习和利益机制下，如果还有一些没有改变思想，那就通过国家强制力镇压。所以，学习、利益激励和权力压制，是形成共识的三大方法。

当然，这种做法会出现很多问题：一是为了服从共识或者为了洗脑而形成的学习机制，并不是一种创新性学习，这势必导致决策的知识质量下降。二是在利益层面，为了统一思想而给予利益，这时候，就会有很多策略行为，比如为了晋升，假装已经改变了思想，形成了共识，但是实际上是在腹诽。这虽然强化了共识，但其广泛存在的策略行为，也就是谎言和假象，往往使得整个社会的道德水平下降，从而使得执政者的合法性基础逐步流失。三是通过强权来镇压不同意见，会进一步强化这种策略行为，很多人得不到利益，也没有形成共识，却因为恐惧而服从，或者引起更为激烈的反抗，从而导致暴力行为的正当性。

在这样的冲突解决机制条件下，人们平常很少会辩论，一旦辩论就会被认为是有不同意见，就会想到有一个"大哥"在边上，很多话题的辩论，都必须要有很高超的辩论技巧，巧妙地把意思表达出来，让人感觉不是异见者，同时也不是为了啥利益。有些话题，就是敏感话题，所谓的敏感，就是"大哥"比较敏感的话题。由于语言的问题，很多语言也会成为敏感语言，还有好多敏感词。由于缺乏讲理和辩论的实践，一旦有争论，就会看谁的声音高，看谁胆子大，尤其是看谁的位子高，看谁有操作能力。而且最终会诉诸暴力，体制的暴力，或者肢体的暴力。有体制之暴力者，会回避肢体的暴力，但没有权位的人，往往会倾向于肢体的暴力。所以，在这样的社会里，有权力者，往往彬彬有礼，笑容可掬，但是你不知道是不是真的在笑，他们有国家权力保障他们的利益。但是对于无权者来说，在生活中因为缺乏辩论的能力和技巧的培养，往往依靠自己的暴力来生活。语言的暴力，乃至肢体的暴力，甚至对智障残疾的暴力，往往在无权者的社会里蔓延。这样的社会，儿子胜于女儿，因为儿子，拥有暴力的能力，是权力的象征。因此，这样的社会，是流行溺女婴的社会，也是流行选择性流产的社会。

所以，在单中心结构下，会形成一种单中心的和为贵的文化，一种单中心的服从为贵的文化，一种重语言暴力、重肢体冲突和轻理性辩论的文化。正是在这种文化条件下，一旦进入民主化运作，没有办法再借助体制性暴力的时候，语言暴力、肢体冲突就进入了民主辩论的领域。目前网络上普遍存在的语言暴力，说明网络成了民主发展的重要领域。网上的语言暴力冲突，转而到网友在网下约架，说明语言暴力开始发展为肢体的暴力。

三、多中心自主治理与民主共识

与单中心的结构不同，多中心的结构里，每一个个人就是决策中心，然后根据不同的公共事务，形成必要的决策中心。比如就地域范围来说，一定生活圈范围内的邻里小区就是一个邻里小区的决策中心，决定保安、保洁、绿化等公共事务的融资、生产、购买和消费等事务。一个城市是一个决策中心，决定城市的公共事务。一个乡镇是决策中心，决定其乡镇公共事务。一个省是决策中心，决定省的事务，比如教育、医疗服务，司法服务等。一个国家也是一个决策中心，国防外交都是其重要的服务。

所以，多中心的结构，是一个以个人为基础的决策结构。个人决定个人的事务。每一个决策中心内部，不存在一个掌握全权决策权力的人。可能存在总统、省长、市长、县长、乡镇长，但是不存在命令服从的关系。而且这些人往往是选举产生的，他们在选民面前，人人平等。他们都有独立的选票，相互之间自然也就没有什么命令等级的关系。

多中心的非个人决策中心，依然需要有认识、利益和权力冲突的解决以及形成机制。从认识上来说，要把几万人甚至几亿人的意见形成一个共识，在自由辩论的条件下基本上是不可能的。所以，决策的权力，会被严格限于不同决策中心的公共事务上，个人依然是自主治理的中心，个人在社区形成社区的决策，在县、城市、省和国家不同层次，形成不同的决策共识。

为了形成共识，一般会在制度上进行安排。如建立种种形式的代表制度，尽可能避免全国性的、大范围的冲突，把冲突控制在很小的范围内。

为了解决冲突，一个选区一个代表，还是一个选区多个代表，或者全国的代表，按照选票的比例来分配。一个选区一个代表是把全国性的民主，建立在地方选区自主治理的基础上。

一个选区一个代表，冲突会集中在选举一个代表上。一个选区，通过多数票选举出一个代表，在全国的层次上代表本选区的多数认识，可能会忽略该选区的少数派共识。但是，这种可能性比较小，因为在小范围内，少数派的利益，总是会得到照顾的。因为在小范围里，人与人都是熟人，而且在很多事务上，每个人都可能是多数，也可能是少数，这样，多数派牺牲少数派，很可能每个人都会被牺牲。所以，在小范围内，少数派的利益不容易被牺牲，多数也不可能实施认识上的暴政。

从利益上来说，多中心的利益，都是以个人利益为基础的，所有的公共利益，都基于个人的利益。这样的利益结构，不会牺牲个人利益，其结果是，利益上的多数派，如果无法牺牲个人利益，那么就很难损害少数派的利益。如果在一个公共利益里，多数派和少数派的个人利益，无法调和，那么就不会有公共政策。

从权力角度来说，权力的力量来自制度性的安排。权力，来自强制力，来自金钱，来自个人魅力，来自制度和规范，来自选票，这些东西都会通过制度安排，正当地成为权力基础。在多中心的社会里，依然有军队、警察和司法等强制力量，这是重要的权力，也会有因财政、货币、土地和金钱等资源产生的权力。选票，是民主的力量源泉。军队、警察和司法，是国家暴力。财政、货币、土地等，都是重要的资源。这些东西，都要有多中心的制度安排，才能让它们成为合理的权力。

从真理的角度来说，波普尔就认为，人类无法获得终极真理，所以，人类社会需要有不同观点的人和平相处的制度。波普尔相信，这是开放社会。[1] 自然，人们也无法有唯一的共同利益，也无法完全获得所有的知识和信息，无法获得所有的需求，无法一揽子解决所有的问题，这都需要有一个多中心的制度结构；否则，人类社会，终将充满暴力。

四、单中心民主：多数暴政与少数暴力

单中心集权的国家，往往产生权力暴政，并产生隐蔽的冲突，和显在无权力者的暴力反抗。在民主化进程中，往往会产生多数暴政，以及少数人的暴力。

在单中心集权国家，由于缺乏自主治理的传统，尤其是很多权力的资源本身都是单中心安排的，一旦民主化之后，全国性的政党往往具有很好的纪律，政党往往不够民主。其民主制度往往是以政党为核心来选举。实行政党分赃制，全国性代表，按照党派，以得票多少来分配代表，在全国代表大会里，就会出现多数派和少数派。多数派，就比较容易实施多数暴政。因为多数派，在全国有多数，而且所代表的多数，和少数派所代表的少数，纯粹是一个数量关系，两者缺少一种通感能力，也很少面对面。一旦全

---

[1] 卡尔·波普尔，《开放社会及其敌人》，中国社会科学出版社，1999。

国性占多数，就在所有的方面占多数。所以，多数人的认识就在决策上成了压倒一切的认识，少数派的认识就会被忽略不见。一旦少数派在很多方面被多数暴政，那么少数派就会在很多方面倾向于暴力的行为，直到多数派照顾少数派的认识为止。

当然，在单中心的民主结构里，多数派的利益就是国家利益，个人利益不是多数派的利益，就是少数派的利益。个人利益不是为多数派利益牺牲，就是为少数派利益冲突。在这种情况下，一旦多数派成为国家利益，少数派的利益，就会被成为反国家的利益。少数派总是处于被牺牲的位子上。显然，多数派可以彬彬有礼，少数派为了捍卫在结构上就被牺牲了的利益，就只好诉诸于暴力。

不过随着民主政治的进步，个人言论自由、利益和权利越来越得到保护，地方性公共事务越来越在地方层次得到运作，国家和各级政府之间的关系越来越呈现出多中心运作的态势，政党政治也越来越民主化，国家司法权力强化，立法权力强化等等，单中心民主逐步转变为单中心自主治理为基础的民主政治。在这一新的结构中，无疑，无权者的暴力，少数派的暴力，都失去了制度基础。

五、制度设计与自然演进：经验和实践的政策选择

显然，政治中的暴力行为，是有制度结构原因的。在单中心集权和单中心民主的结构里，都有暴力行为，无权派容易有暴力，少数派也容易有暴力。要解决无权派的暴力问题，要实现民主化。而要解决民主化之后的少数派的暴力问题，就要解决个人利益保护和多中心自主治理的问题。

有关单中心和多中心的研究，最重要的学者显然就是奥斯特罗姆夫妇。对于很多学者来说，政府与市场、集权与分权、帝国与自治、国家与个人、单中心与无中心、民主与专制、官僚制与民

主制都是两分的，而且存在着难解的悖论，各国也只有靠各自的运气，碰巧形成了自己的治理结构。奥斯特罗姆夫妇的贡献就在于，他们发现了自主治理的理论和实践的重要性。诺斯和哈耶克所说的两种秩序，哈耶克所说的建构与演进，这些种种难解的解，都可以通过自主治理的实践得以解决。文森特认为，民主必须以自主治理为基础，才可以解决多数暴政的问题，官僚制公共行政是只有民主的公共行政才可以解决内在的官僚病，公共服务越是自主治理越是有效，宏观结构就是多中心的，并在政治上形成一个复合共和制。埃莉诺以这些理论为基础，观察了世界各国的人在水、森林等公共资源管理方面自主治理成功的经验和失败的教训，尝试性地探索了制度设计和演进的政策选择。[1] 当然，如何在国家层次、大国内部乃至全人类层次，开发理论和技术，推进多中心的制度安排，让人类进入永久和平的年代，这依然是我们需要进一步探索的难题。

如果说，诺斯重视人类的历史，哈耶克重视人类的理念和逻辑，奥斯特罗姆则更重视经验和实践的政策选择。本文的目的就在于，在这些巨人的肩膀上，着眼于暴力，思考相关的制度结构。

---

[1]　文森特·奥斯特罗姆，《复合共和制的整治理论》、《美国公共行政的思想危机》，上海三联书店，1999；埃莉诺·奥斯特罗姆，《公共事物的治理之道》，上海三联书店，2000。

财政社会学源流与我国
当代财政学的发展

李炜光 任晓兰 *

财政社会学注重研究财政与整个社会内部各子系统的相互关系，以及财政收支体系的内在联系，而以马斯格雷夫为代表的主流财政学者是把这些关系割裂开来加以认识的，公共产品的交易机制也在其视野中消失了，因而无论在中国还是在西方，财政学研究都不同程度地陷入困境。相比之下，财政社会学致力于通过对税收和预算制度变革的研究，探求推进现代国家的建构和政治文明进步的途径，为财政学研究开辟了新境界。作为一个融合多种学科的一门综合性极强的大学科，财政社会学曾经独立于各学科之外，尽管衰落一时，但学术价值没有消失，并有良好的发展前景。由于社会转型的复杂性和与西方社会迥然不同的制度演进路径，中国更需要发展财政社会学研究，或许财政社会学的复兴之地正是在中国。

* 李炜光，天津财经大学经济学院教授、博士生导师；任晓兰，天津财经大学法学院副教授、硕士生导师。本文系国家自然科学基金《个人所得税以家庭为单位申报实施征收问题研究》（项目批准号71273184）的阶段性成果。

一、财政社会学的思想源头与内核

财政学的集大成者并不是许多中国学者所认可的马斯格雷夫，而是著有 10 卷本《财政学》并长期引领世界学术潮流的瓦格纳。在瓦格纳看来，"社会"是一个广义的社会体系，由经济系统、政治系统和社会系统三个子系统组成，它们之间相互相辅成，不可偏废。这是一种典型的社会学区分方法。而财政则处于这三大子系统的"节点"上，是联结各子系统的媒介。他的这个学说在两个方向上得到了继承和发展：一是里谢尔（Hans Ritschl）、卡塞尔（Margit Cassel）和科姆（Gerhard Colm）等人组成的新经济学派所主张的二元经济组织论[1]，其二就是由葛德雪和熊彼特创立的财政社会学。

财政社会学认为，"整体社会"包含经济、政治、社会等功能相互关系的要素，要正确、全面地理解财政的含义，就需要将其置于上述各关联要素之中加以诠释，方能得财政之真谛。如财政社会学家所指出的，他们"非常重视整个社会子系统社会体系的作用"。财政社会学对这种关系所做的简单描述是：政治体系从经济体系取得财政资源，以维护社会秩序，转而要为经济体系服务，保护产权和交易行为，以换取经济系统为其永久性地提供资源；同时，政府要为社会提供公共服务，以获得社会成员对它的支持。没有这种政治上的赞同和支持，政府就无合法性可言，共同体的关系也就难以维持既久。

财政社会学创始人之一葛德雪指出，共同体产生于国家之前，财政需求是共同体升格为国家的重要途径，由此，财政便成为历

---

[1] 二元经济组织论主张整个经济组织由性质迥异的公共经济和市场经济构成，共同经济被定位于权力体经济，即"国家经济"，非共同体经济则被定位于"资本主义性质的市场经济"。二元组织论来源于瓦格纳的经济组织论，但是有所区别。详见：神野直彦，《体制改革的政治经济学》，王美平译，社会科学文献出版社，2013，012—13。

史上所有国家层面的体制改革的核心议题。另一位"财政社会学之父"熊彼特则认为，财政社会学是"分析社会的最佳出发点"，特别是"当现存体制开始崩溃、新体制开始产生时，对财政问题展开分析，是认识社会的最有效的方法。原因是，在这种情况下，财政总是陷入危机。"在财政社会学看来，这种危机会蕴藏和表现在包括政治体系、经济体系和社会体系三大社会子系统的全过程之中，当社会陷入危机、人们普遍要求进行改革的时候，就不能把财政问题看作是仅仅是"财政的问题"，而是要把它视为整个社会的大问题来对待和处理，如熊彼特所说，"在这种情况下，必须把所有问题都列入研究对象，并寻求解决方案。我们只有以特定的研究方法进行研究才能奏效，这就是财政社会学。"[1]

如果我们承认财政是政治体系、经济体系和社会体系这三个子系统的媒介，所谓的财政危机便是"整个社会"发生危机的结果和反映。换言之，如果不从这个高度来观察财政现象，即便克服了某个方面的危机，也无助于重大社会危机的化解。显然，如果没有财政的"粘结"作用，"整个社会"的正常运转便不可能，"整个社会"的危机便也就可归结为财政危机了。[2] 这就是我们为什么理应要把体制改革的重点放在税制、预算、政府间权责对应关系等公共财政问题上的原因所在。然而，当代财政学或公共经济学的主流学说却忽略了财政与政治体系和社会体系的关系，对其与经济体系的关系探讨也局限于一些涉及资源配置和调解收入分配的具体问题上，而对解决经济社会的重大问题上显得力不从心。现实中的体制改革，也很少把财政作为这三个子系统的媒介来对待，"经常将整个社会的系统性危机和财政危机颠倒理解"，这就在很大程度上局限了财政学的研究视野和领域，使其日益变得工

---

[1] 神野直彦，《体制改革的政治经济学》，王美平　译，社会科学文献出版社 2013，第 17 页；第 008、011 页。

[2] 同上。

具化和政策化。

二、财政社会学的产生与发展

财政社会学正式形成于一战之后，是在资本主义经济危机中产生的学说，它是"从整个社会的角度而不仅是政府施政的角度来研究财政现象，并在此基础上建立以探求公共财政发展规律的科学门类。"[1]

财政社会学"出身"于奥地利传统，其开创者葛德雪和熊彼特也因此被誉为"财政社会学之父"。虽然葛德雪和熊彼特使用的分析方法有所不同，前者主要使用阶级分析的方法，后者则从个人需求和集体需求出发研究国家的本质，但二人都认为财政是探讨社会结构，特别是探索政治结构的最佳着眼点。在葛德雪看来，以往的财政学并非以对社会科学的总体把握和认识为基础，而是一种为政治利益服务的技术工具，它是以非现实的虚拟观念为前提构成的，未进行严谨的社会学分析，也未能准确阐释财政与政治和社会的关系，而财政社会学的意义正在于阐明财政与社会各子系统的相互关系，重点研究公共财政应当如何受到整个社会的节制，以及公共财政对社会发展应当具有何种节制机能的问题。在熊彼特看来"所有发生过的财政现象，都带有政治结构发生变化的预兆"，"从国家财政入手的这种研究方法，在用于研究社会发展的转折点时，效果尤为显著"，"社会的转折总是包含着原有财政政策的危机。"[2]税收不仅有助于国家的产生，而且有助于它的发展。熊彼特在《税务国家的危机》这篇著名论文中还说道，"一旦税收成为事实，它就好像一柄把手，社会力量可以握住它，

[1] 坂入长太郎，《欧美财政思想史》，张淳　译，中国财政经济出版社，1987，第46—46页。

[2] Joseph A. Schumpeter, "The Crisis of the Tax State", *International Economic Papers*, New York: Macmillan, 1958, P.4.

从而改变社会结构。"[1] 无论什么时候，财政都对一国的政治和社会演进具有决定性的影响。

同时，葛德雪和熊彼特都十分重视财政史的研究。葛德雪认为，以财政学和社会学的交融研究为桥梁，把握国家财政发展的历史，以达到财政学的研究目的。只有正确掌握财政学理论和通晓相应的财政史，才能找到认识国家性质的钥匙。[2] 熊彼特则指出，通过对一个国家财政历史的研究，能使人们"洞悉社会存在和社会变化的规律，洞悉国家命运的推动力量，同时也能洞悉具体的条件，特别是组织形式发展和消失的方式"；"归根到底，一个民族的精神、文化水平、社会结构以及其政策所预备的行为等——所有这一切以及其他更多的东西都反映在它的财政史当中"。[3] 通过历史视角的方法，研究政治制度的变迁过程及文化、经济、军事和社会生活诸领域的奥秘。

除了葛德雪和熊彼特，20 世纪 30 年代以前，财政社会学的学者还有耶希特（Horst Jecht）、兹尔坦等人。耶希特将财政分为传统财政和合理财政两类，在此基础上展开他的财政社会学分析。他指出，市场社会形成后才出现了真正意义上的赋税国家，而赋税国家的财政是一个合理财政的范畴。在《财政经济本质与形态》一文中，他提出了议会政治因税收而产生的思想，进而指出："赋税与近代国家之间的内在联系的思想，开始表现为赋税国家的思想"[4]，而国家观念、议会政治等都以赋税为媒介而形成. 所以在他看来，赋税绝非简单的仅仅是政府财源这样一个简单的经济问题。20 世纪 90 年代以后兴起的"新财政史学"，将欧洲进一步细

[1] Joseph A. Schumpeter, "The Crisis of the Tax State", *International Economic Papers*, New York: Macmillan, 1958, pp.17-19.

[2] 坂入长太郎，《欧美财政思想史》，张淳　译，中国财政经济出版社，1987，第 348 页。

[3] R.A.Musgrave "Schumpeter's crisis of the tax state,an essay in fiscal sociology", *Evolutionary Economics* ,1992,2: 89-113.

[4] 坂入长太郎，《欧美财政思想史》，张淳　译，中国财政经济出版社，1987，第 351 页。

分为贡赋国家（tribute state）、领地国家（domain state）、赋税国家（tax state）和财政国家（fiscal state）。

兹尔坦（Herbert Sultan）在其《国家收入论》中认为，国家经济与市场经济共同发生作用，财政与政治、经济、社会具有高度的相关性，这种相关性导致国家向私人部门的渗透，及各种半政治、半经济的问题发生，因而在很大意义上，"所有的财政学，都应该是财政社会学"。国家经济与市场经济不是对立而是相互转化和共存的，应高度注意财政现象中的政治因素和政治契机。他主张摒弃"纯理论性财政学"，将"社会和政治参数"引进财政理论体系中。他还分析了"后资本主义"过渡时期的财政与"整体社会"的相互关系，他把这种关系理解为政治和经济的相互渗透。

然而，试图批判地继承德国正统派财政学的宏观分析范式的财政社会学在"二战"之后迅速衰落，财政社会学家卡尔·曼索所著的《财政学理论与财政社会学》被称为财政社会学的"挽歌"，[1] 继而销声匿迹达30年以上，直到20世纪70年代以后，才又在美国重新出现，堪称是一个新兴的"老学科"。当代经济学家布坎南在其《民主财政论》中指出，"财政制度是广义政治宪章的一个组成部分"，并指出"财政学作为一门科学，处于严格意义上的经济学与政治学的分界线上，是政治的经济学"，"对统治者的控制，一直是通过对征税权的约束来实现的"。"如果对收入的用途没有约束，收入就会变得等同于政府决策者的私人收入。"罗伯特·达尔在其《民主理论的前沿》一文中认为："统治者需要取得被统治者的同意这一理念，一开始是作为一个征税问题的主张而提出的，这一主张后来逐渐发展成为一种有关一切法律问题上的主张。"甚至新古典经济学派的代表人物马斯格雷夫，也在《财政理论与实

---

[1] 神野直彦著，《财政学——财政现象的实体化分析》，彭曦等 译，南京大学出版社，2012，第47页。

践》一书中提出"税收是现代民主制度兴起的先决条件"的观点。
这些学者在一定意义上都带有财政社会学的思想倾向。在东方，
当代日本学者神野直彦著有《财政学——财政现象的实体化分析》
和《体制改革的政治经济学》等书，也是以财政社会学的方法解
释财政现象。他认为，财政与其说是经济主体，不如说是以统合
整个社会为目的的政治主体，不论财政收入还是财政支出，都是
由政治过程来决定的，财政处于经济现象和非经济现象的联结点
上，将财政学局限在经济学中是短视的和致命的。另一位专门著
有《财政社会学研究》的日本学者山下觉太郎，更是强调或许只
有财政社会学才是真正的财政学，因为某种意义上这是一种新的
财政学认识体系。它既不是社会学的一个分支，也不是财政学的
增补部分，更不是财政学与社会学之间的边缘科学，财政社会学
就是财政社会学本身。

财政社会学的出现，批判了传统财政学的体系的、组织的、技
术的侧面，力图将财政学建成包含政治、经济、社会的综合性的
政治经济学，这是这个跌宕起伏的学派一直以来努力的基本方向。
应当说，财政社会学是一种我们尚不熟悉的、综合性极强的宏观
历史范式，是我国的财政学研究需要补课的内容。目前我国年轻
的财政社会学研究者刘志广等人已经开始着手财政社会学的研究，
第一批成果已经面世，是个令人欣慰的好现象。学者刘志广先生
曾评价说，20 世纪 30 年代，财政社会学是能够与马克思主义、
韦伯主义、斯宾塞主义相抗衡的思想体系，产生过极其重要的影
响，[1] 此说颇引人注目。

三、财政社会学视角下的国家与社会

如果借用"亚利亚特纳的线团"这个典故来加以比喻，经历

---

[1]　刘志广，"财政社会学研究述评"，《经济学动态》，2005，第 5 期。

历史性重大转型期的人们必须一边解开"线团"，一边在迷宫中寻找出口。按照财政社会学之父熊彼特的说法，能够使人们从历史和制度的迷宫中走出来的这个"亚利亚特纳的线团"，就是财政。因为在政治及经济体制发生重大变化的社会转型期，必会发生某种严重的财政危机，对其进行分析是展开社会分析的最佳出发点。财政学的目的就是从财政的角度展开对"所有问题"的探讨，以寻找走出历史性重大转型期这一"迷宫"的路标。[1]

财政社会学的理论视角下，我们会对传统意义上的国家与社会，产生出不同的解释范畴，得出一些更有创见的结论。从这个意义上说，财政问题对于现代国家有着重要的意义。这是因为，只有提升了国家汲取财富和合理预算的能力，国家的权威才能得到增强；只有约束住国家征税和预算的权力，国家才能实现权力的分立和制衡；另一方面，也只有将与社会成员密切相关的财政预算公之于众，并允许公众广泛参与，一个成熟的公民社会才有可能逐步形成。

财政社会学十分关注对国家本身的研究，如政治学家鲁道夫·布劳所指出的，现代国家的产生是和税收制度的发展是分不开的，财政制度是把经济基础转化为政治结构的转换器，所以，无论从哪个角度来说，财政都是现代国家权力的一个主要标志。国家是自己生产自己所需的资源，或是通过垄断的产品而获得资源，还是从人民那里汲取这些资源，将影响着国家的特征。[2] 一般而言，税收往往是成功地建设一个国家的关键因素，并且在这个国家的生存过程中一直具有如此重要的地位。除了提供军事和其他国家机关的财政支持，税收还以其他方式深刻地影响着国家建设。为了征税，管理阶层不得不建立相应的管理部门和强制执行部门，

---

[1] 神野直彦著，《财政学——财政现象的实体化分析》，彭曦等 译，南京大学出版社，2012，第4页。

[2] Charles Tilly, "Extraction and democracy", *New Fiscal Sociology*, Cambridge: Cambridge University Press, 2009.

颁布税法，并且为了使税负被认同，创造了如法院、州县、贵族身份、议会等议政通道。在拉丁美洲的一些国家，税收主要依靠国际贸易，而不是国内的经济活动，国家机器于是往往是欠发达的，因为征收关税并不需要一个复杂的财政系统，也不再需要为设置很多的机构提供公共物品。而且，如果税收水平一直保持在较低的水平上，国家对于经济管理也承担很少的责任，比如，并不需要建立监管，货币和其他经济活动机构。[1]

财政社会学也注重对社会的研究，深入到社会生活中，将公众的意愿和要求、承担赋税的能力、对社会公平的诉求、企业家创业和创新的保护等问题都列入财政学的研究范围。比如，关于税收负担过重有可能导致政治暴乱和革命的问题，一些学者认为，在西方历史上，金额巨大和意外的加税作为最重要的刺激叛乱的因素是很常见的，特别是当人们发现政府的要求是不可能满足的。然而，也有其他研究人员对此产生了质疑。他们认为，当生存受到威胁，例如发生作物歉收和其他经济灾难时，过于僵化的税种，例如人头税或固定的土地税而非加税可能成为社会动乱的原因。此外，交换理论学者认为，抗议征税的社会层次越低，叛乱维持的时间就越长。当然，增加税收同样也可能引发上层阶级的抗议，如法国大革命期间发生的事[2]，会加快财政危机和革命的到来，造成国家的瘫痪。从这个意义上说，革命又是由税负较低所造成的，而不是过高或刚性税收所导致的结果。[3]

财政社会学的宏大视角和综合概括性的研究范式，使它能够承担起许多重大问题的研究，而不再只是囿于一些技术细节问题的

[1] John L. Campbell, "The State and Fiscal Sociology", *Annual Review of Sociology*, 1993, pp.163-185.

[2] 李炜光，"逃往瓦朗纳斯——法国大革命前夕财政改革启示录"，《经济活页文选》，2005，第1期。

[3] John L. Campbell, "The State and Fiscal Sociology", *Annual Review of Sociology*, 1993, pp.163-185.

研究。比如，西方世界兴起的原因，在财政社会学看来，可能并不是如诺斯等新制度经济学家说的，是市场经济、自由竞争和产权制度的产物，而可能是现代公共财政制度所起的作用，英国的产业革命忽视公共财政的因素，是一个可以引人深思的问题。"现代工业文明的基础，实际上是英国 17 世纪开始的预算革命和公共财政体制所促成，而不只是蒸汽机的机器大工业。"[1] 所谓现代转型，既不是技术创新的结果，也不是市场化的结果，而是公共经济制度变迁的结果。正如市场机制带来的讨价还价导致了效率的提高和经济增长一样，对政府官员追求个人利益最大化的承认，以及纳税人与政府的讨价还价，才能带来公共产品效用的增加。英国预算革命的历史充分证明了这一点，这样的分析判断或理论假设，在传统或主流的财政学分析框架内是得不出来的。

四、财政社会学对我国财政学科发展的价值

经过几十年的发展，中国当代财政学研究依然存在短板，具体表现在当预算和税制改革的政治含义变得越来越清晰，其与国家治理和国家建构的关系越来越明确的时候，财政学研究仍然只限于"应用经济学"学科内，将其定位在"出谋划策"的工具这一框架下，使得它已然严重落后于社会进步和改革实践的需要。虽然有些时候财政学者已经在"走投无路"之下开始意识到自身存在的缺陷，甚至提出过"学科归属不对"的困惑（2012 年 7 月上海财经大学公共财政研究院成立大会上高培勇先生发言），但相关研究目前仍处于萌芽状态。学界对财政问题重要性的认识还不充分，著名经济学家很少研究论证财政问题，涉及政治和社会深层次问题的研究成果，特别是思想性的成果还很少。

---

[1] 宋丙涛，"公共财政、民主财政与经济危机——一个公共经济学视角的分析"，《河南大学学报（社会科学版）》，2012，第 3 期。

　　财政社会学注重财政史的研究，比较起来，西方和海外华人学者对中国财政史的兴趣远大于国内学者，如黄仁宇、王业键、曾小萍、史景迁、西鸣定生等。中国前任总理温家宝从治国理财的高度出发，悟出"一个国家的财政史惊心动魄"的道理，颇有见地。事实上，我国古代思想家提出的理财思想与财政社会学多有耦合之处。从杨炎的"夫财赋，邦国之大本，生人之喉命，天下治乱轻重皆由焉"（《唐会要》卷五十九）；到王安石的"因天下之力以生天下之才，取天下之财以供天下之费"（《宋史·王安石传》），以及"政事所以理财，理财乃所谓义也。一部周礼，理财居其半，周公岂为利哉"（《王文公文集》卷八）的论说，都蕴含着通过改进国家理财方式来改善国家政治结构的理念。梁启超亦称，王安石的思想"暗合于政治之原理"[1]。美国新政时期的农业部长亨利华莱士也曾指出，王安石"在 1068 年的重大困难之下所遭遇的问题，和罗斯福总统在 1933 年，虽然时代悬殊，几于完全相同，而其所采方法，也非常相似。王安石创立收获贷款（青苗法）、适合纳税能力的税则、公共建筑计划和若干其他便利平民的法规……。"[2] 而中国近代财政学者已经不再限于把预算仅仅理解为一国政府在每个财政年度内全部财政收入和支出计划的经济行为，而是对公共预算与民主之间紧密的内在关联有了更加敏锐的体察。越来越多的学者明确提出了预算不仅仅是一种经济问题，更有其政治上的意义。[3] 而现代预算制度，即是将理财置于治国的核心，通过财政转型推动国家政治的转型。从这个意义上说，引入财政社会学的视角和方法对我国财政历史进行重新解读，可以使当今的财政学研究获得更多可资借鉴的本土资源。

　　对于中国当代的政治生活而言，或许"只有财政才能对国家行

---

[1]　马骏，《治国与理财》，生活·读书·新知三联书店，2011，第 1 页。

[2]　李超民，"中国古代常平仓思想对美国新政农业立法的影响"，《复旦学报（社会科学版）》，2000，第 3 期。

[3]　任晓兰，"国家观视角下中国的公共预算演进评析"，《天府新论》2012，第 4 期。

为构成硬性约束"[1]。因此，要在政府财政管理中建立一系列控制、监督与制衡的机制和措施，以使国家受到现代公共政治的制约，以确保财政资金的安全，以防止腐败无限制的蔓延，以防止财政资源的错配和巨大浪费。当前至少应将现代预算制度最起码的要求——内部和外部的控制机制建立起来，如果连这个也做不到，我国公共财政的前景将是暗淡的。政治问责只有与财政问责联系起来才有实质性的内容，控制权力行使方式的最佳方式就是控制政府的活动内容和活动范围。而控制政府经济活动的办法，只有控制住它的"钱袋子"。在政治领域，首先必须有权力才会有政治，随之而来的问题是对权力进行控制，而不管是什么权力和谁掌握着权力。所谓政治问责，其核心问题就是对权力进行控制以防止其被滥用。人们在政治民主问题上比较关注的是选票，选举固然重要，但更重要的是财政问责。因为它解决的是权力转移之后的使用问题，这是选举制度无论怎么完善都难以触及的问题。"取之于民、用之于民"是学界和官方常用来解释施政行为的理由，看似具有一定的说服力，但经验证明，只要有效的财政问责制度还没有建立起来，这些承诺或说辞的可信度都不会很高。实际上，其在民间的说服力确实也在下降。

中国的财政改革一直将重点放在财政收入方面，而在财政支出方面则拒绝预算外部政治控制机制的建立，这使得中国实质意义上的公共财政体制至今没能真正建立起来（如税收立法权的归属和公共预算的外部政治控制方面），反倒有倒退的迹象（如部门立法倾向和裁量权方面）。这需要我们极力推进人民代表大会制度、预算法修改、财政信息公开和公民参与机制等方面的改革，要知道，这决不只是政府自家理财之事，而是涉及国家政治根本性进步的大业。"预算是政治的一个次系统"[2]，它的本质是政治，而

[1] 何帆，《为市场经济立宪——当代中国的财政问题》，今日中国出版社，1998，第4页。

[2] A. Wildavasky, *The Politics of the Budget Reform*, Harper-Collins Publishers, 1988.

远不是一个政府经济问题所能概括的。只要坚持推进市场化改革和推进民主政治的进步，仅征税和预算来说，就将具有重新塑造政府与人民的关系，以及国家与社会的关系的作用。

一个专业化而非政治化的官僚体制的建设和逐渐形成，还能促使一种新型的财政学体系的形成。在中国，国家进行政治变革的原因，正是税收国家进而公共财政国家的形成过程已然启动，政府养活人民的"财政幻觉"正在消失，纳税人的权利意识正在觉醒。但目前财政学的研究仍然只是面向决策者而罔顾自己理应服务的另一面——纳税人，使得财政学研究领域呈现出一种残缺不全的格局。其结果是，学界虽然天天在"提建议"，却没有在促进有利于推进民主进程的直接税改革和预算体制改革方面起到应有的作用，财政收入和财政支出之间的联系被人为切断。一些学者曾建议增强政府的"资源汲取能力"，但现实是，对于中国这样的单一制的国家来说，政府的汲取能力从来都不是非常重要的问题，关键是在国家财政充裕之后，能否建立起运行良好和受到严格监督的现代预算体制，把所有的财政资源都集中起来，合理有效地进行配置，实现国家目标的同时满足公众需要。对于中国这样的转型国家来说，这是个不能跨越的过程。然而，在预算法的整个修改过程中，理应起某种担纲作用的财政学界所起的作用却相当有限。

按照财政社会学的观点，国家收钱、分钱和花钱的方式变了，这个国家的政治结构和活动方式就会跟着发生变化。这是欧洲和世界上许多民族国家历史演进提供的重要经验，也是财政社会学为今日学界开辟的一个蹊径，它预示着当代财政学的发展可能拥有比较深远的未来。不过，中国的情形比较特殊，受长期以来被"包裹"得严严实实的上层建筑的制约，目前财政变革所形成的力量，在促动国家体制和自身公共性的形成方面所起的作用还显得比较薄弱，这从1998年公共财政被中国官方所承认和接受至今仍进展有限，便可窥知一二。所以，在中国，尽管财政体制改革和预算改革的政治含义变得越来越清晰，引入财政社会学研究尽管显得越来越必要，但一成不变的政治结构一时还难以出现松动的迹象，其对财政社会学的引进和发展反倒可能起某种阻滞的作用。然国家理财之事甚大，治国应以理财为核心，合于现代财政国家之基本理念，财政国家转型意味着重构国家与社会的关系，此趋势终将难以逆转。这样看来，于财政社会学来说，当代中国学者责任重大，何去何从，就看我们做何种选择了。

经济危机之根源及人类货币制度

蒋豪[*]

> 列宁当然是正确的。要推翻现存的社会基础，没有比破坏货币更巧妙、更可靠的手段了。这个过程具有经济规律的所有暗藏的破坏力量，并且以一种百万人中也没有一个人可以看得出来的方式。
>
> —— 约翰·梅纳德·凯恩斯（1919）
>
> 银行可以凭空创造新货币，而且不像一般人必须靠生产和出售服务来牟利。简单地说，银行其实已经破产了，而且一直处在破产状态，但唯有顾客心生怀疑而发生挤兑时，破产的窘状才会现形。
>
> —— 莫瑞·罗斯巴德（1963）
>
> 历史上任何使用不兑现纸币的国家都没能幸存下来。
>
> —— 罗纳德·里根（1980）

虽然关于此次经济危机的分析已经连篇累牍，但还会继续下去并将出现一个针对我们货币制度的根本性质的大讨论。当前我们这代人必须对我们的货币制度做一个根本了断。今天不这样做，等待我们的只是今后更大的危机。

---

* 蒋豪，全国人大外事委员会条法处处长。

一、解释经济危机的各种理论

此次国际经济危机已被公认为自 20 世纪 30 年代以来最严重的一次经济危机。关于产生此次危机的原因众说纷纭。事实上，熊彼特曾经说过：除了技术上的改进，关于经济周期（商业循环）现象的所有基本观念、解释原则，在 1914 年以前就已经提出来了 [1]。这些解释中哪个最有说服力也很明显。但是，人们仍然不断犯错误"制造"经济危机。那么，为什么会这样？主要有以下几个原因：人类有时面临更大的危险，对相对较小的错误只能姑且容之；不断有人为了短期利益混淆视听，大多数人因此并不明白经济机器运转的逻辑及故障所在；最主要的是，有人认为，危机已在人类掌控之中，避免危机是次要的，"经济发展"、"就业"才是需要首先考虑的。因此，对于产生经济危机的根源，人类从来没有认真清算过。

对于经济危机，开始，经济学家注意的只是"危机"、"萧条"这种恼人的现象，提出的仅是关于危机的理论。逐渐的，大家意识到了危机以外的东西，认识到危机只是一种更大的循环的一个阶段。朱格拉用格言式的句子有力表达了萧条的性质："萧条的唯一原因是繁荣。" [2] 此后，关于经济危机的理论一般就改称为"经济周期"、"商业循环"或者"贸易循环"理论。

解释经济危机的理论大略有以下几种：

1. 气候影响农业收成造成经济危机。杰文斯在研究经济增长时，注意到了太阳黑子活动与经济活动之间的紧密联系。在 1721—1878 年之间，经济周期平均持续 10.46 年，而太阳黑子活

---

[1] 约瑟夫·熊彼特，《经济分析史》（第三卷），商务印书馆，2005，第 535 页。

[2] 朱格拉，《法国、英国和美国的商业危机及其循环》，转引自熊彼特，《经济分析史》（第三卷），商务印书馆，2005，第 537 页。

动的周期显示为 10.45 年，他认为这种联系不可能是偶然的。若太阳黑子活动影响天气，天气又影响农业收成，进而影响粮食价格。农业又是其他产业的基础，最终酿成经济危机。不过，后来不幸的是，天文学家将太阳黑子活动周期增加到 11.1 年，而经济周期又缩短了。虽然绝大多数人不认为这种理论是正确的，但杰文斯不愧是经济周期理论的开拓者之一。

2. 经济体制内在的不确定性。资本主义经济制度是私人企业经济制度。大量私人企业盲目的经济活动使经济运行并不稳定，具有内在的不确定性，发生故障时就产生了经济危机。这种波动是没有规律的。但是，除非个体绝对一边倒的犯错误，即一时都变成了经济活动的乐观主义者或者悲观主义者，否则很难令人信服的证明私人企业经济制度会带来大的经济波动。

3. 消费不足（生产过剩）理论。由于储蓄者投资过快，致使生产能力增加过多，消费者无力购买，产品因此而无法高于成本价格出售。马克思也认为，劳动阶级消费不足，使资本家无法实现已生产出来的商品中的剩余价值，是导致停滞状态的一个原因。这只是看到了危机的表面现象，没有说明为什么资本家脑子不够用，投资扭曲，而不投资于其他资本家需要的商品与服务。

4. 前景悲观者理论。当家庭和企业变得悲观时，它们削减支出，而这就减少了物品与劳务的总需求。总需求减少则使物品与劳务的生产减少。企业解雇工人，失业率上升，导致 GDP 和其他收入衡量指标下降。失业上升和收入减少又加强了原来引起经济下降的悲观主义。对于大家多数时候并不是杞人忧天，为何突然变得悲观了，这一理论没有充分的解释。

5. 乘数原理与加速原理的相互作用。在经济上升时期，自发支出、产出、投资之间存在乘数和加速关系，由于经济增长最终会遇到一些限制因素而停止，为扩大生产而作的投资就显得多余、错误，之后就是一个萧条的时期。该学说的问题在于，把企业家当成了在投资方面头脑简单的傻瓜。企业家是从事盈利活动的人，他们要把手中有限的资本最大利润化，不可能不依据未来一段时期的供求状况，来安排自己的投资，而只看到当前的需求就盲目投资。

6. 实际经济周期理论。认为经济波动完全是一种随机事件，与经济内在因素无关。这些波动由实际生活中的外在事件造成，如自然灾害、重大科技发明、原材料价格暴涨等冲击。但是，很多经济学家批评，实际周期论者没有指出过去发生的经济危机中，那些大的外来干扰是什么。这些人实际上把经济危机与经济波动混淆不分了。

7. 设备更新、技术创新周期理论。厂商扩张固定资产并使之现代化，需要一定时间。之后，设备方面的投入减少。经过这一固定资产的损耗时期，又进入下一轮投资繁荣阶段。新的发明、技术革命进入生产领域，转化为生产力，同样需要一段时间。之后也有一个稳定期，更为新颖的发明被暂时压制。随后，更新的发明又进入生产领域。这一理论没有说明，为何往往仅是一个领域的更新、创新会使整个经济萧条或繁荣。

8. 货币商业循环理论。金融部门将新"创造的"不诚实货币通过金融市场注入经济生活之中，利息率降低到低于市场供求所决定的正常的市场利率水平之下。而较低的利息率又导致投资规模的扩大和资本存量的增加，这就形成了经济繁荣阶段。但是，这种繁荣是拔苗助长式的繁荣。由于实际消费趋势和储蓄趋势并没有发生任何变化，经济结构就发生了扭曲。直到相对投资规模过大的问题暴露之后，人们才开始对错误的投资进行系统地清理和调整，这是必然的"校正"过程，表现为"繁荣"之后的衰退。

进一步，对造成当前经济危机的责任者，可以归结为两个分歧严重、近乎对立的观点：一种认为，是市场的责任，市场经济需要外在的制约，应加强政府对市场的监管；另一种认为，是政府的责任，是政府政策尤其是主管货币的政府官员决策失误导致危机，应检讨政府本身扮演的角色。

很多经济学家和大多数国家的官员认为，危机源于政府放松了对市场的监管，过度放任的市场应承担主要责任。具体地说，以放松管制为核心的监管理念、监管制度的漏洞和监管手段的不足使金融体系的风险逐步积累；金融机构的治理结构存在缺陷，漠视风险控制，追求短期利益，缺乏制衡机制，为危机埋下了巨大隐患；风险与收益不均衡的按揭抵押债券（MBS）等创新产品催生了金融危机，监管缺失的信用违约掉期（CDS）等场外衍生产品加剧了市场动荡；评级机构不负责任地给予很多产品较高评级，直接助推了资产价格的螺旋式上升和泡沫积聚，短期内又降低其评级导致金融机构资产大规模缩水，加速了资产泡沫的快速破灭。持此种观点的人包括美联储前主席格林斯潘、美国投资家索罗斯等。

举例说明。索罗斯2008年底出了本新书《金融市场新范式：2008年信用危机及其意义》[1]。这本书反映了他的一贯思想，与以前的《金融炼金术》、《全球资本主义危机》等书一脉相承，甚至可谓新瓶装旧酒。基本思想是反身性观念（reflexivity），又称"鞋带理论"：人们有缺陷的信念和现实双向回馈。交易行为决定资产价格，资产价格也决定交易行为。价格不只是基本因素的函数，也是投资活动本身的函数。因此，世界上并不存在完全有效的金融市场。他认为从当前危机中应汲取的最重要的教训是，金融当局不仅要关注和监管货币供应，还要关注和监管信用创造。

微观来看上述这样对危机解读并不错。因为上述现象是此次危机常见的和主要的镜头。

另一些人认为，若把镜头向后推，更宏观地观察，则可发现金融当局却是推动此次危机的幕后之手。美联储过度宽松的货币政策和赤字财政刺激了美国居民的过度消费和金融机构高杠杆运营，

---

[1] George Soros, *The New Paradigm For Financial Markets: The Credit Crisis of 2008 and What It Means,* Public Affairs, 2008.

造成资产价格泡沫急剧膨胀。当发现问题，提高利率进行调整时，便引发次贷危机，捅破了泡沫。泡沫破裂之时即是危机开始之日。美联储虽有较大独立性，却与政府有千丝万缕的联系。而且，不管央行名义上属于私有还是国有，国家都在一定程度上控制着中央银行，故一般意义上，可以把金融当局视为政府的一部分。正是政府对货币的干预产生了经济危机。

那么，哪种解释危机的理论是正确的呢？危机的发生究竟是市场的责任还是政府的责任？

只有诚实地回忆历史，才能清晰地筹划未来。为追根溯源找出造成危机的真正元凶，我们不得不回溯过去的三百多年，检视人类货币制度蜕变到当前状态的轨迹。

可以说，一段时间来，就像《渔夫与魔鬼》童话中的渔夫，人们（主要是政府）打开了货币发行的魔瓶，移去了上面的"金印封"。但是，对于货币数量这个"魔鬼"，尚无事实表明政府能够完全控制住。人类一次又一次深受其害。

二、诚实货币与不诚实货币的三百多年较量

人类开始是选择商品作为货币，后来逐渐尝试控制、设计货币。

人类交换商品的方式经历了以物易物、商品货币、信用货币（本文认为不兑现货币是信用货币的一种情况）3 个阶段。几种交易方式之间的区别是明显的，但并非截然的：比如：（1）商品货币本身即是物，从而使用其交易事实上也是以物易物；（2）100%准备金纸币实质上代替的是 100% 商品货币，只是为便于使用采取了信用货币的形式；不足值铸币采用"金属铸币"这种商品货币的形式，却"不足值"，含有信用的内容。

信用货币又经历了不足值铸币、部分准备金纸币（和不足值铸币一样属不完全金属本位）、指数本位纸币、指数本位磁介凭证等形式。因物价指数（通胀指数）由一篮子商品价格决定，从另

一角度看，指数本位本质上是一篮子商品本位。因此，信用货币基本可分为不完全金属本位与一篮子商品本位两大类。也就是说，作为交易媒介和价值手段的货币，人类在设计它时，始终注意使其与实物、实际价值有着某种联系。当然，恶性通货膨胀并非出于理性设计。

不诚实货币早已有之，但是数量一般不大。当人类从商品货币进入信用货币阶段，尤其是部分准备金纸币阶段，随意增加货币数量在技术上变得轻而易举。与起源于交换过程的诚实货币相比，不诚实货币产生于以下两个方面：

非100%的发行准备金。发行银行发行货币没有对应100%金银或者其他商品、服务作为准备金，凭空产生货币。当前主要的表现形式有，将国债（未来的税收，实际上是人类未来生产的产品的一部分）抵押发行货币；将商业票据（实际上是尚未被社会承认的产品）抵押发行货币。说这些情况下是完全凭空产生货币多少有些冤枉。但是，这种情况如不加控制、不善于控制很容易接近凭空产生的地步。

非充分的存款准备金。存款银行对于客户的存款不准备充分的准备金，将客户存款挪用贷出。当客户根据合同取款时，银行依然欺骗性地将纸质的或者账面的"存款"付给客户。

两种行为都很恶劣，相当于对全体人民的偷窃。这样，银行不停地生产大量不诚实货币，公民的财产就被银行不停地稀释、重新分配。实际上，这不仅是个道德问题，也是一个法律问题。银行这样做不仅是道德不良，更是直接侵犯了公民的财产权。

1698年，英国可以兑换纸币（含纸币、票据、符木等）的价值超过了金属铸币的价值[1]。这是一个对今天仍有重要意义的时刻。没有实际商品与服务相对应的不诚实货币大量进入人们的经济生活。从此，人类围绕诚实货币与非诚实货币展开了至今没有

---

[1] 内森·刘易斯，《货币炼金术》，机械工业出版社，2009，第59页。

终止的三百多年大论战、大斗争。

（一）金本位论战

金本位论战是指在 1797—1821 年间英国发生的一系列关于货币理论与政策的争论，在这段时期，英格兰银行的纸币暂停兑换金银。

到 18 世纪后期，人们已经经历了很多不可兑换纸币带来的痛苦。许多思想家研究货币供给量问题。亚当·斯密认为："在任何国家能够容易流通的各种纸币总额，决不能超过……在没有纸币时应该流通的金银币的价值。"[1] 这代表了人们的普遍认识：信用货币不能超过它所代表的真实货币，如果超过则存在欺诈。

1793 年英法开战后，银行系统的金银储备不断流出，英格兰银行只好紧缩纸币发行，造成了流通手段不足。这种危机由于政府发行国库券而有所缓和。为缓和金属货币的极度缺乏，银行发行了一些小面额钞票。到 1797 年 2 月谣传法国即将进攻英国，引发了全国性的银行挤兑风潮。为避免银行系统陷于危机，英国议会命令暂停英格兰银行纸币对金银的兑换权。停兑期间，英国物价上涨，英格兰银行纸币相对于金银贬值。面对这一现象，英国议会任命"金块委员会"研究货币问题。委员会提交了《1810 年金本位报告》，认为纸币贬值、金价上涨的原因是纸币发行过量，而停止纸币兑现黄金，切断了纸币与黄金的联系，助长了这种过量发行。他们认为防止纸币发行过量、恢复货币均衡的有效措施是恢复纸币兑现黄金。持这种观点者被称为"金本位主义者"，以李嘉图为代表。与之对立的是反金本位主义者，他们的理论依据是斯密的"真实票据学说"。反金本位主义者认为，英格兰银行只限于发放以高质量商业票据为抵押的贷款，用以支付生产和分配过程中的货款，这种符合公众需要的纸币不能被认为发行过量。

---

[1] Adam Smith, *The Wealth of Nations*, London: Methuen, 1930, p.283.

大部分议员持这种观点，因此，议会否决了金块委员会的报告。1821 年英国恢复了英格兰银行纸币与黄金的完全兑换，标志着金本位争论的结束。但是，抵押票据发行纸币的情况普遍存在。由于票据贴现时，无法确定融通资金产生的商品或服务是否最终被社会承认，所谓"真实票据"与"虚拟票据"的区别其实是似是而非的。这样，数量超过实际金属货币的信用纸币，也就是不诚实货币得以继续合法存在。

英国在 1825 年爆发世界上首次周期性经济危机，1836—1839 年间再次发生危机。这是在 1821—1860 年间大约以十年为周期的经济危机的一部分。人们普遍担心信用体系崩溃导致纸币停止兑换黄金。各种思潮纷纷解释这种现象，表现为通货与银行学派之争。

（二）"通货—银行"论战

这场争论是金本位论战的延续，即作为 1810 年金块报告继承人的通货学派（Currency School）、作为 1810 年金块报告反对派的继承人的银行学派（Banking School）之间的争论，1844 年，英国首相皮尔向议会提交了改进银行管理的《银行特许状法案》，法案规定了银行券的 100% 准备金要求。围绕此法案，两个学派进行了激烈争论。

1. 通货学派的主要观点或通货原理

通货学派认为，狂热的兴奋和极度的沮丧轮流交替的情况源于对通货原理的忽视。一个国家的理想货币应该是完全金属货币。英国实际的货币是由黄金和可兑换的银行纸币构成，由于银行倾向于过度发行纸币，货币问题源于货币供给（即铸币和纸币）相对于可用的铸币储备基础增长过快。发行纸币构成创造货币的现代形式，属于国家职权范围。因此需要法律强制规定纸币的发行与铸币基础同步调整，即纸币必须有 100% 的金银准备金。这就是当时所谓的"通货原理"。但是，除了纸币发行外，他们没有看到调节银行存款活动的必要性。他们建议，英格兰银行应分为发行部和营业部，发行部仅仅依法律调节纸币发行和兑换，营业部可以同那些追求利润最大化的商业银行一样经营。

2. 银行学派的主要观点或银行原理

通货原理遭到了银行学派的强烈反对。虽然银行学派也主张维持银行纸币与黄金的可兑现性，但是他们认为，仅仅维持纸币的可兑现，就足以确保货币稳定，100% 黄金准备没有必要。即使情况不是那样，也没有理由单独管制纸币，因为存款也会引起货币数量的变化。他们坚持回流法则和交换需要学说。这就是所谓的"银行原理"。

交换需要学说。银行学派认为，纸币流通量应该由需求决定——不论季节性原因还是周期性原因，当商业下降时缩减，当商业扩张时增加。银行券的预付并不"增加"货币供应量，而只是改变了货币的"构成"。银行学派强调货币当局不应任意增加流通中的银行券数量，而只能随非银行公众的需求相应增加。纸币的数量是需求的结果，而不是需求的原因。

回流法则。银行学派继承了真实票据学说，并将它发展为"回流法则"。按照这个规律，纸币的过度发行只是暂时的，会以偿还贷款的方式很快回到发行者手里。回流法则认为，自由兑换不仅依靠银行券同铸币兑换的法定权利来保证，而且通过保持预付贷款的银行券与到期返回银行的银行券之间的平衡来保证。如果，贷款发放对应于代表现实或（在一定时限内）潜在价值量的商业票据，那么，在长期内，回流和发行将总是互相平衡的。

通货学派和银行学派对货币的认识有分歧，影响了各自的政策主张。论战期间，英国流通媒介是由金银铸币、英格兰银行纸币和国家（指伦敦以外地区）银行纸币组成，而汇票和银行存款在批发交易中是广泛使用的支付手段。通货学派（包括金本位主义者）将"通货"定义为金银铸币及其替代——纸币（银行券）。银行学派对货币理解比较宽广，认为"货币"必须被理解为不仅是金银铸币和纸币（银行券），还包括支票、汇票、结算单据以及任何形式的可以作为流通媒介组成部分的、在日常交易中发挥货币功能的信用票据。银行学派看到了可用支票的银行存款取代纸币成为主要的支付手段，因此，认为纸币发行与黄金准备的关系是次要的，重要的是调节银行业的活动。通货学派的支持者虽然也意识到银行存款能被用来作为购买力，但他们认为英格兰银行纸币发行的数量决定银行存款的数量。

1844 年议会通过《银行特许状法》。此后新设立的银行将没有纸币发行权。英格兰银行获准 1400 万英镑的以替代商业票据或者国家债券的纸币发行量，超过部分要以 100% 黄金或者白银做后盾。其他 72 家银行的纸币发行额不得超过法令通过前 12 周内的平均流通量。英格兰银行被分为发行部与银行部。发行部发行纸币，资产主要是黄金储备。银行部的资产主要由贴现的汇票和政府证券构成。

该法表面上标志着诚实货币制度取得了胜利，但是存在两个主要问题，为不诚实货币留了两个口子。首先，1400 万英镑的信用发行实质上是超过金属货币的部分。这种以商业票据或者国债为抵押发行的纸币，实质上是不诚实货币。原因在于，当时是金属本位，票据、一般债务和纸币是不同性质的信用。票据作为信用，时期上具有短期性，地域上具有地区性，使用对象具有特定性。它们对经济的影响从时间上看是暂时的，从对象上看是有限的。当票据被创造时，货币总量没有变化，因此对物价基本没有影响。但是纸币不同，纸币具有无限法偿性，时间上、地域上、使用对象上均没有限制。当商业票据转化为货币时，货币量增加了，因此对物价就有了直接的影响。这样转化后，如果票据代表的经济活动、商品被社会承认，不会产生大的经济波动，只相当于对除票据的受益者外的人们普遍征税。如果票据代表的经济活动没有被社会承认，那就会酿成债务危机、货币危机，从而对经济产生大的影响。

另一个问题是没有对银行存款进行规范，为通货膨胀留下大的漏洞。如果对银行没有法定存款准备金率要求，银行的自我约束程度不会很高，实际的存款准备金率则不会高。这样，银行系统创造出来的存款货币量将会很大。比如 20% 的存款准备金率，理论上可以产生 4 倍于原始存款的"存款货币"，对经济活动产生冲击简直是必然的。1850 年，英国的银行存款开始超过流通的银行券[1]。

由于 1844 年法案本身的漏洞和缺乏对存款的规范，因此不能成功防范货币危机。3 年后，一场货币危机就出现了，1848 年引起了一场全面的商业危机。政府被迫终止该法。这样，名义上可以自由兑换，而纸币发行量实际大大超过黄金准备的"注了水"的金本位，这一直实行到 1914 年。

第一次世界大战前，一些国家为了准备战争，大量发行银行券，于是银行券兑换黄金越来越困难。第一次世界大战爆发后，各国停止银行券兑现并禁止黄金出口，金本位制崩溃。从 1924—1931 年，主要资本主义国家又实行了金汇兑本位制。这是 A 国发行的银行券在 A 国内不能直接兑换黄金，B 国拥有的 A 国银行券可以兑换黄金的制度。经过 20 世纪 30 年代经济危机的袭击，脆弱的金汇兑本位瓦解了。

（三）以哈耶克—凯恩斯辩论为代表的保守主义与干预主义之争

20 世纪 30 年代，哈耶克与凯恩斯之间爆发了一场关于货币的论战。这场论战代表了保守主义与干预主义两个思潮的争论，实质上也是诚实货币与不诚实货币的争论。

首先，凯恩斯的视角无疑是宏大的。他的目标是就业问题，这是当时头等重要的问题。为解决就业问题，凯恩斯明确反对方法论上的个人主义立场，转而研究宏观经济总量之间的关系，对市场机制的自发调节功能感到失望。凯恩斯认为，只有通过扩大政府支出才可以达到充分就业，应该使用财政政策和货币政策来消

---

[1] 劳伦斯·怀特，《货币制度理论》，中国人民大学出版社，2004，第 13 页。

除经济萧条。哈耶克不赞成总量概念，坚持供给和需求是由单个经济当事人决定的，自由市场应该处于支配地位。哈耶克把相对于自然利率的货币利率变化作为经济周期的起源，认为萧条是自由市场的清理阶段，不应人为干预。

"凯恩斯革命"实质上是他管理本位货币思想的彻底体现，他的"货币三部曲"始终坚决主张货币管理本位制。他把可以随意制造不诚实货币的"货币经济"视为当然。他的目标就是要完成一个"货币经济"下的统一的、一般的经济理论——"通论"。之所以产生这种主张，是因为，他看到经济会产生波动，看到市场对危机的过度惊慌反应，看到生产力的闲置、浪费，看到大量无辜的人们无事可做，认为存在有效需求不足。因此，他认为既然市场无所作为，政府就应该有所作为，消除浪费、失业现象。他的出发点当然是好的。可是，他没有看到，正是前期的大量不诚实货币造成了危机，有效需求不足是人们对资源扭曲配置的正常反应；他没有想到，一旦中央银行具有随意发行货币的权力，不仅能够以全国百姓埋单的方式轻易消除萧条，更容易今后继续扭曲资源配置，产生虚假繁荣，从而造成新的萧条。因此，他的政策只能治标，不能治本；只有短期效用，没有长期好处。可以说，正是充分就业、发展经济这种崇高目标蒙蔽了凯恩斯追随者的眼睛，使他们有意无意忽略了凯恩斯理论的基本出发点存在的问题。

第二次世界大战以后建立的布雷顿森林体系，类似于金汇兑本位，但较之后者，离真正的金本位更远了。各国货币与美元挂钩，美元与黄金挂钩。由于美国不可能严格按照这一体系的要求发行美元，这一体系也终于在1971年崩溃。从此，人类进入了表面上没有本位的不兑现货币时代。通货膨胀一度非常严重。人类货币制度何去何从又一次摆在了理论家面前。

（四）指数本位的问题

经过多年的动荡，尤其20世纪90年代以来，不少国家采取了指数本位（tabular standard），即以盯住一定通货膨胀率为目标的货币政策。因零通胀率有引起通货紧缩的危险，且较温和的通胀率有"刺激"经济的作用，故一般将通胀率目标定为2%~3%，不发达国家的目标又略高一些。与以前的较高通货膨胀相比，这一方针确很有效，采用这种政策的国家基本都实现了通货的低膨胀和实体经济的较高增长。英国、澳大利亚、智利、南非包括中国等国家均采用或者参考了这种政策。具体做法是由政府设定通货膨胀目标，通过考察消费价格指数（CPI）的变动来调整基准利率或进行其他货币政策工具操作，以此达到稳定通货膨胀和促进经济发展的目标。

稳中有松、松而有度的银根政策不难造成中短期的"繁荣"。由于受促进就业、发展经济等目标的诱惑，金融当局常常是放松银根的时候多，收紧银根的时候少。长此以往，经济活动中的问题往往被掩盖、积累，最终将以一次危机的形式收场，对存在的问题做一次总清算。事实上，利率本来应该由市场决定，政府来决定即是干涉，不利于资源的合理配置。当今货币制度的实质是，全社会为某些人随便的、浪费的投资开发行为买单。资源的不合理使用与浪费大大增加了人类面临的环境危机。

抛开政府不严格遵守指数本位，终酿危机不论，指数本位存在如下几个问题：

1. 指数的编制存在很大的武断性。编制指数需要挑选一篮子商品，对每个商品赋予不同的权重。哪种商品编入指数本身就具有武断性。社会在进步，商品在创新，新商品不断代替旧商品。编入指数的商品种类必须变化，新旧商品的价格都不可能稳定。而不同的时代、不同的人对不同商品的爱好无法比较。不同的人会有不同的爱好，同一个人爱好也会变化，因此赋予某种商品多少权重也具有武断性。就像把食品与能源排除出去的核心价格指数一样，所有的物价指数对实际的物价稳定都指导有限，不能完全反映现实情况。

2. 指数本位下的货币调节，具有严重的滞后性。看到当前物价指数，央行再根据确定的目标调整利率和货币供应，时间上会滞后一段，具有事后调整的特点。本来想反周期运动，减少波动。却极有可能本身成为波动的推动力量。就像想平衡跷跷板，心有余而准确度不足，由于行动的滞后，往往不是使之平衡，而是使之晃动幅度更大。

3. 指数本位无法衡量、控制货币总量。物价指数与货币总量是两个不同的存量，物价指数并不必然反映经济体中的货币总量。物价指数很低，甚至为负值时，不一定货币总量在减少。也就是说，从物价指数来看，指数在降低，似乎是通货紧缩，而从货币总量来看，数量在增加实际是通货膨胀。此时货币潜伏着，被人们甚至包括银行握持着！比如，市场信心不足时，虽然央行放松银根，贷款增多，但物价指数仍可能一时上不去。如果仅仅控制指数，忽视总量，总量效应一旦发作，可能迅雷不及掩耳，控制流量——货币投放量的手段将一时无法驾驭宏观局面。比如，2009年5月，中国居民消费价格总水平同比、环比均下降，而经过半年来疯狂的货币投放，货币总量显然是上升的。

即在 MV=PQ 的公式中，由于货币流通速度 V 可以非常小，尽管物价水平 P 不高，但是货币总量 M 却可以非常大。

由于上述问题，加之重要国家美国没有采取指数本位，而是采用了几乎完全的相机抉择货币政策，有的国家采取不严格的指数本位，不诚实纸币仍然时时泛滥。

"庆父不死，鲁难未已"，只要不诚实货币大量存在，就会严重扰乱经济生活，由货币危机引发的经济危机就不可避免。

事实上，这种关于经济危机的货币信用理论，在凯恩斯之前已基本上是经济学家的共识。穆勒在《政治经济学原理》中说："对这些商品的投机活动一开始，它们的价格就像其他的商品一样上涨。此时信用便急剧扩张。患有这种传染病的人不仅比平时更自由地使用信用，而且他们实际上也具有更多的信用，因为他们似乎在赚得巨大的收益，也由于当时流行的一种轻率的爱冒险的情绪，使人们愿意比其他时候更多地提供和取得信用，甚至向没有资格取得信用的人提供信用。……许多主要商品的价格都大幅度上涨，其他各种商品的价格又不下降，因而可以说，一般价格上涨了（这样说并无不妥）。如果在这种上涨以后发生反作用，价格开始下跌……价格会下降到更低的水平，因为……在每个人似乎都在亏本，许多人完全破产的时候，甚至以殷实著称的一些商号也难以获得它们习常取得的信用，而得不到信用，它们将感到极不方便；因为所有的商人都有需要清偿的债务，而且谁也不能肯定他已付托给别人的那部分资产可以按时收回使用，因此，没有一个人愿意贷放现金，或者延缓索取现金。这种情况发展到顶点时，除了这些合理的考虑，还会增添一种同原先的过分自信一样不合理的恐慌；人们愿以几乎任何利率短期借用货币，如能即时收款，也愿做出几乎任何牺牲来出售货物。这样，在商业大变动中，一般价格下跌到通常的水平以下，一如它在以前的投机时期上涨到通常的水平以上。这种下跌同上涨一样，不是起始于影响货币的某种情况，而是起始于信用的状况；即，信用的使用先是异乎寻常地扩大，随后又急剧缩减，尽管没有完全停止。"[1] 当然，穆勒也很清楚，"并非在所有信用收缩——商业危机的特征——之前，必然会有异乎寻常的、不合理的信用扩张。还有其他一些原因会导致信用收缩；例如，最近发生的危机之一，即 1847 年的危机，在发生前就没有异乎寻常的信用扩张……1847 年的危机属于另一种商业现象。各种情况的偶然凑合，使供给借贷市场的大部分资本从这一市场退出"。[2]

马歇尔在 1879 年《工业经济学》和 1922 年《货币、信用与商业》中准确描述了信用膨胀所引发的商业信用波动（实即经济

---

[1]　约翰·斯图亚特·穆勒，《政治经济学原理》，1848，第三编第十二章第三节。

[2]　同上。

危机）的一般过程。他的结论是："导致危机的真正原因并不是少数企业的破产，而是许多信贷没有坚实的基础。"[1]

再如，熊彼特《经济分析史》第四编第八章的标题即为"货币、信用和循环"，该章仅最后一节用了"非货币循环分析"。此种命名方式可见熊彼特对危机的货币理论的极端重视：将货币、信用与商业循环直接挂钩，显示前者即是后者的原因。[2]

值得我们深思的是，上述 1848 年穆勒对经济危机发生过程的刻画完全适用于 160 年后的此次危机。

三、此次经济危机的路径

格林斯潘在描述 1929 年的美国经济危机时曾说："当商业活动在美国出现轻度震荡时……美联储印制了更多的票据储备，以预防任何有可能出现的银行储备短缺问题。美联储虽然获得了胜利……它也几乎摧毁了整个世界经济。美联储在经济体中所创造的过量信用被股票市场吸收，从而刺激了投机行为，并产生了一次荒谬的繁荣。美联储曾试图吸收那些多余的储备，希望最终成功地压制投机带来的繁荣，但太迟了……最终导致商业信心的丧失。结果，美国经济崩溃了。"[3]

此次危机源于美国的次贷危机。次贷危机的爆发有着多层次的原因，就根本层次而言，美联储同样负有不可推卸的责任。具有讽刺意味的是，次贷危机爆发前，美联储前主席格林斯潘曾断言美国经济健康良好，次贷不会产生问题。而自次贷危机开始后，又是格氏本人放言此次危机还远没有尽头。前后自相矛盾，判若两人。足以证明他和他代表的美联储失职。

---

[1] 马歇尔，《货币、信用与商业》，1922，第四编第三章"商业信用波动的一般过程"。
[2] 约瑟夫·熊彼特，《经济分析史》，1954，第四编第八章。
[3] 艾伦·格林斯潘，《黄金与经济自由》，1966。

在作者看来，格氏的第二次发言确实讲了实话，因为正是格氏本人促成、推动了这次次贷危机的发生。作为一个成熟的经济学家，他自然深知其行为的严重后果。然而，罪魁祸首却不是格氏本人，而是制度使然。让格氏承担此次金融危机的严重后果确实冤枉了他。因为他也是制度中人。换了别人，很可能也会这样做。

美国国会确立的美联储的目标是："联邦储备体系理事会和联邦公开市场委员会应该保持货币和信用总量的长期增长水平与经济的增加产量的长期潜能相当，以有效的促进最大就业，物价稳定和适当的长期利率这些目标的实现。"简单地说，美联储具有保持物价稳定和促进经济增长的双重目标。

这样的多重目标，而不是稳定物价的单一目标极易使货币当局制造通货膨胀，危害实体经济经济。格林斯潘 1987 年 8 月 11 日担任美联储主席，2006 年 1 月 31 日卸任。他从一向将美国货币和金融制度的稳定放在首位的保罗·沃尔克接过此任，因此，前一阶段还比较谨慎。2006 年格林斯潘下台后一次谈话，暴露了他从自称的泡沫斗士变成泡沫制造者的心态转变："我们在 1994 年努力过，甚至将利率提高了 0.75%，这是极具破坏力的手段……结果，我们还是失败了。股市泡沫始终处于形成过程中，对紧缩政策毫无反应……如果真要清除泡沫，需将利率提高 10%~12%，这将使股市元气大伤，并使整个经济遭受毁灭性打击。因此，我们意识到不能消除泡沫，应将注意力集中于应对泡沫导致的后果上，而不是泡沫本身。"[1]

1995 年 7 月，美联储降息，格林斯潘接二连三地削减利率，增发货币，为投资狂潮推波助澜。经济繁荣高于一切，股价似乎可以无限制地涨下去。这样，20 世纪末美国经历了历史上最严重的股市泡沫。由于科技股，尤其是网络股成为投资的宠儿，这个

---

[1] 威廉·弗莱肯斯泰因、弗雷德里克·希恩，《格林斯潘的泡沫》，中国人民大学出版社，2008，第 17 页。

泡沫又称为互联网泡沫。1999 年中期才开始提高联邦基金利率。2000 年 5 月 16 日，美联储将利率提高 0.5%，上调至 6.5%，最终刺破了泡沫，2000 年和 2001 年股市一泻千里。为了救市，美联储 2001 年 11 次降息，从 6.5% 降到年底的 1.75%。《经济学家》杂志 2002 年 9 月 7 日曾就格林斯潘这一时期的所作所为评论道：格林斯潘犯了一个不可饶恕的错误，他在某种程度上扮演了一个为"新经济"喝彩的啦啦队长的角色。即使生产率真的有所提高，他的热情还是让投资者热血沸腾……具有讽刺意味的是，格林斯潘先生就是 1996 年最早发出泡沫警告的人之一，告诉人们要警惕市场的"非理性繁荣"。但令人痛惜的是，他没有将口头上的美国货币政策付诸实施。[1] 后来的房地产泡沫则使股市泡沫相形见绌。

随着科技股泡沫的破裂，格林斯潘又将房地产作为新的经济神话的缔造者。从 2002 到 2003 年中期，美联储又连降两次利率，降至 1%，而且维持了近一年。最直接感受到该利率效果的莫过于房地产市场。得益于 1% 的利率、金融创新的魔力、"把住房当作取款机"的观念，房地产火爆起来，一个更加危险的泡沫也随之形成。2002 年 10 月，当股市创近 3 年新低时，房地产市场则在炫耀连续几年的增长。2003 年末房地产市场已处于一片亢奋之中。

宽松的信贷环境，加之对金融系统放松管制，融资条件放宽到了相当低的水平，以至于任何没有良好信用的人都可以随心所欲地借到钱。2005 年春天的一次演讲中，格林斯潘对无限制的信用扩张大加赞赏：金融创新使一系列新型产品应运而生，像次级抵押贷款、移民信贷项目等等……贷款人已经向更广泛的消费市场提供高效率的信贷服务……如今次级抵押贷款约占全部未清偿抵押贷款的比例已经从 20 世纪 90 年代的 1% ~ 2% 上升到 10% 左右。[2]

---

[1] 威廉·弗莱肯斯泰因、弗雷德里克·希恩，《格林斯潘的泡沫》，中国人民大学出版社，2008，第 94 页。

[2] 同上，第 108 页。

这样，2004—2007 年，银行和房利美、房地美等抵押担保公司向数百万美国人发放了上万亿美元的条件极为宽松的可调整利率抵押贷款，而这些贷款人在债务到期时几乎、甚至根本就没有还款的可能。当信用紧缩时，房地产市场将不可避免地走向崩溃。

为应付房地产贷款海量增发产生的通货膨胀，美联储不得不提高利率。贷款人还贷压力逐步上升，直至被巨大的债务压垮而出现违约率大幅攀升。利率提高的同时，房价下跌，房主止赎率上升，贷款抵押债券、债务抵押凭证无人问津，债券市场和票据市场突然出现流动性紧缩，引起更多金融衍生品的资金断裂。大家都抛售资产套现还债，于是引爆了金融危机。

此次危机的本质是，在一个未反映实际利率的低利率经济环境中，产生了资源的错误配置，具体而言，就是产生了次贷，吹起了泡沫；为防止严重通胀，金融当局提高了利率，贷款人资产缩水，负担加重，还不起贷，进而债权人资产恶化倒闭，银行流动性紧张。这样，泡沫破裂，错误配置的资源被重新估价。在目前的货币机制下，政府失职是造成此次危机的根源。也许每一次经济危机的导火索不一样，但是，每一次的根本原因却是一致的：信用膨胀导致了带有泡沫的繁荣，而越吹越大的泡沫总会破灭。次贷危机只是本次金融危机的导火索而已。如果非要说失去监督是危机产生的原因，那么首先是缺乏人民对货币金融当局的监督。本质上，金融衍生工具也是工具，而工具是中性的。只有在不稳固、不诚实的货币基础上，利用这些工具才产生放大的危害效果。其次，才谈得上金融当局对市场参与主体的监督。事实上，有许许多多的人预见到此次危机，如美国经济学家彼得·希夫、约翰·唐斯、内森·刘易斯、投资家吉姆·罗杰斯等。但相对于认为自由市场是此次危机的元凶的人还是少一些。毕竟，这需要更加宏观的视角和更深入的思考。

从货币的角度，银行在产生次贷的同时，实际是"无中生有"地创造了大量不诚实货币。如果贷款能够收回，则其效果仅相当于一次财富转移。如果无法收回，资源错误配置，便会像电击一样经债务链对实体经济造成严重打击。

进入信用货币时代以来，人类像染上传染病一样不时陷入危机。根本原因在于人为控制的货币数量干扰了实体经济的运行。人类已经实行商品货币本位几千年了。此制度下，本位商品的供应波动会造成实体经济的波动，但还不至于产生危机。不完全的商品本位已含有人为的干扰因素，对实体经济干扰大，极易产生危机。而指数本位下，政府根据通胀指数来实施货币政策，严谨的政府会预设一个温和的通胀指数指标。但由于政府倾向于刺激经济，利率倾向于过低，货币供应倾向于宽松，致使实体经济倾向于产生泡沫。货币当局意识到产生泡沫时往往提高利率以避免通胀。而在部分存款准备金制度下，市场对泡沫破裂往往过度惊慌，对实体经济造成严重伤害。有人形容现代人的生活状态：上今天的班，睡昨天的觉，花明天的钱。指出了不诚实货币产生的主要途径：将还未产生、未被社会真正承认的商品货币化，并进入流通。

中国历史上，大量使用纸币的宋代、金代、元代以及解放前国民党政权的崩溃，均与疯狂制造不诚实货币，发生恶性通货膨胀密不可分。世界历史上更不乏其例。在古罗马衰亡的诸多原因中，通货膨胀是常常被人忽略却很重要的一条。最早的时候，罗马银币的成色是十足的，几乎是100%的银。可是，到了公元3世纪的时候，一块"银币"（如果还能这么称呼的话）的含银量，已经不到5%了。公元138—301年之间，当时最重要的商品——小麦的价格，上涨了200倍。

四、未来货币制度

自18世纪人类开始大规模采用信用货币以来，信用危机造成的经济危机一再光顾人类社会。如何才能避免？答案只能是必须遏制货币信用的滥发，采用诚实货币制度。那么，究竟什么是诚实货币？金本位就是诚实货币吗，不兑现货币本位就不可能是诚实货币吗？货币究竟能否由私人发行，还是应该由政府发行？是废除中央银行恢复自由竞争银行业制度，还是继续保留中央银行垄断发行货币？

当前的货币制度，由于不诚实货币泛滥，基础不牢。在此基础上发展经济，就如同在沙漠上建房屋。《巴塞尔协议》等规则对银行资本充足率、杠杆率的要求，对市场风险、操作风险的计算，实际仅是一定时期经验的总结，并无多少"科学性"可言。如同估计房屋倾斜多少角度不会倒塌一样，这种数据要求仅相当于确定一个防范银行倒闭危险的"安全倾斜角度"，却不去想在坚固的地基上建房屋！

在一个国家各自为政、合作程度还有待提高的世界上，展望未来，具体怎么构建可行的货币制度？

货币制度的本质在于便利交换。为此目的，健全货币制度应该完成商品和服务的顺利交换，本身不对交换和实体经济造成扭曲，也就是达到以物易物、以诚实劳动交换诚实劳动的境界。

1971年"布雷顿森林体系"解体，人类抛弃"野蛮的"金本位。告别"野蛮"走向文明，要求我们有严格的自我控制能力。然而我们恐怕没有意识到，历史地看，人类没有做到很好的自我控制。最迟从李嘉图以来的思想家有一个美好想法：把黄金解放出来用作消费和工业目的，用数量受到严格控制的纸币代替黄金流通。但是历史事实证明，没有任何一个政府完全胜任这个看似简单的任务，它们都禁不住玩弄货币的诱惑。李嘉图也否定了自己原来的设想。他说："经验表明，无论国家还是银行在拥有不受限制的纸币发行权后，没有不滥用这一权力的；因此，在所有国家，纸币发行都应当处于某种监督和控制之下；为此目的，好像没有什么比要求纸币发行人担负以金币或金条来兑现其纸币的义务更合适的了。"[1]

货币发行要受到监督。李嘉图提出了监督的一种形式，即在严格的金本位下，不诚实货币的产生受到黄金数量的严厉限制，这是一种天然的监督形式。那么不兑现本位下，如何监督货币发行？

不兑现本位下，对不诚实货币的限制，要么通过市场竞争，要么通过制度化的人民监督。具体而言，如果是私人发行货币，就要引入市场竞争机制，优胜劣汰。如果是国家垄断发行货币，我们注意到，创造货币的权力是一项可怕的权力——有时强于立法、行政和司法权力的集合，它相当于国家的第四项权力——人民就要进行监督，议会要承担监督责任。也就是说，这时，金融当局相对独立于行政当局，相当于政府在立法、行政和司法之外的第四个部门，必须要受到人民及其代表的严格监督。其负责人达不到法律规定的目标就撤职，由其竞争者上台（类似于民主政治下，执政党与反对党竞争一样）。

对于银行存款，为防止非100%存款准备金的欺诈行为，应对活期存款和定期存款采取不同措施。活期存款客户可随时提取，银行则应有100%准备金。对于定期存款，客户根据合同规定的期限取款，提前支取根据合同支付违约金；银行可以根据存款期限情况合理安排准备金。银行也可以发行可转让存款证，这是一种支付利息的债券，用来作为定期存款的替代品。事实上，近几年如火如荼的基金也是存款的一种转化途径，开辟了将储蓄输送到商业领域新的重要渠道。

银行盈亏自负，因不良债务过多而倒闭的，随时予以破产清算。相关主要负责人员一段时期内禁止从事本行业。坚决杜绝金融部门"赢利私有化，亏损社会化"的现象。防止金融部门成为社会的特权宠儿。

如果货币制度能够包括以上内容，人类财富表面上看来没有目

---

[1]　大卫·李嘉图，《政治经济学及赋税原理》，1817，第二十七章。

前统计数字后面那么多的"0"，但我们知道，那是一个真正促进人人埋头苦干，创造没有泡沫的财富，满足人们有效需求，人人享有更大自由的社会。

从可行性上而言，多种货币制度是可行的，但是各有优缺点，在公平性、稳定性、环境友好性等方面差异较大。

公平性，是指是否是诚实货币，使人们在多大程度上实现了机会平等。

稳定性，是指是否容易产生信用危机，从而导致经济危机。

环境友好性，是指是否容易浪费稀缺资源，对环境产生多大压力。

三者之间有较为密切的联系，一般而言，如果一个货币制度的公平性很强，使用诚实货币，则稳定性和环境友好性都会比较强。这三个方面表现最好的制度，我们称之为健全货币制度。

下面，根据在上述三个方面的表现，对人类可能实行的主要货币制度逐一分析。

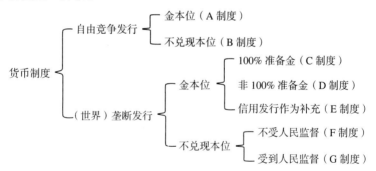

图1　人类可能实行的7种主要货币制度

在国家层面上，不兑现货币本位可以有通胀指数目标、货币总量目标、利率钉住目标、货币篮子等货币发行目标。在世界（国际）层面上，不兑现货币本位可以有通胀指数目标、货币总量目标等货币发行目标。

（一）自由银行制度的稳定性最大，环境友好性较大，公平性较大。

目前，具有发钞权的多家银行自由竞争的自由银行制度仅吸引了少数人的注意。这种制度又可分为两类：金本位下的自由银行制度（A 制度），指数本位下的自由银行制度（B 制度）。

对该制度的批评意见是：

首先，银行业的道德风险影响范围较大。"银行业的自由就是诈骗业的自由。""我相信，银行业的自由将导致银行券在法国遭到完全压制。我想给每个人发行银行券的权利，这样就没有人再使用银行券了。"[1] 自由银行制度支持者的本意是为了防止政府玩弄货币，但是，货币与信用发行权在更多的人手中，被玩弄的可能性只会更大。

任何行业都会出现不遵守行业规则的造假者，如 2008 年中国的两个著名奶业品牌都因三聚氰胺事件受到影响。市场上优胜劣汰，那些声誉好的企业会壮大，造假者则会萎缩甚至被淘汰。一般地，这样的造假事件发生后，作为后果的企业重新洗牌也在本行业发生。一个银行造假，不会整个社会遭殃，只是它的客户受到影响。

其次，国内多种货币共存，不利于贸易顺利进行。交易者的精力不得不一部分放在不同货币的价值换算上，而统一价值的"度量衡"则会简化手续，促进贸易开展。因此，自由银行制度代价不菲。

自由银行制度确实存在这个问题，但是，经过竞争，往往形成几个主要的银行，并非无限复杂，消费者花费一定精力在货币的选择上，本身就是淘汰欺诈者的行为，因此是必要和有益的。

最后，为了垄断的私利，银行可能或明（成立中央银行）或暗（默契行动）地联合，共同进行信用膨胀，就像历史上曾经发生过

---

[1]　Cf. Ludwig von Mises, *Human Action*, William Hodge, 1949, p.443.

的那样。这样，如果不加限制，货币制度不免陷入竞争—联合—拆散—竞争—联合的循环演化过程。

由于这种可能性的存在，因此，相比指数本位下的自由银行制度，金本位下的自由银行制度就更有优越性。因为，在100%金本位下，银行的信用发行受到严格限制，银行联合效用不大。而指数本位对银行发行信用的限制较有弹性，银行有联合起来的动机，法律应在这方面做出严格限制，保持银行间的自由竞争状态。

这种制度，尤其是100%金本位下的自由银行制度，由于把信用风险都及时地化解了，因此，可以说是稳定性最大的制度。

该制度下，由于经济泡沫无处遁形，因此，资源得到最有效利用，浪费极少，可谓环境友好性较大。虽然开采黄金也会造成一定的环境污染，但是，可以通过法律和技术手段加以限制或者减轻。

由于不同国家的黄金矿产有很大不同，因此金本位确有不公平性。这也是其稳定性的代价。指数本位下，轻微的通货膨胀和通货紧缩对借贷双方存在不同影响，公平性也略微欠佳。但总体而言，这种制度为经济活动提供了稳定的货币环境，也就是一个机会平等的公平竞争场所。

（二）金本位下的垄断发行

这种制度是多数人心目中的"金本位制度"。实际上又可以根据是否自由兑换、发行准备金是否100%、存款准备金是否遵守约定、是否与信用发行结合细分为多个种类。

1.货币可以自由兑换为黄金，且存款准备金遵守约定（即活期存款100%准备金，定期存款严格遵守约定）。根据上文对货币制度变迁的分析，这种制度是非常稳定的货币制度。公平性、环境友好性也非常强。但是仍要警惕各种金融创新对信用制度的突破。

2.货币可以自由兑换为黄金，但是对存款准备金不作规定。历史上多数时期的金本位实际上是类似这种情况。这种制度存在滥施信用、发行不诚实货币的可能，故比较容易造成金融危机。在公平性、稳定性和环境友好性方面只能说中等。

3. 信用发行作为金本位的补充。主要要让黄金发挥类似于人为价格指数所发挥的"锚"的作用：当以货币表示的黄金价格高于黄金本位价格时，说明货币发行过多，通货膨胀；当黄金价格低于黄金本位价格时，说明货币发行不足，通货紧缩。黄金与货币自由兑换，央行通过买卖黄金平抑物价。黄金出售价和买入价均由法律规定，有一定差价幅度。这样核心的货币数量便基本固定。大大限制中央银行的作用。央行作为最后贷款人，其主要作用只在于防止流动性危机的发生。央行的贴现率和公开市场门槛利率应高于正常的市场利率水平，比如10%或者更高。只有在银行不良贷款增多，流动性缺乏，推高利率水平，达到这一利率时，央行才通过贴现和公开市场操作补充流动性。避免目前央行主动出击或者半推半就实行宽松货币政策，容易产生通货膨胀甚至金融危机的情况。对于市场利率，央行并不干预。在黄金和较高法定贴现率的约束下，央行作为金融危机震源地的负面作用会得到限制或者清除。

这种制度的公平性、稳定性和环境友好性应该比较高，它本身是为了防止黄金数量不足而采取的介于 1 和 2 两种金本位之间的折中措施。

回归金本位，一般认为主要存在 3 个方面的问题 [1]：

1. 黄金的本位价格问题，即我们以怎样的黄金价格回归金本位。

不少人认为这是一个难题。我们已经脱离金本位一段时间，当前黄金的价格已经不是它作为交换媒介的价格，而是一种商品的价格。回归金本位，黄金作为价值基准，必定有一定价格。这一本位价格如何确定？如果金价定得高了，根据自由兑换原理，会给黄金的拥有者和生产者带来过多的好处，打击一般商品生产者；

---

[1] 阿尔贝托·夸德里约·库茨奥主编，《黄金问题》，中国对外经济贸易出版社，1988，第 324—327 页。

同时产生通货膨胀。如果定得过低，则筹集的黄金就有限，且难以保证黄金储备稳定，根本无法发挥金本位的作用。

2. 黄金供应不充足。世界经济将会增长，因而对货币和黄金产生越来越多的需求，但是黄金产量增长速度不快。黄金的供应不能满足世界的需要。

3. 黄金与货币供应之间的严格关系可能导致货币供应的不理想波动。

回归金本位有两种方式：不变更当前纸币和发行新纸币。

如果不变更纸币，从技术角度略有难度，因为这样做就需要找到一个合理的黄金本位价格，而这是一个艰巨的任务。黄金本位价格是黄金发挥"锚"作用的价格，定得高，就会以黄金为中心引起一轮通胀；定得低，由于较高黄金市场价格的存在，则央行吸收不到足够的黄金，金本位的作用无法发挥。因此，不变更纸币采用金本位，宁可将黄金本位价格定得高些，如黄金的历史最高价再溢价 5%~10%。之所以溢价，是因为黄金作为货币与其作为商品相比，人们对它的需求更大。

如果发行新纸币，上述难题则不存在。定下新货币与黄金之间的比例关系后，当前新货币总量的上限也就确定了。根据各自与黄金的比价，可以确定新旧货币之间的比价。这样进行的后果很可能是，黄金总量显得不足，因为商品原来的黄金比价只是一个价格，黄金并不真正作为交换媒介。一旦将黄金作为真正的交换媒介，过多商品追逐较少的黄金，黄金会显得供应紧张，也就是新货币显得紧张。因此会出现一个物价下降过程，市场发挥作用，调整商品之间的价格关系。

两者相比，发行新货币可操作性更强，因为不变更纸币情况下，黄金本位价格不易确定，如果定得低则无法发挥金本位的作用。而发现新货币情况下，由于是新货币，不会出现无法发挥金本位作用的情况，最终由市场调节确定紧缩后的物价。

黄金供应不足并不能成为否定金本位的理由，因为即使产生通货紧缩，结果也并不可怕，下文详细分析。如果大量黄金被开采出来，出现了"不理想波动"这一极端情况，可以通过国际货币基金组织或者订立国际条约来限制新增大量黄金的使用。

（三）不兑现本位下的垄断发行

一国内实行的不兑现纸币本位，如果能够严格遵守总量目标或者通胀指数目标，该制度可能长期保持下去。但是，事实上，各国货币当局无法严格遵守这样的目标，它们始终有通胀的动力。即使在民主的选举制度下，也无法避免。当局会极力通过增加非预期通货膨胀来提高产出，从而提高再次当选的可能性。[1] 而过度信用膨胀之后，必然发生经济危机。因此，各国货币当局就联合起来共同进行信用膨胀，以避免单独膨胀容易发生危机的可能。

这种情况几乎接近于人类在政治上联合起来。目前我们离这种景象还有一定距离。美国作为当前货币制度的受益者，暂时还不肯放弃到嘴的甜头。需要其他经济体发展到一定程度，与美国差距不大后，为防止单独一国信用膨胀引发金融危机，主要国家金融当局才会考虑建立紧密的国际货币联盟。

就像国内各种银行券趋于统一一样，世界上几种主要的不兑现纸币最终也将趋于统一。这种现象的背后推动力量主要有两个：一是银行或者金融当局的自利性。这种联合，可以避免单独一家银行滥发信用、各自为战而容易破产倒闭的命运，有利于它们联手互助将信用膨胀到最大，实现他们所谓的"金融稳定"；另一个推动力就是诚实的人们对于稳定的、经济的货币制度的渴望。因此，这种货币制度可以在两个制度框架下运行，一个是银行的自动联合，货币信用发行没有受到人民的监督，仍避免不了滥施信用的危险。因为如果缺乏竞争、缺乏监督，不论是国家层面还是

---

[1]　钱小安，"货币政策的道德风险与逆向选择"，《货币政策规则》，商务印书馆，2002，第107—108。

国际层面，不兑现货币均存在道德风险（D 制度）；另一个是国际货币信用的发行是诚实的、健全的，滥施信用的危险得以消除。之所以能够如此是受到了制度限制，受到了人民的监督（E 制度）。两种制度表面上类似，似乎完全一样，但实际却天地之别。

不受监督的国际不兑现纸币本位，也会自我有一些约束，如资本充足率、杠杆率，但这如沙漠上建房，仅是防止房屋倒塌的经验估计而已。基础不牢，地动山摇。由于该制度对一般信用膨胀比较纵容，加之金融创新引发的信用膨胀防不胜防，因此，金融危机迟早会爆发，从而引发经济危机。最终将埋葬于一场恶性通货膨胀。就是说，长远来看，这种不受监督的国际层面的不兑现货币，仍然逃脱不了不受监督的国内不兑现货币的命运。这种制度的稳定性较差。由于易造成危机浪费资源，因此环境友好性也较差。容易滥发不诚实货币，其公平性也不好。

受到监督的国际不兑现纸币本位，是人类的一个梦想。这一制度的最大特点和难度就是监督——监督货币信用的发行，保障其是诚实的。之所以在一国国内层面没有发展出充分成熟的信用发行监督体制，是因为各国政府还有联合起来共同进行膨胀的幻想和实践。要实现信用发行监督，就像争取民主、对民主产生一致看法的过程，人类要在一次对货币制度的切实透彻讨论之后，对货币制度的公平性、货币的诚实性有了普遍认识之后，就监督达成初步共识。其次，选择该制度下的货币政策目标，是货币总量控制，还是指数目标等。根据前文分析，两种目标均可能产生少量不诚实货币。在严格的监督之下，这种少量的不诚实货币不会对经济造成较大扰动。

在国家的层面上，这种严格的监督目前仍在探讨摸索之中。有人对央行的独立性进行了严格区分：目标独立和工具独立。关于央行独立性的主导观点是，央行应该有货币政策工具的独立性，而不是最终目标的独立性。[1]货币总量、通货膨胀等最终目标均由国会制定法律确定，央行只是就时机、法定幅度限定内的幅度、货币政策工具做出选择。这样做符合国家对公民财产的变动要依法进行的法律原则。实质上，也就是货币政策的主要权利仍在人民手中，由民意代表国会行使，央行只相当于国会的一个执行部门。由于经济发展成为政治生活的主题，未来国会或者世界议会的主要任务之一就是制定货币政策目标，监督央行的执行情况。

有人担心这种监督最终会导致政府对经济事务的全面干预，对经济资源的完全控制。[2]这种担心似乎是多余的。权利始终在人民手中。人民控制着国会，而国会通过制定法律，制定货币政策目标，限制着金融当局。国会和行政当局均没有必要进一步干预经济事务。经济运行还是通过市场机制进行。与货币的自由竞争制度相比，现在国会仅是多了一个提供公平计价的工具，便利人民进行交换。这种制度理论上也是长久可行的，实际运转怎样还需我们拭目以待。

这种受到严格监督的不兑现纸币本位，稳定性较好。环境友好性也较好，但由于允许存在少量的不诚实货币，会产生一定资源浪费，虽然节约了黄金成本，但却花费了大量监督成本。环境友好性要次于金本位下的自由竞争银行制度。同样，由于允许存在少量的不诚实货币，公平性略微欠佳。

通过以上讨论，我们可以看到，货币制度有个显著的特点：法律规定上失之毫厘，实际经济效果则差之千里。综合比较，似乎可以认为，稳定的货币制度为：A、B、C、E、G。

很不幸，作为当前"世界货币"的美元是最不稳定的F类型：既是不兑现货币，又是基本不受监督的私人发行。

---

[1] 钱小安，"货币政策的道德风险与逆向选择"，《货币政策规则》，商务印书馆，2002，第134页。

[2] Jörg Guido Hülsmann, *The Ethics of Money Production*, Ludwig von Mises Institute, 2008,p.236.

（四）澄清对通货紧缩的不实之词

在实践中，在任何时候，只有两个基本的货币政策：第一种选择是增加纸币的数量，第二种选择是不增加纸币数量。现在的问题是这些选择与作为社会基础的公平诚实基本原则协调得怎么样。制造不诚实货币的选择已经证明不可行，会使人类陷入经济危机的深渊。金本位等使货币总量固定或增长弹性极其有限的制度，则容易造成通货紧缩。但是，通货紧缩必定会压制发明创新活动、限制人类生活质量的提高（此处没有使用经济增长的字眼）吗？

一般认为，通货紧缩会使生产螺旋型下降，不利于经济增长。这实际上是一个误解。理论上，由于生产率不断提高，造成供给大规模增加，从而物价普遍下跌。同时，由于新技术不断用于生产，新的就业机会不断出现（不排除短期内个别行业失业有所增加），新的产品不断涌现，人们的实际收入水平是增长的。也许 GDP 总量不变，但是人们的生活水平普遍提高。新旧商品的价格比仍是创新的推动力。商品之间的相对价格指导着人们的生产。

让我们看三个实例。美国南北战争结束后，进入了工业革命时期。由于技术进步，低成本的大规模产出大大压低了价格，低廉的价格又极大的促进了销售。普通的美国人第一次能够吃得更好并购买更多工业品。低价格导致名义工资下降，但价格下降得比工资更快，实际工资上升。据报告，1860—1890 年，制造业的实际工资上升了 50%[1]。

美国 20 世纪 20 年代，也是一个由于供给增长快于需求扩张，从而引起通货紧缩的时期。但是，生产力的快速增长压低了价格，使更多的购买者可以买得起商品[2]。

---

[1]　A. 加利·西林，《通货紧缩》，经济管理出版社，1999，第 314 页。

[2]　同上，第 315 页。

中国也存在这样的时期。1997 年 10 月，我国商品零售价格指数出现长期以来的首次下跌，直到 2003 年，零售价格指数和消费价格指数才走出低谷。期间，物价水平持续下降，但是经济却有正的增长，并且保持年平均超过 7.5% 的 GDP 增长率[1]。

对通货紧缩还有一个担心：由于通货紧缩，较多的商品追求较少的货币，相对价格的形成需要一定时间。而随着生产的进步，新商品不断涌现，商品相对价格根据供需会不停变动。这样，商品相对价格可能还没有固定，又要根据新的需求继续变动。相对价格就失去了生产的指示器的作用，生产可能紊乱。事实上，较多商品追求较少货币，总会有一方支持不住，总会有更被社会喜欢的商品。受人类获利本性的驱动，社会欢迎商品的信息会以能够达到的最快速度传递。况且，在现代信息条件下，信息的传递可以瞬间完成。因此，商品相对价格仍然能够快速调整，比较真实地反映了实际供需关系，从而对生产仍然具有指导意义。

理论上，如果货币流通速度可以无限大，一个货币单位就可以完成所有交易。[2] 今天，借记卡、信用卡等银行智能卡的余额、信用额已构成货币的组成部分，相关信息设备大大加快了小额货币流通速度。银行存贷款系统也已经计算机化，大额货币的流通速度同样也提高很大。社会对纸币的需求大大减少，对货币的需求也不能简单认为应该增加。总之，通货紧缩的可能性本身因货币流通速度大大加快而降低了。即在 MV=PQ 中，由于 V 的巨大弹性，对 M 数量的巨大需要是不必要的，也许现有黄金量就已绰绰有余。也就是，通胀没有必要，通缩不必担心。

因此，所谓通货紧缩比通货膨胀还要可怕的说法，既没有牢固的理论根据，也缺乏充分的事实支持。

---

[1] 黄进，《金融学》，中国人民大学出版社，2008，第 630—634 页。
[2] 维克赛尔，《利息与价格》，商务印书馆，1959，第 49 页。

五、从今天到明天，从混乱到诚实

普通公众对货币制度知之不多，即使对其合理性有所怀疑，也被一些所谓专家似是而非的武断所压制。但是，纸终究包不住火，越来越多的人终究明白当前货币制度的真相。

有一种观点认为，当前的货币制度有利于创新，即使不时泛起泡沫，总体来说是促进经济增长，利大于弊。为避免超级泡沫发生，只需加强对市场参与主体和金融创新的监管，进行微调即可，无需根本变革货币制度。

问题是，诚实货币制度就不利于创新吗？不诚实货币比诚实货币更有利于创新吗？只有泡沫才是创新吗？

答案是否定的。

诚实货币制度下，货币总量受到严格标准限制，新产品与老产品争夺相对"稀缺"的货币。表面上似乎存在一个"拉锯战"，需要一段时间才能产生相对价格，似乎不利于指导生产，配置资源。实际上，总是更加受消费者青睐的产品，总有一方会在"成本—价格"战中支撑不住。货币越诚实，胜负就越快见分晓，相对价格就越快形成。新产品将取代老产品的地位，而老产品的价格则迅速下落。相对价格的差距则是刺激创新的动力。

不诚实货币制度下，创业者取得贷款比在诚实货币下容易。表面上看，似乎有利于创业。但是，社会上的实物总量是固定的，一部分人没有代价或者以很小的代价取得实物，就会有其他人得不到实物。那些容易得到实物的人，由于没有经历真正竞争取得贷款的"阵痛"，其项目比较、分析不充分，不一定是社会需要的，其投资更容易失败。结果是，相对不负责任的投资更容易造成社会资源的浪费。这样，不诚实货币制度下所谓的支持经济发展，是支持了不太为人们需要的商品的生产！诚实货币制度下所谓的限制经济发展，是限制了那些不太为人们需要的商品的生产！

因此，必须彻底改革当前货币制度，建立诚实货币制度，从根本上杜绝经济危机产生的根源。

对当前货币制度这样一个"病人"怎么施治，才能使之成为一个"健康的人"呢？

现实性上，从当前制度转变为诚实货币制度不可能一蹴而就。国际层面上，因为美元通胀的受益者当然是美国，当前美元这一不太诚实的强势货币不会主动退让。当务之急，首先是世界各国从"美元依赖症"中解脱出来，实现货币多元化。就我国而言，在外汇储备方面，要实现外汇储备多样化。除美元外，增加欧元和黄金的储备比例，因为它们是诚实或较为诚实的货币。同时，做好我们自己的事情。提高人民币的稳定性，使之成为诚实货币，为经济发展打下牢固的地基。全国人大要加强对货币发行的监督，杜绝不诚实货币的产生，商业银行要实行100%存款准备金制度。在人民币的国际化上，先从跨境贸易人民币结算做起，扩大货币互换协议的合作国。加强我国等发展中国家在国际货币基金组织中的地位。增强特别提款权的国际储备货币地位。在人民币影响扩大的情况下，促进人民币进入决定特别提款权价值的一篮子货币。在可以预见的将来，推动监督下的世界货币的构建——不管它的名字是否叫做特别提款权。

总之，只要人类下定决心，采取切实步骤，诚实货币取代不诚实货币并非难以实现。

综上所述，人类总体上是多少有些无意地一步步滑入或演进到当前的货币状态，而这一状态给我们带来并将继续带来对生产的周期性破坏，使人们的诚实劳动成果遭受侵害，对我们的道德、价值理念构成侵蚀。诚实货币是人类进入信用货币时代以来应该实行，却一直没有机会真正实行的制度。在又发生了一次百年一遇的经济危机后的今天，我们必须静下心来，好好反思，停下"经济增长"的匆忙脚步，打牢我们攀登的基础。否则，我们还会不停地摔倒。爬得越高，摔得越重。

奥地利学派视角下的中国
通胀传播过程

齐卫国[*]

在坚持自由市场观点和政见的研究者眼中，没有哪个经济学分支在研究通货膨胀的成因、根源以及预测通胀结果的准确性方面，能够超越奥地利学派。这源于奥地利学派的个人主义方法论、主观主义的认识论和价值论，以及由此衍生出来的一整套奥地利学派的理论体系，比较有代表性的有"人的行动理论"和"米塞斯—哈耶克商业周期理论"等。当前，中国正经历广度与深度都前所未有的通货膨胀，经济在持续的、大规模的刺激政策之后没有按宏观经济管理者的设计路线继续稳定增长，而是符合奥派经济学家的预测——增速较大幅度收窄，经济硬着陆的风险越来越大。用典型的奥地利学派的语言来讲，这是主流经济学指导下的货币政策与财政政策必然导致的恶果。对大多数人而言，奥地利学派又是非常"宏观"的理论，从"资本与利息"到"利息与价格"，再到"价格与生产"，其分析预测经济周期与通货膨胀的理论框架和推导过程太过宏观了。如果要使用奥地利学派来分析和预测当前中国的通货膨胀问题，显然还需要"分辨率"、"清晰度"更高

* 齐卫国，中国人民大学公共管理硕士，公共政策研究者，平面及电子媒体政策评论撰稿人。现供职于中华人民共和国海关总署综合统计司。

的"本土化"[1] 了的理论。从现实的角度来说，我们先要找到推动经济周期转换的衔接点和决定性力量，再以这些"本土化"了的理论为指导，分析和预测通胀的传播过程。笔者认为，"本土化"了的新制度经济学中的中间选民理论（即国企实为中国的中间选民）、失业率、基尼系数与经济转折之间的关系，将为使用奥地利学派理论分析中国通胀问题提供更为清晰和坚实的支撑。当然，这一分析过程将呈现典型的奥地利经济学派的特征，笔者将在分析过程中使用时间、边际、人的行为、动态市场过程等概念，以及"本土化"了的新制度经济学理论。基本结论如下；一是中国的经济周期，或者具体而言中国的通胀发展过程受国企影响很大，国企的盈亏能力与经济的繁荣程度高度相关；二是高失业率是政府主导的救市政策的必然结果，因为政府主导的经济增长在本质上和事实上造就了中国"非就业型"的经济扩张；三是基尼系数反映了动态市场过程中的通胀传播结果；四是在实际利率长期为负的情况下，国企盈亏、失业率和基尼系数可以作为观察和研究中国经济周期的核心指标。

一、基本概念和理论框架

（一）基本概念

奥地利学派是一门不同于西方主流经济学的人类行为科学，它不仅仅局限于经济领域，还逐渐延伸和渗透到其他社会科学领域。它的最为核心概念为动态过程中的人的行为，这可以看作是奥地利学派的基本原则。奥地利学派还秉持主观主义、个人主义、先验—

---

[1]　关于"本土化"：本人接受清华大学黄春兴教授的观点，也是典型的奥地利学派的观点，即"本土化"是一个"Poisonous Word"——有毒的词，它掩盖真相，夹带谬误，毒害了思想。本文将"本土化"打上引号，意为与当下中国现实结合之意，非为掩盖谬误。

演绎的方法论、创造性的企业家、不区分宏观与微观、时间与无知的理论、模式预测等其他一些完全不同于主流经济学和社会主义政治经济学的概念和理论。[1]

基尼系数：或译坚尼系数，是 20 世纪初意大利经济学家基尼，根据劳伦茨曲线所定义的判断收入分配公平程度的指标，是比例数值，在 0 和 1 之间，是国际上用来综合考察居民内部收入分配差异状况的一个重要分析指标。[2]

（二）理论框架

"米塞斯—哈耶克商业周期理论"是分析中国通货膨胀及其传播过程以及最终结果的可行理论。该理论以货币为核心，以利率为工具，以动态市场过程为主线，可以分析政府干预条件下的市场周期问题。中国的通货膨胀问题已经越演愈烈，干预措施（价格管制等）和扩张政策同步进行，哈耶克称之为"受抑制的通货膨胀"，这是最可怕的一种通胀类型。[3] 但是为了让这一分析更贴近中国实际，并在模式预测的基础上，具备数据预测的可能，我们需要引入新制度经济学理论中的国家悖论与中间选民理论，以及基尼系数指标。因为实证研究表明，基尼系数这一指标与经济周期的转折点有密切关系。

二、奥地利学派商业周期理论中国"本土化"的支撑点

熟悉哈耶克学术思想的人一定对著名的奥地利商业周期理论不陌生，毫无疑问这一理论在当下的中国也同样适用。笔者想强调

---

[1] 赫苏斯·韦尔塔·德索托，《奥地利学派：市场秩序与企业家创造》，朱海就 译，浙江大学出版社，2010，第一章。

[2] 百度百科，http://baike.baidu.com/view/186.htm#sub186。

[3] 弗雷德里希·冯·哈耶克，《哈耶克文选》，冯克利 译，江苏人民出版社，2007，第 144 页。

的是，如果想更加具体地应用这一理论来分析中国的现实，有必要进一步中国化，即为之寻找一个有中国特色的支撑点。

中国人民大学的杨光斌教授基于对西方制度主义政治学特别是诺思制度变迁理论的研究，以及对中国历史和现实的透彻理解，提出了一个基于诺思理论的"本土化"的新制度主义政治学研究范式：SSP 模型。即关键历史时期的政治架构（Structure），决定了常规历史时期的制度安排（System）——包括行政制度和经济制度，制度安排决定了制度绩效（Performance）——政治绩效和经济绩效。简称 SSP 模型。[1]

诺思悖论：国家有两个相互矛盾的目的：一个是界定产权结构的竞争与合作的基本规则，这能使统治者的租金最大化；二是在第一个目的的框架中降低交易费用以使社会产出最大化，从而使国家税收增加。但是在使统治者的租金最大化的所有权机构，与降低交易费用和促进经济增长的有效体制之间，存在着持久的冲突。

诺思悖论的推论，中间选民理论：国家会极力讨好制度框架内的有势力的中间选民，给他们最优惠的政策。这一理论常常被中国的学者和执政者忽略，因为在西方很容易区分中间选民，在中国则似乎不存在这样的问题。在制度经济学"本土化"的过程中，我们找到了符合中间选民理论的中国式中间选民，杨光斌教授的研究表明，这个"本土化"的中间选民就是国企 [2]。"诺思教授进一步推论说，为了是垄断租金最大化，国家将避免触犯最有势力的选民。因而，国家会同意一个有利于这些集团的产权结构而无视他对效率的影响。这就是为什么历史上无效率的产权结构

---

[1]　穆雷·罗斯巴德，《美国大萧条》，谢华育　译，世纪出版集团，2003，第 17 页。

[2]　全国人大的蒋豪先生认为此处可不用新制度主义经济学的观点来论证国企的性质与地位，因为国企原本就是"双头鹰"或者"双面人"性质：一面是企业，一面是政府。笔者认为蒋豪先生所言极是，但为规范论证，本人在文中依然延续新制度主义经济学的观点。

能够长期存在。对于中国政府而言，最有势力的选民是谁？显然是那些以国有经济为基础的垄断行业。"[1]"在经济转型中，一方面，国家努力维护、保持或避免触犯低效率的国有企业的利益，以巩固政治统治；另一方面，为了实现税收的增长，国家又不得不放弃部分垄断，允许更有效率的非国有产权的存在……"[2]随后杨光斌教授又从国企补贴政策、公司上市安排和二板市场的设立问题，对中国国企的性质和本质进行了规范和实证分析。比如，公司上市安排的初衷和监管过程时时都在证明，上市就是为了帮助国有企业脱困，但国家政策却越来越加强国企的垄断地位，维护其既得利益。最终得出了国有企业乃中国制度变革和国家兴衰的关键一环的结论。

这一结论可以帮助我们更加深入地认识奥地利学派的商业周期理论。奥派商业周期理论，以米塞斯和哈耶克的理论为代表，基本内容为：1. 商业周期问题源于货币供应的扩张；2. 货币扩张导致利率系统性地（误导性地）低于自然利率（体现为市场参与者为了将来的更大的利益而延迟即刻消费的真实愿望）的方式；3. 低利率政策导致迂回生产过程拉长，投资向高级财货集中[3]，经济一片繁荣；4. 货币扩张引致的灾难性影响——实体经济生产结构被严重扭曲，错误投资总是会被清算，引发萧条。[4]熟悉奥地利学派的人士都清楚，奥地利商业周期理论的解释力和正确性毋庸置疑，但是在中国的国情下，我们应用这一理论碰到了一个挑战，就是如何"本土化"，或者说如何为该理论寻找中国的支撑点。在西方产权明晰，私有经济占有绝对优势的市场环境下，使用利率

---

[1] 穆雷·罗斯巴德，2009。

[2] 同上，第216页。

[3] 财货是奥地利学派的独特概念，距离最终消费品越近财货的等级越低，距离原材料越近财货的等级越高。——笔者注

[4] 伊斯雷尔·M. 柯兹纳，《米塞斯评传——其人及其经济学》，朱海就 译，上海译文出版社，2010，第130-133页。

这一指标基本上足以支撑整个经济周期的分析。自由市场中，私人是必须为自己负责的，政府干预到了一定程度，政府的货币扩张政策会受到市场的普遍抵制，即便是再低的利率也少有人借贷了。如本轮金融危机期间，美国的量化宽松政策，就无法像中国一样有效实施。"尽管美联储注入大量货币，但这些货币并没有运转起来，它的流通速度非常弱，积压在银行体系（惜贷）和商业机构的箱底。以至于老派凯恩斯主义者（克鲁格曼）要求应当效仿中国体制，国有化银行并用官僚意志迫使'国有化后'的银行放贷。"[1]

但是中国非常不同于西方，中国的国有企业系统，正如克鲁格曼羡慕甚至垂涎的那样，以无上的热情无比高效率地接纳、传导和释放政府进行的天量信贷扩张。从中央政府提出 4 万亿人民币的救市计划开始，各地层层加码，累计超过了 20 万亿人民币的规模，被称为"人类有史以来最大规模的货币试验"。这一巨大实验的实施主要得益于强大的垄断国企，从国有银行到国有跨国公司，再到各地方大中小型国企，它们集体扮演了"拯救"中国经济的角色。从资源开采到基础设施建设，再到现代服务业（如电信、金融等）等等，所有可被垄断的行业都垄断在"国"字头企业手里。因此，对比来看，在经济周期的各个阶段，中国的国有企业都扮演了关键角色，是一个核心经济指标。

从上一轮经济周期，即从 1997 年亚洲金融危机开始到 2007 年，中国的国有企业没有上交过利润，即便后来有所上缴，其比例也很低。过去，国有资产只有三万多亿，就业人数达八千多万。当前（2011 年）国有资产达四十多万亿，就业数只有两千多万人。在 1997 年之前，中国的民营经济一直蓬勃发展，国有经济举步维艰，普遍亏损，甚至到了频频倒闭的境地。1997 年的亚洲金融

---

[1] 唐学鹏，《警惕加速"杠杆化"》，http://www.21cbh.com/HTML/2009-4-30/HTML_6Q
UFPVBKXG8C.html。

危机给了中国的国有企业一次重生的机会，大量效益奇差的国有企业关停并转，甚至被卖掉，形成了一轮民营化的浪潮。但是这并不意味着国有企业已经过时，正如上文所说，国有企业在政治框架中的中间选民地位，决定了国有企业必定以更加强硬的姿态"重获新生"。果不其然，在一系列以"下岗"为主旋律的政策掩护下，国有企业在7大行业获得了绝对垄断权，从2003年开始，国企开始了新一轮的、史无前例的膨胀和扩张。而这一切，都与国家的特权优惠政策密不可分。考察国企的历史，我们会发现这样一个类似于跷跷板的规律：国家政策扶持，国企获得优势地位，慢慢强盛、利润丰厚，而民营经济总是相对萎缩；市场通过一段时间的调节之后，错误投资被清算，国企将再次陷入亏损，经济陷入萧条，但民营经济获得新的发展机遇，经济走上新一轮上升通道。中国的通货膨胀周期也与国企的发展密切相关，通胀周期基本与国企膨胀周期同步；而通缩周期基本与国企亏损周期同步。国企的盈利与亏损情况与经济周期的转折点有非常密切的相关关系。国企巨额盈利后，必然是萧条；国企巨额亏损后则迎来的是繁荣期。如此一来，我们可以通过观察中国国企的盈亏情况，并将之作为利率之外的另外一个核心指标来观察中国的经济周期。

按照奥地利经济学派的商业周期理论，中国的名义利率远低于实际利率，与CPI指数相比，甚至是负利率。与此同时，中国还要通过这样的低利率来保持经济10%左右的增长。这已经导致中国的通胀在以加速度运行。[1]但是，令人不解的是，中国的名义利率并不低，在不断加息、汇率上升，存款准备金率不断升高的情况下，中国的经济增速并没有明显下滑，企业盈利状况也没有明显下滑。这是为什么？还是因为国企的原因。巨大的公共工程投入和建设是国企在全程负责；所有的资源性商品都被国企垄断，

---

[1] 奥地利学派认为（特别以罗斯巴德为代表），只要有通货膨胀，就不会是匀速而是有加速度的。——笔者注

资源价格不断上升；巨额信贷通过政府、国有银行和国企之间的联动，不断地注入经济体。毫无疑问，目前是国家和国有企业的投资来推动中国经济，内生性的经济增长力量正在因亏损而不断萎缩。资产价格和资本品的价格被不断炒作，一方面是天量信贷受益者国企，另一方面是从实业抽出的资金在炒作。经济增长与通货膨胀同步进行，但已经逐渐缺乏内生性的民营经济的支撑，变成了"国"字头机构的独角戏了。因此，观察中国的经济周期或者说通胀周期，除了利率之外，不能忽略国企这个核心要素。国企的盈亏情况将是一个不错的观察中国经济周期的指标。

三、从动态市场过程角度看中国的通胀传播

（一）政府通过通胀制造的只是一个"非就业型"经济繁荣假象

如上文所述，国企作为最大的中间选民，它不但垄断了自然资源也垄断了政策资源。前者使之在若干大的资源性行业及现代服务业形成超级垄断，后者使之与民企、与民争利。而民企作为永远的内生性经济增长力量，它创造了最大最多的就业岗位。因此，国企的扩张必然导致实际就业率的下降。这种实际就业率的下降不仅仅体现为国企对民企的挤压，也体现为民企因错误政策导致的投资失败而造成的就业岗位减少。

2004—2008 年，中国政府采取的都是宽松的货币政策，这 5 年中国的 GDP 增长率近乎两位数。使用修正后奥肯定律 [1] 进行估算，每年应该新增 2400 万个工作岗位，而 5 年应为 1.2 亿个就业岗位，但实际上这 5 年来中国的新增工作岗位只有 5100 万，这意味着中国是"不吸纳就业型增长"。造成这一"不吸纳就业型增

---

[1] 《修正的奥肯定律：适合中国本土化的二元经济结构，农村剩余劳动力转移指标优于登记失业率》，http://bank.jpkc.gdcc.edu.cn/trans.aspx?id=450。

长"模式的一个原因是中国的经济重型化，资本密集型的项目大量上马，使得中国的投资爆发式增长，相应地"挤压"了劳动的报酬率和就业岗位，也使得投资边际收益越来越低。这5年中国的全要素生产率是衰减的。也就是说，中国GDP在增长，但经济效率却是下降的。换句话说，这种"非就业型"的增长恰是通胀的重要表现。[1]

（二）基尼系数不断攀升，对虚假繁荣的清算不断逼近

当前，预测中国经济的转折点是一个非常有诱惑力，但又非常有挑战性的工作。正如预测中国房价的观点一样，总是有千万种观点，但也总难有令人信服的理论来支撑拐点论。受一种观点的启发，笔者认为可以用一种带有典型奥地利学派动态市场过程理论特征的视角来看待拐点预测：基尼系数与经济周期之间存在因果关系。在分析和预测中国的经济周期，特别是通胀发展的过程中，笔者认为这一论断有现实指导意义。这一观点不尽符合动态市场过程理论，还具备实证研究可能；不仅具有奥地利学派特有的模式预测能力，还有相当具体而准确的微观趋势预测能力。以下为基尼系数与房价拐点之间的关系论证：

日本在1980年以前一直被神话为"增长且平等"的典范之国，它的基尼系数稳定在0.26左右。日本的政府被誉为高效而精确地遵守着社会再分配的适当程度。但在1983年以后，日本的基尼系数开始恶化，在1991年日本的基尼系数达到了0.38，而房地产价格也处于历史峰值，中产阶级为了购买房产不得不节衣缩食，M型社会飞速确立。然后，日本"泡沫破灭"，国民的实际收入流明显恶化，房价从峰值开始崩溃而下，3年后日本的房价下跌幅度达到了40%。而被地产泡沫"套牢"的民众依然"下流化生存"，成为泡沫史上凄楚的一群苦人。再以中国香港为例。香港一直是

---

[1] 《寻找经济调控的艰难平衡》，http://news.21cbh.com/?c=print&id=94440。

世界上基尼系数最高的经济体之一，它的基尼系数似乎很少低过0.5 的。当然它也是一些经济学家所鼓吹的"收入差距夸大会增进经济自由"的最好样板。这个样板在 1997 年——也就是香港地产峰值的时候，它的基尼系数达到了 0.53，不过，后来的故事很悲惨，它的房价在 3 年内整体性跌去了 70%（很多小户型的房子跌去了 9 成），"负资产"成为风靡一时的词汇，刻画着香港中产阶级的勤奋、投机、背运和地区优越感的丧失。我们再以现在饱受"次贷危机"煎熬的美国房地产市场为例。在这场格林斯潘用"低利率"手段刺激出来的房地产虚假繁荣中，美国民众大多都享受了泡沫的好处，并利用地产增值获得更多的消费信贷支持。但即使是在这场全民"皆有所沾"的盛宴中，美国的基尼系数有条不紊地攀升，用美国经济学家克鲁格曼的话说，"在布什减税的掩饰下，中产阶级发现自己变穷的感受力比以往更迟钝，但他们实实在在的确变穷了"。去年，也就是次贷危机爆发的时候，美国的基尼系数达到了 0.41 的高水平。而现在，美国的房价从峰值已经下跌了 25% 左右，而像摩根这样的大多数投资银行估计美国房价还会继续下滑 15%，也就是说，美国房价至少会跌 40%。[1]

　　毫无例外地，在上述例子中，日本、美国、以及中国香港地区的经济都因为资产泡沫的破裂而出现衰退。即便是大规模的救市计划拖延了衰退进程，但最终的结果还是对经济产生了严重的伤害。笔者认为，使用基尼系数预测具体的房价涨与跌，依然是较为宏观的，最多算是中观，对于机构投资者和巨富投资者的宏观决策有决定意义。也因此，笔者认为，用奥地利学派的动态市场过程理论来分析资产泡沫支撑下的中国经济与基尼系数之间的关系，是一个新的思路。

---

[1]　唐学鹏，《房价下跌"偏离度"同基尼系数相关》，http://www.21cbh.com/HTML/2008-6-4/HTML_A2UH6BNQU82A.html。作者写作时间为 2008 年，笔者完整引用了作者的数据。

基尼系数与财富分配的密度有关，即反映一个社会贫富差距的严重程度。那么又是什么样的制度原因导致基尼系数增加，即贫富差距扩大化呢？奥地利学派始终如一地认为，是政府干预，即权力通过扭曲市场结构的方式，恶化了市场资源的配置状况，从而导致财富的分配按照权力规则而非市场规则来分配。这不是说，在市场主导的规则下，就不会产生严重的贫富分化。而是说，在市场规则下，贫富分化不会长期化、固定化、甚至是激化。因为市场规则会不断地淘汰犯错误的决策者，没有权力的干预，市场上很难形成巨富阶层联盟。在中国这个市场中，国有企业及其他垄断主体扮演了造成贫富差距不断加大的分裂者的角色。上文引述的数据即表明，在短短的 10 来年中，国有资产从三万多亿扩张到四十多万亿；国有资产达就业人口数从八千多万，急剧萎缩到当前的两千多万人。2010 年 5 月，中国城镇基尼系数已经超过了0.5 的国际公认警戒线。国际上通常认为，一旦基尼系数超过 0.4，表明财富已过度集中，社会处于可能动乱的"危险"状态。[1]

很显然，中国的贫富状况，危险的基尼系数，与保护国有企业垄断地位的制度框架密不可分。这正如上文说到的 SSP 模型一样。[2] 制度框架是贫富差距的最终源头。如此一来，我们非常有必要从权力的起点开始，运用奥地利市场过程理论来分析和预测中国的经济周期和通胀传播过程。

第一，权力才是经济周期和通胀的源头。货币注入经济体的过程，是一个"中心—边缘"的结构。这与"价格总水平"假说完全相反。"价格总水平"假说的前提条件是：货币是以同时、等量的方式注入经济体。这显然是一个完全违背现实的假设。货币当局增发的数十万亿货币，不可能像直升飞机在天上撒钱一样均匀

---

[1]　《中国基尼系数达 0.5 超警戒线 社会处"危险"状态》，http://news.163.com/10/0521/
　　　11/67744CKL000146BD.html。

[2]　莫瑞·罗斯巴德，《为什么我们的钱变薄了：通货膨胀的真相》，陈正芬、何正云　译，
　　　中信出版社，2008。

地释放到经济体中，而只能通过点注入的方式进行逐步扩散。距离货币当局近的主体先获得新发货币，而且数量最多、未贬值，然后依次向外围边际递减，而"最外围"就是距离中心最远的那一环——农产品。[1] 而农产品这种最低级财货的涨价，实际上标志着一轮通胀的结束。但这并不是说经济将进入萧条期了。相反，由于权力对市场的干预总是持续不断地进行，通胀也会一轮又一轮地不间断地发生着。

第二，贫富差距加大，失业率上升，经济结构持续扭曲，并形成恶性循环。通胀是一个逆向分配过程，财富将不断地从低收入者那里转移到高收入那里，即"劫贫济富"。当大量的社会财富通过种种途径集中（或者说掠夺）在少数人手里之后，按照主流经济学说法，整个社会就表现出了购买力的不足，此时投资实体经济已经无法获利了，所以掌握在极少数人手里的资金只能通过与权力结盟的方式囤积炒作固定资产、原材料等来获取利润。炒作推高了原材料和生活必需品的价格，穷人被迫接受这种价格，导致社会财富以更快的速度集中到少数人手里。[2] 伴随着贫富分化的不断加剧，实业投资的萎缩，失业问题也必然恶化。大量民企将逐渐退出实业，工人将随之失去工作岗位。与之前的国有企业下岗工人不同，国企下岗工人还有基本的社保，而大量的以农民工形式存在的就业人口，将在失业后完全失去收入来源。与此同时，退出实业的企业家们会将闲散资金用于一切可以炒作的商品，最终居民生活必需品价格将以更大幅度上涨。这将形成一个很可怕的恶性循环——失业加剧（上升）和物价上涨相互加强。[3]

第三，经济开始滞涨，政府调控经济处于两难境地。中国政府

---

[1]　齐卫国，《通胀的传播过程与最终结果》，南方都市报，2010 年 11 月 4 日，社论版。

[2]　《未来十年中国向何处去》，http://www.tianya.cn/publicforum/content/develop/1/597218.shtml。

[3]　齐卫国，《提前出现的可能是大量失业而非工资倍增》，南方都市报，2011 年 4 月 22 日，社论版。

已经调低了经济增长的预期速度，海关统计也表明，中国若干年来首次出现了贸易逆差。另外，中国的外汇储备从 2 万亿美元增加到 3 万亿美元只用了不到一年的时间，以至于央行行长周小川先生认为：已经超过了我国需要的合理水平，外汇积累过多，导致市场流动性过多，也增加了央行对冲工作的压力[1]。国内外的经济形势并不乐观，甚至可以说是非常严峻。扩张和紧缩都不行，当前的状况是一边扩张一边紧缩。扩张性的货币政策和积极的财政政策从未停止，但是加息等货币政策也不断使用。这一局面充分说明了当前中国经济的两难困境。

第四，需求开始萎缩并达到某一个临界点，经济开始萧条。当前的情况是物价持续大幅度上涨，一般民众开始被迫压缩自身的生活必需品的消费，需求将开始出现非常明显的萎缩。这与政府期望的正好相反，扩张性的货币政策和积极的财政政策只是推高了通胀水平，居民消费能力和意愿，在短暂的癫狂之后，迅速收缩。与此同时，实业企业在不断倒闭，失业开始增加。当价格上涨所获得的暴利无法填补因需求萎缩而造成的利润下滑的时候，炒作资金被迫抛出库存，商品价格开始崩盘。

正如笔者在上文分析的，国有企业在这一市场过程中起到了"末日引擎"的作用，而由此导致的失业率和基尼系数的上升充当了很不错的信标作用。在实际利率长期为负的环境下，当国企盈利能力、失业率和基尼系数同时恶化时，我们应该将经济体定义为：繁荣结束，衰退开始了。

四、结语

奥地利学派的动态市场过程理论，统辖了奥派的时间、人的行

---

[1] 《中国外汇储备突破三万亿美元 已超出合理水平》，http://www.zh818.com/Get/redian/201141914442845.html。

为、无知，以及企业家创新等概念和理论。人的行为总是发生在时间中的，而时间之箭是面向未来的。这也决定了市场过程总是动态的，权力干预所期待的静态繁荣是不可能出现和维持的。无知是自由的基础，而权力持有者总是假定他们完全掌握了市场的规律和市场所需的所有知识，这为权力主导市场创造了条件，也因此扼杀了市场内生性的力量。权力干预不仅仅扭曲市场结构和资源的配置，更为要命的是，政府还要采取新的措施来应付先前政策引起的恶果，更因此而必然摧毁市场自发性的（内生的）、建设性的、恢复性的力量。[1] 一轮接一轮的政府干预，必然导致经济的周期性衰退。

本文只是想通过对奥派理论和中国实际情况的梳理，为奥派理论需找若干"本土化"的支撑点；与此同时，也为如何看待中国当前的经济形势提供若干奥地利学派的视角；并以此来分析和预测中国的经济周期和通胀传播过程。笔者认为，本轮中国经济周期的下滑节点，可以用国企全面亏损、失业率不断攀升和基尼系数持续超过警戒线这三个指标来观察和预测。当然，除利率外，外资大规模撤退、债务危机等等都可以作为观察指标。但笔者认为，基于中国的特殊制度框架和社会结构情况来看，国企盈亏、大规模失业、基尼系数这三个指标的位置，应该居于利率之后，而在其他指标之前。甚至从某种意义上讲，国企盈亏这项指标还长期决定了中国的利率走向和市场化改革的走向。这让我们无法忽视国企的存在，更无法忽视国企在经济周期中的作用。

---

[1]　弗雷德里希·冯·哈耶克，《哈耶文选》，冯克利　译，江苏人民出版社，2007，第34页。

财政预算与近代中国的治道变革

任晓兰[*]

"天下事无大小皆决于上"是几千年中国专制社会的一个通行法则，在专制制度下，皇权至高无上，不受任何限制，统治者有权任意对国民征税而无需提供任何法理依据，没有人去置疑其征税的合法性，统治者也从来不会将向国民提供公共服务作为自己的责任与义务。中国的财政近代化肇始于清末，开拓于民国，自清末新政以来，有识之士一直在探索公共财政、公共预算的建设之路，思想界对于财政预算本质的理解也逐渐超出了经济领域而进入了政治领域。随着西方财政思想的涌入与中国具有近代意义的财政预算机制的萌生与实践，近代中国的政治理念也随之发生了深刻的变化。

一、中国社会的财政状况与近代财政预算机制的萌生

晚清以降，由于大量的对外赔款与外债偿付，使得清政府的财政收支规模逐渐扩张，原有的财政管理体制逐渐无法正常运转，

---

[*] 任晓兰，副教授，法学博士，政治学博士后，硕士生导师，天津财经大学法学院民商法系副主任。

所谓"今日策财政者，莫不曰中国贫甚"[1]。同时，由于自咸丰三年清廷为了镇压太平天国运动而允许各省自筹饷需，户部将"奏拨解部"变通为"按年定数指拨解部"之法以后，清代的地方财政体系逐渐形成，中央财政通过"解款协款制度"牢牢控制绝大部分财政收入、地方并无独立财权的局面被打破，各省自行收支的制度体系孕育而生，随着各省税权的强化，地方与中央的财政关系也发生了明显的改变，到了清朝末期地方财政的大权事实上已经牢牢地把持在了督抚手中，据史料载地方督抚"于财用实数，每匿不令部知"，而度支部"于外省款项，每令其据实报明，声音决不提用，及至报出，往往食言，外省常畏其相诳，故外不信内。"[2]此时晚清中央与地方的财政关系混乱而紧张，清政府调控全国财力的权力日趋衰微，社会发展迫切要求清政府对全国财政收支进行清理，有计划地安排资金收支，以调整社会内部各利益阶层的关系，所谓"今日京外各官之所汲汲皇皇者，莫不曰财政、武备、教育、实业，而四者中，尤以财政为最要"，而"财政之最要者，莫如预算"，而且"国家愈文明，则其岁出岁入之费愈多，出入之费既多，则其预算之法亦愈精密。"[3]

于是中国社会近代意义上的自上而下的财政预算尝试，便在清末新政时期应运而生。1910年，清政府在清查各省财政收支的基础上，仿效西方国家制定预算的新型财政体制，决定试办全国财政预算，以便把地方财政的"外销项目"编入预算。不过，由于清末新政时期的财政预算出台是以重新划分中央和地方两个财政范畴以统一全国财政、规范地方财政为目标的，这使得清末立宪时期的财政预算建设的意义更多地体现在了制度建设层面，之所以要进行财政预算，主要是为了应对棘手的财政危机，财政预

---

[1] "论国家于实行立宪之前宜速行预算法"，《南方报》，1906年11月6日。

[2] "会议政务处奏复核度支部清理财政办法折"，《清末筹备预备立宪档案史料》，北京：中华书局，1979。

[3] "论今日宜整顿财政"，《时报》，1904年11月29日。

算的意义正在于"我国当此财政困乏之时，又值与民更始需用浩繁之际，而欲彼此相示以诚，无稍猜忌，在上者取之有方，在下者供之有道，则非速行此预算法不可。"[1]辛亥革命之后，清政府为了挽救动乱时局，在 1911 年 11 月 3 日公布了《宪法重大信条十九条》，被认为是我国历史上第一部成文宪法，在这部宪法的第十四条对预算法制的内容有了进一步的规定："本年度之预算，未经国会决议者，不得照前年度预算开支。又预算案内，不得有既定之岁出，预算案外，不得为非常财政之处分。"第十五条还规定："皇室经费之制定及增减，由国会议决。"虽然某种意义上，这一时期的预算法制建设体现出较为明显的救亡图存与挽救时局的功利色彩，但是资政院的预算审查权毕竟借此历史机遇得到法律的承认，在资政院开院之初，议员们还曾经和清政府据理力争，将原预算额 37635 万两核减掉 7790 万两，使岁入总额略有盈余，[2]这是预算制度对中国近代民主进程所做出的有益尝试。

国民政府成立后，也很重视对预算的编制，并进行了一系列的改革措施，国民政府编制的国家预算可以说是开创了中国现代预算编制的先河。南京国民政府成立后，一方面详细制定了预算编制，另一方面也积极督促决算的施行。各级政府的年度预算以立法机关审议后的年度预算为参考，同时这也是监察机关监督政府财政的主要凭据，使得民国时期的预决算制度初具法制性与民主性。与此相一致，思想界关于财政预算的理解，也更加深刻。这一时期已经有学者认识到，一国政府的施政方略完全可以通过其预算图表一目了然，"预算上经费之增减，亦可以窥见政治之真状。军务债券充塞，则汲汲于武力可知；反之，军费减少，则其政府必醉心和平明矣"[3]。也认识到了预算对于一国政治经济发展

[1]　"论国家于实行立宪之前宜速行预算法"，《南方报》，1906 年 11 月 6 日。

[2]　侯宜杰，《二十世纪初的中国政治改革风潮：清末立宪运动史》，北京：人民出版社，1993。

[3]　曾浩春，"预算的政治性质"，《东方杂志》，1931，（14）:9—14。

的重要意义，"国家的预算，常是一国一年中行事的预定表，也是一国经济的缩写图，由国家的预算中，我们可以看见一国这一年中所走的方向，也可以窥见一国经济的大势。"[1]

虽然民国时期战乱仍频，国民政府军费浩繁，致使在实践层面国民政府的预算决算往往不能严格实施，甚至学者闵天培认为"自民国以来，有预算无决算，而预算数字，既多不确，预算法案，又多变更，所谓预算者，仅其形式而已。"[2] 但是在思想界，已有越来越多的学者明确提出了预算不仅仅是一种经济问题，它更有其政治上的意义，如曾浩春指出"国家之有预算，盖以确定财政之数额，而调剂收支之均衡"，而"预算于财政性质外，更有其他政治意义存在"，"在现代国家，当讨论预算时，其大部分工作，皆为对于政府政治上设施之质问"，并认为"现代文明国家，莫不以政治之安定，财政之充裕，必赖乎预算。盖必定期预先推定国家出纳，而后能有条不紊，政事应时而举，岁入以时征收，岁出及时支付"，"故谋国而不先谈预算，实未免陷于弃本逐末，隔靴搔痒之弊也。"[3] 还有学者从预算二字的外文词义解读其所应具有的法治内涵，董修甲认为"预算二字，来自拉丁语之 Bulga，即皮袋之意，及至传到英国，则为 Budget，当时英国财政总长，常将岁入岁出各项文书，置之皮袋内，携赴国会，求国会之通过，久之遂以 Budget，专指皮袋中所藏之财政计划，与人民监督财政权之手续。"[4] 可以说，近代财政学者已经不再限于把预算仅仅理解为一国政府在每个财政年度内全部财政收入和支出的计划的经济行为，他们已经对预算法制与民主制度之间紧密的内在关联有了敏锐的体察与深切的洞见。

---

[1] 符彪，"民国二十六年度国家预算的剖视"，东方杂志,1937,（15）:9—10。

[2] 闵天培，"预算决算之公开"，《东方杂志》,1947,（1）:33—36。

[3] 董修甲，"我国市预算问题"，《东方杂志》,1935,（19）:89—110。

[4] 闵天培，"预算决算之公开"，《东方杂志》,1947,（1）:33—36。

二、从民本到民权：近代治道变革的理念突破

思想家如何理解了人与国家的关系，也就如何理解了社会政治生活。由于近代以来，带有公共性的财政预算机制的萌生是以政府财政困窘为时代背景的，无论是清末新政还是国民政府的战争支出，都急需大量的财政支持，这使得如何理解纳税人与国家之间的关系，就成为了思想界无法回避的问题。

传统中国以"所有"而不是"公共"的观念理解了国家，在论证天下是君主私产的同时，也使税收沦为了统治者聚敛财富的工具，传统社会的子民只能是赋税的担负者而不可能成为纳税权利的主体。在清末新政初期，以轻徭薄赋为优良治国方略的传统民本理念依然在思想界占据主流，而民众向政府交纳皇粮国税也是被当做天经地义的，如在试办印花税的问题上，就有人认为"参仿西法举行印花之税而其章程规则仍以利国而不病民为宗。体贴民情可谓无微不至矣。乃论者犹有微词，其殆不知国与民之关系，并不知立宪国民之责任者乎。夫立宪国民有纳税之义务，斯固环球公例，况乎亚圣有言：无君子莫治小人，无小人莫养君子。上之什一取税，下之踊跃输将实国与民相维相掣之公理。"[1] 可见，在时人看来只要税赋的征收不至于"病民"，即便是在立宪国家，纳税也是民众的天然义务，如果要说国家征税有什么限制的话，那就是不能用国家的税款做无益于社稷的事情，如"使其所税之法无益于社稷有病于商民，竭天财地利之源，供吏饱胥渔之用，则不可行也。使其所税之用取之尽锱铢，用之如泥沙，供服御之奢华侈土木之玩好，则不可行也"，毕竟"民之财力几何，取有限之脂膏，填无穷之欲壑，剜却心头之肉，医得眼前之疮。弱者贫无立锥，桀者铤而走险为害不可究诘。"[2] 这种说法在肯定统治者

---

[1]　杨毓辉，"论国家征税之公理"，《东方杂志》，1908，（5）:45—53。

[2]　同上。

不能滥征民力的同时，也意味着只要对民众的索取不至于涸泽而渔，不至于使民众揭竿而起，民众供养政府是完全符合国家征税公理的，所谓"举行新政匡济时艰，皆国民公共之事业，苟其度支不给自应征取于民，此则不能以重征病民者相提并论。"[1]。

以传统的民本思维来考量近代意义上的财政预算，尽管持这一思想的学者也十分关心民众的利益、民生的疾苦，但是却将民众的贫富寄托于统治者的不至于过分奢靡上。由于没有认识到民众的权利，特别是作为个体的"民"的权利，使得在这种思维惯性的指引下，取之于民并用之于民，已经成为了民本思想指引下对预算问题的最深刻理解，所谓"取之于民者，仍悉用之于民，预算决算之案必经议院通过。无一毫涉于需糜。此所以税重而民不以为苛，役繁而民不以为病也。"[2]传统的民本思想并不能提供一个全新的价值规范，也无法在专制政治以外寻找到社会发展的出路，按照传统民本思维的理解，预算也只能成为使政府不至于过度奢靡、财政支出能够合理配置的制度，而无法给民众之所以要向政府纳税提供一个确切的理由。

在晚清就已经有学者认识到了国家的财政支出，应该得到纳税民众的许可与监督的问题，财政预算的意义就在于能够使国家的财政处于民众的监督之下，即"所谓预算者，国家预定收入、支出之大计划也。盖国用之收入，收入之于民也。收入自民故不能不求民之允诺。欲民允诺不能不示以信用。预算者，示民以信用之契据也。国用之支出，亦以为民也。支出为民，故不得不邀民之许可。欲民许可不得不受其监督者，授民以监督之凭证也。"[3]还有学者提出了民众财政参与权，即所谓"苟宪政亟行，使薄海臣民皆得参与财政之权，增所应增，减所应减，悉裁诸舆论之大

---

[1]　杨毓辉，"论国家征税之公理"，《东方杂志》，1908，（5）:45—53。

[2]　同上。

[3]　"论国家于实行立宪之前宜速行预算法"，《南方报》，1906年11月6日。

公而朝廷不复以向来之私见参之，上利国而下不病民，此诚万国之所莫及者也。"[1] 而如果公民怠于行使自己的监督财政的权利，甚至被学者认为是自弃天职，所谓"各国之立宪也，莫不因君民冲突乃由君主让其权力之一部于人民而其始也。亦莫非因人民之要求而得之租税之承诺权，其得之也亦同是国民对于政府为正式之要求乃欲达其目的之惟一手段也"，所以"预算一事乃政府引起我国民对于政府而行使其监督权者也。国民如放弃其责任而不尽其监督之责，是谓自弃其天职。"[2]

民国时期，更多的学者认识到了预算与民权的关系，所谓"史上，求预算发展之迹象，则所谓一部民治史者，实亦一部预算运动史也"，而"国家费用一文，必须民众许可，使民众操有预算实权"。[3] 在国家的财政收入与公民的私有财产权之间此消彼长的关系问题上，曹翼远指出"财政权实实在在很庄严的兀立在民权防线的前卫"，即"财务行政中之收入方面，大部分与国民私产权立于相对地位，往往削弱私有财产权所涵的不可侵犯之威力"，并进一步认为"立宪国家总是将财政权牢握于人民代表所组成的国会手中，自然而然的形成财政权力机关与财务行政机关分开的制度"，而"财政权起源甚早，可以说现在立宪国家民权之发皇，皆昉于财政权的获得"，"国会掌握的财政权，为全部民权中最重要最精彩的控制国事之权。"[4]

在中国传统的民本思想里，民众只是利益的获得者，在逻辑上，民众的利益只能由统治者来谋。在近代民主思想家那里，人民则是被设计为主权者。在财政预算的问题上，走在时代前沿的思想家已经认识到纳税不仅仅是一种民众对政府所承担的义务，更为重要的是，政府所获得的税收，是广大民众不可侵犯的私有

[1] 社说，"财政私议"，《东方杂志》，1908，（3）：37—40。
[2] "论国民当知预算之理由及其根据，《时报》，1907 年 4 月 21 日。
[3] 曾浩春，"预算的政治性质"，《东方杂志》，1931，（14）：9—14。
[4] 曹翼远，"财政权与财政"，《东方杂志》，1935，（7）：119—126。

财产的一部分，这样，政府在使用财政收入的时候，必须要征得民众的同意，接受民众的监督。这种思想已经远远超越了传统的民为国本、载舟覆舟的思维模式，公民作为纳税主体的权利意识的觉醒，是政治理念突破固有专制框架成功转型现代的重要标志。

三、看住"钱袋子"：近代治道变革的宪政内核

在现代国家中，预算不仅仅是"政府管理的工具"，更为重要的是，预算还是"管理政府的工具"。现代预算制度要求一方面通过政府预算分配财政资源，安排政府的行为活动，实现宏观调控经济和社会稳定的目标，另一方面还要求代议机关通过公共预算管理政府的财政收支，控制政府的"钱袋子"，以此来规范政府行为的边界。议会的预算权力是议会最基本、最重要的权力，在历史上，议会最先从行政机关获得的正是财政方面的权力，之后才是立法权和人事任命权。近代诸多学者都已经认识到了财政预算与约束政府权力之间的内在联系，所谓"监督会计及预算之制，其严重如此，是皆国会重要之权，即立宪国所以建设责任政府唯一之武器也。"[1]

梁启超在《读度支部奏定试办豫算大概情形摺及册式书后》一文中指出："预算非他，实一国行政之悌鹄也。无论何种政务，行之必需政费，而立宪国之所以有预算者，则除预算表岁入项下遵依法律所收诸税则外，行政官不得滥有所征索；赊预算表岁出项下所列诸款目外，行政官不得滥有所支销，此立宪国之通义也。"[2]针对君主立宪制政体的设计，晚清还有学者提出了君主的财政支出与国家的公共支出相区别的问题，"国家之取财于民也，不外以一国之财治一国之事，仍散之一国之民故人人均有纳税之主义。

---

[1] 杨度，"金铁主义说"，《杨度集》，长沙：湖南人民出版社，1986。
[2] 赵丰田，《晚清五十年经济思想史》，北京：哈佛燕京学社，1939。

若中国则不然，不以财为国家之公财而以财为君主之私财。由是中国之愚民以为吾辈之纳税皆所以供君上之私用也。上日富则民日贫。"因而"今日理财计宜于国家岁入之正供酌拨巨款以供皇室之储藏，此款而外凡所入税额，悉储为国家公用之财，复刊布预算各表以示人民，使天下之民晓然于所纳之财均以治一国之公益，则税额虽加，亦必捐输，恐后而横征暴敛之祸"[1]。进而还有学者提出了，一预算的实质是议会拘束政府行为的见解，所谓"国家之所以编制预算案者，盖以一年之中收入支出非有一定标准将恐入不敷出也。故于一会计年度中，预制定之凡立宪国家制定以后，收入支出皆不得越其范围。是谓有'拘束力'。此拘束力者非政府自拘束之而议会拘束之也。若专制国家则政俯自制定之而可以自由增减，国民不得而过问焉"[2]。

立法权与行政权分立的核心不在于分权而在于制衡，世界上任何国家都无一例外地把预算置于一定的监督之下，预算的编制者、执行者和预算的审批者、监督者不能为同一个主体。民国时期已经有更多的学者论及立法权与行政权的相互监督与制衡的问题，如诸青来指出"各国当局治理财政，未有不遵严重之法规，受他机关之监督，懔懔然惟恐稍有僭越者"，因为"权之所在，即弊之所伏。纵使执政清白乃心，出纳并无浮滥，取于民之方术不同，则其得失利害之间，必须广益集思，藉察民意所在。是故立宪国人民，咸以监理财政之重任，委于民选代表之身，犹恐其纠察未周，易滋流弊，别设一审计机关，为严重之监督。法规不厌其详，程序不嫌繁复，盖在法治国家，一切措施秩序有序，不论谁何，罔敢越轨，此出纳之际不容有丝毫苟且，而廉洁政府所能成立也"[3]。曾浩春还进一步论证了行政机关对于预算的创制权与

---

[1]　"论君主之财宜与国家之财区别"，《申报》，1906年1月2日。

[2]　"论国民当知预算之理由及其根据，《时报》，1907年4月21日。

[3]　诸青来，"二十年来之国家财政"，《东方杂志》，1931，（19）：19—33。

立法机关对于财政的决定权之间的关系，所谓"预算上创制权及决定权分立，以成民治国家之通例"，"'创制权'宜操诸执行机关之政府；'决定权'应付予全国人民代表之议会是也"，"二者各相牵制，实相完成，故能臻于精密。二者缺一，则陷于畸形。此主持一国财政者所应注意也"。[1] 面对抗日战争以来，军费的巨大开支，预决算不能平衡的社会现实，闵天培提出了预算不仅需要民主更需要公开的问题，认为"预算为岁计标准，关系建国方略，至深至矩，故法治国家，不问其为君主，或为民主，凡内阁之进退，恒以预算能否通过国会为关键"，故"世界各国财政大抵由全部之秘密，进为一部之公开，由一部之公开，进为全部之公开"，而"政治如能民主化，则特权自不能存在，特权如不存在，则财政自可公开。财政而能公开，则不致多编军队，军队如不多编，则军费不致庞大。军费如不庞大，则预决算必可平衡"。[2]

如何约束现实生活中的权力，是全部政治哲学永恒的主题。在一般情况下，预算是行政机关最有可能对公共利益造成全面而持久损害的环节，而财政预算，正是国家立法机关用来监督行政机关，将其约束在法制的轨道上使其不至于过分偏离于最广泛的公共利益的一套制度规则。通过财政预算的控制来约束政府权力，以议会对于预算的决定权来制约行政机关对于预算的创制权，实现以权力制约权力，是近代思想家对于政治生活的设计所做出的重要理论贡献，也在很大程度上成就了中国近代诸多政治理念的转型。

---

[1] "论国家于实行立宪之前宜速行预算法"，《南方报》，1906 年 11 月 6 日。

[2] 闵天培，"预算决算之公开"，《东方杂志》，1947，（1）:33—36。

第二部分　哈耶克思想和奥地利经济学研究

哈耶克与凯恩斯：论战最后的同与异

韦森[*]

1931 年，哈耶克出版了他的第一本英文经济学著作《价格与生产》。这部主要使哈耶克于 1974 年获诺贝尔经济学奖的成名作，也拉开了之后与凯恩斯持续了十多年的理论论战的序幕。1930 年，凯恩斯出版了他的两卷集《货币论》，立即遭到哈耶克发表在伦敦经济学院院刊 Economica 上数篇文章的尖锐批评。在很大程度上，正是在回应哈耶克的理论挑战中，凯恩斯从 1932 年起开始埋头构思和写作，于 1936 年出版了他的《就业、利息和货币通论》[1]。为了写作《通论》，凯恩斯甚至决定停止与哈耶克的通信，并向哈耶克解释道："我正在试图重新打造和改进我的中心论点，所以应当把时间花在这方面，总比继续辩论要好"（斯基德尔斯基的《凯恩斯传》，第 540 页）。《通论》的出版，奠定了当代宏观经济学的

[*] 韦森，原名李维森，复旦大学经济学院教授、博导。

[1] 凯恩斯，《就业、利息和货币通论》，高鸿业译，商务印书馆，1999。后文简称《通论》。本文对《通论》的所有引文都是笔者根据英文原文重译的。Hayek, Friedrich A., *Price and Production*, London: George Routledge & Sons, 1935. Hayek, Friedrich A., *Profit, Interest and Investment*, London: George Routledge & Sons, 1939. Hayek, Friedrich A., *Pure Theory of Capital*, Norwich: Jarrold & Sons, 1941.

分析框架，引发了当代经济学的一场理论革命，随即凯恩斯本人也成了 20 世纪最有影响的经济学家。1953 年，美国经济学家哈里斯（Seymour E. Harris）宣称："与达尔文的《物种的起源》和马克思的《资本论》一样，《通论》是过去一百年中所出现的最重要的著作。"1975 年，当代经济学中的另一位大师级经济学家明斯基（Hyman P. Minsky）则宣称："如果说凯恩斯是与马克思、达尔文、弗洛伊德和爱因斯坦一样都属于最宏伟层次的创新性思想家从而导致现代思想革命的话，那是由于他在《就业、利息和货币通论》中对经济学所做出的贡献，其中包括对经济科学和政策指导的贡献。"

凯恩斯的《通论》也是一本被世人公认的晦涩难懂的著作。当代经济学的泰斗萨缪尔森（Paul Samuelson）就曾自我承认开始读不懂《通论》，并回忆说："在该书出版后的一年半载中，在麻省剑桥（这里指哈佛、麻省理工等名牌大学汇聚的地方——引者注）没有人真正懂得该书的内容是什么。"几十年后，华人著名经济学家张五常先生还在一篇"凯恩斯的无妄之灾"的发表文章中自谦地说他一生都"读不懂《通论》"。

现在看来，如果从瑞典学派的创始人魏克赛尔（Knut Wicksell）的"货币均衡论"的思想传承关系再读凯恩斯，《通论》的思想脉络就显得比较清晰了。虽然笔者数年前也数次教过凯恩斯的《通论》，但多是在表皮上讲讲凯恩斯的术语和思路，并没有真正进入凯恩斯的思想世界。由于哈耶克和凯恩斯的货币理论大致同源于魏克赛尔的思想，多年后以哈耶克与凯恩斯的理论论战为切入点重读《通论》，笔者才发现，整本《通论》是凯恩斯在继承、转换、改造和发展了魏克赛尔的货币均衡论思想后，而建构起来的一个新的宏观经济分析框架，且从某种程度上可以把整部著作看成他是沿着魏克赛尔的理论框架继续与米塞斯和哈耶克所进行的理论论战的结果。

在扬弃了魏克赛尔的"自然利率"概念而改用"资本的边际效

率"后，在《通论》中，凯恩斯首先创造性地提出了"有效需求"这一概念，并认定有效需求为"预期的消费和预期的投资的总和"。根据这一思路，凯恩斯认为："如果消费倾向、资本边际效率和利率这三个因素均保持不变，那么，有效需求也不可能改变"（《通论》，第 268 页）。凯恩斯进而认为："投资与储蓄是为经济制度所决定的因素，而不是决定经济制度的因素。它们是经济制度中的决定因素——即消费倾向、资本的边际效率曲线和利率——所产生的后果。这三个决定因素本身是复杂的，而且每一个都会由于其他两个因素的变动而受到影响。但是，在其数值不能被推算出来的意义上，三者仍然是自变量。"（《通论》，第 188—189 页）

在《通论》中，凯恩斯指出，由于"消费倾向是一个相当稳定的函数"，因而"资本的边际效率相对于利率的波动，可以被用来分析繁荣与萧条的交替"。沿着这一分析思路，凯恩斯建构了他的经济周期理论："对危机的更加典型的而且往往是更加决定性的解释在基本上并不是利率的上升，而是资本边际效率的突然崩溃"；"正是由于资本边际效率的崩溃，所以萧条状态才如此难以治理。……要恢复资本边际效率并不那样容易，因为资本边际效率在目前系由无法控制的（uncontrollable）和不服从的（disobedient）工商业界的心理状态所决定。用普通语言来说，在个人行为自己作主（individualistic）的资本主义经济中，信心的恢复远非控制所能奏效"（《通论》，第 328—339 页）。

由此凯恩斯得出了他的政府干预市场的基本思想："在自由放任的经济体制条件下，除非投资市场的心理状态使自己做出毫无理由这样做的巨大逆转，要想避免就业量的剧烈波动是不可能的。我的结论是：安排现行体制下投资的责任绝不能被置于私人手中"（《通论》，第 331—332 页）。凯恩斯还具体解释道："有鉴于资本边际效率的日益为甚的下降，我支持旨在由社会控制投资量的政策；而与此同时，我也支持各种提高消费倾向的政策"（《通论》，第 337 页）。

凯恩斯在《通论》所提出的这种政府干预市场的主张，多年来受到以米塞斯、哈耶克和罗斯巴德为代表的奥地利学派的批判。譬如，奥地利学派的当代传人罗斯巴德（Murray Rothbard）在1982年为他的《美国大萧条》第四版所撰写的序言就指出："政府所做的一切都适得其反；所以我们的结论必然是：政府应该无为而治，即政府应该尽快从对货币和经济的干预中解脱出来，而让自由和自由市场经济自行运行"（p.xxii）。这应该说代表了当代奥地利学派经济学家们的一贯主张。

然而，大多数经济学家可能都还没有注意到，在凯恩斯的《通论》出版后，哈耶克本人也对他自己的货币和商业周期理论进行了调整和改进，并且在很多地方与凯恩斯《通论》的理论思路有很多相同之处——尽管结论几乎完全相反。

在《通论》出版3年后，哈耶克在1939年出版了他的《利润、利息和投资》的小册子。在这本小册子中，像凯恩斯一样，哈耶克也抛弃了魏克赛尔的"自然利率"概念，但是，与凯恩斯把魏克赛尔的"资本的自然利率"替换为"资本边际效率"有些差别，哈耶克较倾向于用"利润率"（有时哈耶克也使用"边际利润率"）与"货币利息"的关系来讨论信贷、投资与商业周期问题。哈耶克明确指出，尽管他仍然从储蓄与投资均衡的角度来探讨资本的稀缺问题，但他发现，"从许多方面来看，利润率是比利息率更有效和更具根本性的一个概念"（*Profit, Interest and Invesment*, p.4）。现在看来，哈耶克这时所使用的"利润率"或"边际利润率"，与凯恩斯所用的"资本边际效率"，大致是指一回事，且分析思路也大致相同。

与凯恩斯不同的是，在《通论》发表后，尽管哈耶克接受了凯恩斯《通论》的宏观经济学框架中的"预期"、"消费倾向"、"乘数"乃至"加速原理"等概念，但哈耶克还是坚持了他之前在《价格与生产》等著作中所拓展出来的货币供给和利率变动对社会生产结构之影响的研究思路，认为利润和利率的变动会对"消费品生产部门"和"资本品生产部门"会产生不同的影响。

在《通论》中，凯恩斯曾认为："与其说利息率是一个具有高度的心理现象，更精确地毋宁说它是一个高度的惯例化现象（conventional phenomenon）。因为，利息率的实值在很大程度上取决于流行的观点认为它应该是多少。任何一个被足够大的信念所认为会持久不变的利息率将会持久不变"（p.203）。与此不同，哈耶克则认为，尽管在现实世界中货币利率的决定取决于一些"偶然的"和"任意的"因素，可以提高和降低，但是它的变动可能更迟缓或变化太小，从而对企业家决策的影响可能并不是很大。由此哈耶克认为，只有利润率的变动才是"最具决定性的"。这一点现在看来又与凯恩斯在《通论》中的判断是完全一致的。

在从利润率与利息率的相互关系上来研究生产的扩张还是收缩这一点上，哈耶克又与凯恩斯一样，既抛弃了他的"资本的自然利率"概念，但又保持了他的基本思想。譬如，在《利润、利息与投资》第 2 章，哈耶克在谈到二者的关系时，就首先问了这样一个问题："是否生产的扩张并不总是要达致边际利润率等于利息率的均衡点？"（这实际上又在不点名地与凯恩斯在《通论》中所提出观点进行论辩）。哈耶克的回答是："现在看来，对边际利润率来说，可能完全是正确的；……然而，我们所真正关心的并不是边际利润率而是所有给定产出和给定所有生产方法的利润率（或言所有产出和生产方法利润表（profit schedule）和利润曲线）。我们的主要观点是，在实际工资下降的情况下，要使边际利润率等于任何既定利息率的，是使用更大比例的劳动和较小比例的资本"（p.16—17）。进而，哈耶克提出要研究消费品部门生产和资本品部门生产的调整与比例。譬如，哈耶克认为，如果在经济上升时期相比利息率而言利润率太低，利润率与利息率失衡，这时候如果对投资方向加以错误引导，增加资本品的生产部门的投入，这就会为未来的"大麻烦"埋下种子。在这样的情况下，资本品生产部门就业的增加将会使"危机必不可避免"（*Profit,*

Interest and Investment, pp. 60-61）。

由此看来，到了《利润、利息和投资》（1939）阶段，哈耶克仍然坚持他的《价格与生产》（1933）中的经济危机和商业周期理论的观点，从而与凯恩斯在《通论》中所提出的经济周期理论还是有很大区别的。

但是，在1929—1933年大萧条之后，如何使深陷经济衰退的各国从危机中走出来？如果像凯恩斯在《通论》中的判断一样，利息率的减低并一定能撬动投资从而并不会使深陷萧条中的经济自动复苏，那么究竟什么因素才能使一国经济从萧条中走出来？哈耶克认为，传统的魏克赛尔的从储蓄与投资的货币均衡分析所得出"危机理论"并不能说明和解决任何问题了。但是哈耶克本人在这个阶段上似乎也没有提出更加明确的思想和更可行的政策主张。哈耶克还只是坚持他原来的思路，主张在资本并不稀缺的情况下，思考这个问题的出发点应该研究（1）消费者如何分配他当前的消费和未来的消费，（2）企业家们在各个阶段上是如何分立和独立地为生产消费品所做决策的——而后者又与企业家的预期有关。但是，哈耶克却明确提出："任何对经济危机的解释必须假定企业家会犯错；然而事实是仅凭企业家会犯错这一因素又很难对任何危机做出充分的解释"（p.141）。最后，哈耶克相信，在将来需要有对危机和商业周期发生机制的"内生理论"和"外生理论"的解释，尤其是需要一个系统的资本理论（p.141）。

在这一时期，哈耶克本人也确实是闭门多年而殚思极虑地撰写他的《资本纯理论》，但后来看来并不是很成功。因为，不仅在1939年出版的《利润、利息与投资》中哈耶克并没有提出一个系统的经济周期的"内生和外生理论"，就是在1941年出版的《资本纯理论》中，哈耶克也没有给出一个完整的理论解释。《资本纯理论》这本中间经历了第二次世界大战的磨难而艰苦完成的450多页的煌煌巨著，几乎耗费了哈耶克近10年的艰苦思考，但最后仍然是一个"未完成交响曲"。哈耶克本人在"前言"中就直率地承认，现实中的许多重要的问题，他的这部纯理论著作并没有提供多少答案，因而在资本理论的研究领域中对工业波动的理论解释"依然是一项须待努力完成的任务"（p.vii）。根据这一点，哈耶克在这部大部头著作的最后承认，目前我们大都还只是在一种"更加表层的货币运作机制"上做文章，或者还只是在凯恩斯所倡导的"短期分析"上兜圈子，因而我们还只是处于"经济学的前科学阶段"（prescientific stage of economics）（p.409）。

哈耶克的《资本纯理论》已经出版 70 多年了，这一状况是否有所改变了？要回答这一问题，且不要问第二次世界大战后出版了多少本关于货币经济学的教科书以及有关大萧条的研究专著，甚至出现了多少计量模型和"实证检验"，乃至近几年英国、新西兰、加拿大、日本等国的"新魏克赛尔学派"的经济学家们又创新出来了多少种"自然利率"的估算方法，只要问这样一些简单问题，就知道这一经济学的核心研究领域是否有真正的理论进展了：在 2007 年前，全世界有几位经济学家曾预测到了 2007—2008 年的全球金融风暴乃至接踵而至的这场世界性的经济大衰退？目前又有哪位经济学家敢说自己已经为深陷大萧条中的欧盟各国乃至美国和日本经济找到了复苏的药方？

自 2009 年以来，美国、欧盟、日本等发达经济体已经相继采取了数次量化宽松政策，银行的借贷利率也一直被人为压低到几乎接近于零，但到目前为止，似乎种种凯恩斯主义的恢复经济复苏的药方全失灵了。另一方面，尽管数年来西方国家采取了量化极其宽松的货币政策，但西方国家到目前为止并没有出现任何严重的通货膨胀，这无疑也宣告了弗里德曼的货币主义预言的破产。一方面在现实层面西方各国深陷经济萧条的泥潭无力复苏，另一方面在理论层面经济学家们又找不到任何复苏的药方，甚至对这次世界性经济衰退还给不出令人信服的理论解释，这能说在凯恩斯和哈耶克 20 世纪 30 年代的大论战后当代经济学中的货币和商业周期理论有过真正实质性的进展么？

历史还在向前延伸，且又好像总是会不断再重复自己。在 2008—2009 年的世界经济衰退后，美国的失业率数年来居高不下，且大多数经济学家都判断在未来的数年中降到 8% 之下的可能性不大，欧盟各国的失业率又大都在 10% 以上而居高不下，希腊和西班牙的失业率则多年超过了 20%。三十年河东，三十年河西。对第一次世界大战后的"英国病"，上了点岁数的人好像还记忆犹新，20 世纪 90 年代初以来发生的"日本病"目前看来还没过去，现在则又出了"美国病"和"欧洲病"。那要治愈这新时代的"欧洲病"、"美国病"和"日本病"，是需要再来一个凯恩斯？还是需要再来一个哈耶克？

再看中国国内。自 2008—2009 年世界性经济衰退以来，中国政府决策层采取了极端的凯恩斯主义的宏观经济政策，不但在财政政策上推出了"四万亿"的刺激计划，而且在货币政策上也实际上催生了 30 余万亿元的银行贷款，以致到 2011 年年底中国的贷款余额已经是 GDP 总量的 123.4%。多年来，中国央行又人为地压低利率，使利率大大低于可能的"自然利率"（资本的边际收益率），结果导致"铁公基"和各种高资本化的生产项目盲目上马和极度扩张，地方政府和企业负债累累，以致在短短的两三年中就有一些盲目扩张的企业家资不抵债而"走路"甚至自杀。2012 年之后，鉴于诸种宏观经济指标均表明中国经济增速正在下行，中国政府决策层目前似乎又要来个 4 年中的第 4 个 180 度的货币政策转向，欲再次采取宽松的货币政策来阻止宏观经济下滑……这一切是否意味着中国经济正沿着"哈耶克三角"的运转逻辑酝酿一场新的大经济萧条？中国经济这列在很大程度上由政府驾驭的"无轨电车"正在奔向何方？

亲爱的读者，这个系列到这里基本上就写完了。在与笔者一起经过魏克赛尔、米塞斯、哈耶克、凯恩斯各自晦涩且幽暗的思想路径而一路走来，我想我们对人类当代思想史上的这些大家的思想脉络有了初步的梳理和把握。到现在如果你还不怎么相信米塞斯—哈耶克的货币和商业周期理论，也不妨看看凯恩斯在《通论》第 22 章"略论经济周期"中是如何说的吧："在经济下降的阶段，当固定资本和原材料的存货都处于多余状而运营资本（working capital）又处于消减之中时，资本的边际效率可以会下降到如此之低的程度，以致在实际上没有可能通过利率的降低来达到一个令人满意的新投资率。从而，在以现有方式组织和易受影响的市场中，对资本的边际效率的市场估计会出现如此巨大的波动，以致它不能为利率的相应波动所补偿。……在自由放任的条件下，除非投资市场的心理状态能有一个毫无任何理由的巨大逆转，要想避免就业量的剧烈波动是不可逆转的"（第 331—332 页）。凯恩斯的这一判断，好像已经被东西方各国的商业周期中的衰退时期的现实所证明无数次了，但问题是是否像凯恩斯先生主张的那样把投资完全交给政府手里就能全面避免这一点？这又难道是凯恩斯本人所要真正看到的？——因为凯恩斯在《通论》最后坚持说："除了要实现消费倾向和投资诱导之间调整中的中央控制外，我们没有比过去更多的理由来使经济生活社会化"（第 392 页）。

人类社会已经进入了互联网的计算机高科技时代，经济学也已经高度公理化和数量化了，但是，人类社会的经济运行法则和机理，对全世界的经济学家们来说，目前看来还仍好像是一个"必然王国"，还不是一个"自由王国"。由此我们也可以大胆地断言，只要还有人类社会存在，哈耶克与凯恩斯及其二人的经济理论和政策主张，还会不断再争夺人类思想和经济理论的制高点。故事还将延续，理论还会有新的进展？

（本文已发表于《读书》2012 年第 7 期）

自由秩序原则在城市
规划中的运用

——对《自由秩序原理》第二十二章"住房
与城镇规划"的解读

刘宪法[*]

一、引言

制定和实施城市规划是政府的事情，这似乎已经成为一种成见。诚然，世界上第一个有自觉意识将一个城市全部空间纳入规划范围的城市规划——巴黎城市规划，就是由政府做出的[1]。在此之前，规划实际上是由不同利益主体，主要是皇家、贵族所做出的。严格地说，这些规划不是城市规划，是建筑规划，或建筑群布局规划。

如何将市场经济的原则，或者在哈耶克的语境中，如何将自

---

[*] 刘宪法，深圳综合开发研究院主任研究员。

[1] 1793 年，法国大革命爆发不久，大革命中产生的最高权力机构国民公会就着手编制巴黎规划，巴黎规划遵循着三个基本原则：即土地用途分类、考虑公共交通和卫生问题和美好城市。该巴黎规划当时并没有批准实施，其后拿破仑一世又提出一个雄心勃勃的巴黎改造规划。这些规划思想，对之后在城市规划史上著名的"巴黎奥斯曼改造"影响很大。

由秩序的原则引入城市规划中，无论在理念层面，还是在现实操作层面，这都是一个非常复杂的问题。哈耶克在《自由秩序原理》第三部分着重研究一向被认为是自由秩序原则最难以应用的领域，城市规划或"城镇规划"就是其中之一。哈耶克在《自由秩序原理》第二十二章"住房与城镇规划"中，在理念层面，提出了自由秩序应用于城市规划的一般性原则，给人以有力的启示，在现实操作层面，哈耶克也做出了大胆尝试。

二、市场交易原则运用于城市规划的难题及"哈耶克解"

规划是一种权利。该权利界定了利益相关人，应该做什么，不能做什么。城市规划初始权利来源于私有的土地，谁占有土地，就获得了对土地的使用权，完全的使用权包括规划权、建设权。在私有土地上，规划建设一座房屋，还是一个畜舍，还是绿地花园，这是拥有土地的私人自己的事情，所以，规划权是私权。

然而，将规划权是私权的概念用到城市活动场合，不可避免地要出现外部性。哈耶克将这种外部性称为比邻效应（neighborhood）。外部性在城市建设中可以说比比皆是。例如，地铁通到我家门口，或者在我家附近建了一座学校，获得生活的便利。这是正外部性效应的例子。如果在我家附近建造了一座垃圾处理场，我将不得不忍受恶臭的环境，这是负外部性效应的例子。

正因为外部性在城市规划建设中的广泛存在，哈耶克承认，"在城市繁忙的生活和频发的交往中，价格机制并不能充分反映地产所有者的行动所可能导致的对其他人的益处和害处"。哈耶克也认为，"私有财产权或契约自由的一般原则，并不能够为城市生活所导致的种种复杂问题提供直截了当的答案。"虽然如此，哈耶克也并没有放弃将自由秩序的一般原理应用于城市规划领域的努力。

哈耶克认为要"私有所有者的决策有可能与公众利益保持一致"，必须要制定一个规则框架，而且这个规则框架"必须比其他类型的财产所需要的规则更为详细"。这实际上就承认了城市规划存在的必要性。但是，哈耶克也对城市规划应用给以了严格的限定，要求"城镇规划必须允许个别所有者自行决策"，并能够"促使土地所有者考虑其决策所可能具有的各种影响而使价格机制得到较为有效的运作"。可以认为，这是就是哈耶克所提出的城市规划的一般性原则。其基本含义可以解读为：（1）要给以参与者自由选择的空间，充分利用分散的知识；（2）要保证价格能够充分反映参与者的偏好或意愿；（3）同时外部性的影响能够在价格信息中得到充分的反映。如何实现这个一般性原则呢？哈耶克并没有提出比较明了的可操作解决方案。但是，从哈耶克的表述中，还是可以看出其基本思路。

归纳起来，哈耶克的解决思路可以分为两个。第一个是房地产开发商主导的思路。根据哈耶克的设想，可以将土地拥有者分为两类：一类为较大规模土地的拥有者，这部分人享有土地规划和开发的优越权；另一类为较小规模土地的拥有者，这部分人享有土地规划和开发的次要权。对这两种权利给以适当的分割，享有土地规划和开发优越权的土地拥有者可以在"促成新的法律制度"，决定"大区域之性质"方面发挥作用；享有土地规划和开发次要权的土地拥有者可以在"特殊具体问题"方面发挥作用。可以这样解读，较大规模的土地拥有者决定土地开发的性质、土地功能区划等基本规划原则，而较小规模的土地拥有者在城市规划中具体问题可以发表意见。什么是较大规模土地的拥有者？什么是较小规模土地的拥有者？哈耶克并没有明确的说明，其权力也没有进行具体的界定。但从哈耶克的上下文的表述判断，所谓的较大规模土地拥有者就是房地产开发商，也就是哈耶克文中所说的"市政公司"。按照哈耶克的设想，房地产开发商也就是"市政公司"，可以在"估算个人次级所有者的利益"的条件下，"代表整个地区或地方"进行相应的决策。由于每个房地产开发商都不是市场唯一的选择，房地产开发商之间的竞争可以充分利用分散的知识。

哈耶克提出的第二个解决方案是赋予基于公平市场价值的政府干预权力。根据哈耶克的设想，可以"授予权力当局以基于公平市场价值进行征收费用的权力"。这样，"权力当局既能够获取因其行动所致的地产增值部分，又能购买下那些借口这项措施减损了其地产价值而反对此项措施的人的全部产权"。也就是说，政府既可以采取征收土地增值费的方式，也可以采取土地征收的方式，来解决外部性问题。但是，什么是公平市场价值？公平市场价值如何形成？其产生机制是什么？哈耶克并没有回答。哈耶克也承认，"市场价值并非一明确无争的数值，而且人们关于何谓'公平市场价值'的问题也可能仁者见仁、智者见智，因而它依然只是一项不尽完善的手段"。因此，哈耶克认为，最终还是要诉诸于法律解决。即"这类纠纷最终可以由独立的法院来裁定，而毋需交由制定规划的当局进行自由裁量"。可以理解为，由独立的法院来裁定城市规划所产生的各种利益纠纷、协调平衡各方的利益。

在哈耶克的论述中，充满对政府对城市规划强力干预的指责。哈耶克对政府以城市规划为手段，动用公权力，实施强制持强烈的批判态度。哈耶克特别反对中央政府以集权的方式，强制实施各种规划，包括区域规划、城市规划、建筑规划等。但是，也应该看到，哈耶克对地方政府干预城市规划则表现出适度的容忍。哈耶克在论述建筑管理规定问题时指出，"从一般意义上讲，如果由地方当局来决定建筑管理规章，那么较之那种通过法律为整个国家或某一大区域而统一制定这些建筑管理规章的做法，地方当局之间的竞争能更为迅速地根除掉那些起阻碍作用且不合理的限制"。这就是说，地方政府之间的竞争，可以在一定程度上保证了自由秩序原则在城市规划方面的运用。

三、对市场交易原则运用于城市规划的难题再认识

对于外部性的认识，科斯比哈耶克更前进了一步。按照科斯的

思路，如果产权是可以清晰界定，那么就可以将外部性内化在市场价格上，外部性问题就可以用交易双方付费结算的方式来解决。例如，在前面所述正外部性场合，我付费；在前面所述负外部性场合，我获得补偿。反向操作也是一样的。即我获得补偿，通过房产交易，出让生活便利；我付费，让垃圾处理场搬走。科斯这个思路，在现实生活中也具有一定的可行性。的确，靠近名校附近的住宅价格就是比其他地方高，在市场上成为"学区房"，这相当于对享有正外部性的付费。靠近垃圾处理场附近的住宅价格就是比其他地方低，这相当于对忍受负外部性的补偿。这就是说，外部性的存在并不是在城市规划中市场自愿交易原则失败的根本理由。在城市规划中，有效的利用公共空间是一个核心问题，在有效的利用公共空间方面存在两个难题。

首先面临的是"集体一致同意问题"。像路网、给排水管网、电网等线型城市基础设施工程，需要占用大量的公共空间。本来，占用公共空间建设城市基础设施工程，对与所有的利益相关人或多或少都是有好处的，可以采取自发交易、相互协商、共同出资建设的方式解决。但是，由于每个利益相关人对公共品的出价不同、成本收益结构不同，例如，如果仅仅为了照明的话，对于一个盲人，建电网对他几乎没有什么收益；对一个书生，建电网对他的收益巨大，所以，取得集体一致同意是很困难的。另外，每个人都有"搭便车"的机会主义倾向，即让别人付费，自己得到好处，这更增加了集体合作失败的可能性。如果所涉及的利益相关人数量过多，例如，超过了十万，要想使所有利益相关人取得一致同意，并能够克服"搭便车"的机会主义行为，几乎变得是一件不可能的事情。许多现代城市的人口规模不仅超过了十万，甚至上百万、上千万。取得集体一致同意，出资共同建设线型城市基础设施的难度可想而知。

其次，"一对多捆绑"的交易问题。城市是由一系列私域空间和公共空间组成。上面所分析的线型城市基础设施的例子就是典型的公共空间利用问题。但是，私域空间的领域也存在着公共空间问题。我的住房对我来说是私域空间，但对我的邻居们来说就是公共空间，具体来说，我的住房对我的邻居们来说，就是社区或城市景观的一个组成部分。我的建造住房或者使用住房的行为就可能对我的邻居产生或正或负的外部性。邻居们的建造住房对我来说，也是如此。

例如，我想在我自家的土地上建造一座低密度的高档住宅，如独栋别墅、Town House 这种形式的住宅。而邻居们不想，或者也没有这个实力。而且，邻居们在自己的土地上做什么，其选择意愿也是各有不同。有的邻居选择建造蔬菜批发市场，有的邻居选择建造仓库，有的邻居选择建造高密度的低档住宅。这样一来，邻居们的选择给我带来很大的负外部性，损害了对我而言的公共空间，使我苦不堪言。理论上说，我可以用市场交易的方法，收购邻居们土地，然后，将邻居们土地卖给与我想法一样的人，这样就会形成一个低密度的高档住宅社区，困扰我的负外部性问题就可以解决了。然而，这又会面临着"一对多捆绑交易问题"。

所谓"一对多的捆绑交易"是指一个买方对多个卖方，而且，在多个卖方中只要有一个卖方不同意，这笔交易就无法达成。在本例场合下，我必须向所有的邻居发出收购其土地及其附属物的意愿和要求，如果其中一个邻居对我所提出的交易条件不同意，我的收购邻居土地意愿或目的就无法实现。"一对多的捆绑交易"之所以会成为一个"问题"，这是不仅存在着前面所说"集体一致同意问题"，而且存在"一对多的捆绑交易"的定价难题。

从理论上讲，只要出价方与受价方在价格上能够达成一致，天下就没有做不成的买卖。但是，在本例场合下，邻居们拥有的土地具有位置上的独占性，也就是具有完全不可替代性，除非我自动放弃在该片区建造低密度高档建筑的选择。经济学基本原理告诉我们，如果某种物品具有完全不可替代性，或者说，不具有任何可竞争性，那么，市场定价机制就会完全失灵。例如，在本例场合下，涉及 50 个邻居，每个邻居最低出价各有不同，有高有低。但是，由于我不能只收购出价较低邻居的土地及其附属物，不收购出价较高邻居的土地及其附属物，我必须把该片区的所有邻居的土地及其附属物一并收购，才能最终实现我的目的。这样一来，虽然各邻居的出价各有高低，但是，所有邻居的土地及其附属物的出价只会向其中最高出价的邻居靠拢。如果一个市场的价格是由最高出价所决定，在这个可以漫天要价的市场上，理论上说其价格将趋于无穷大，价格是发散的，不存在均衡价格。这就是说，我所设想的这笔交易根本无法达成。

需要说明的是，无论是"集体一致同意问题"，还是"一对多捆绑交易问题"都是对交易成本分析范式的应用与展开。也可以这样来表述，由于"集体一致同意问题"和"一对多捆绑交易问题"的存在，造成交易成本非常高，外部性无法内化于市场价格，使得有利于城市公共空间有效利用的交易无法达成。

城市规划的基本要素包括：（1）城市功能区划或土地分区规划；（2）城市基础设施规划；（3）生态绿地和自然景观及历史遗迹保护规划。其中，城市功能区划或土地分区规划就是将城市分为各种功能区，将对具有同一功能需求的人聚合在一起，指定或禁止特定地块的用途，避免相互干扰；城市基础设施规划则是在城市全域内对城市基础设施进行布局。这样，通过制定和实施城市规划就可以解决上述两个难题。但问题是城市规划作为一个公共品，应该由谁来提供呢？按哈耶克设想，似乎应该由较大规模土地的拥有者，也就是房地产开发商（即"市政公司"）来提供，但是，房地产开发商同样面临着"集体一致同意"和"一对多的捆绑交易"的问题，更为严重的问题是，房地产开发商是无法对全城区甚至要更大区域范围进行线型城市基础设施规划的。对于哈耶克所提出的赋予基于公平市场价值的政府干预权力的思路，在一个法制健全、尊重最终个人自由选择的社会具有可行性。在这一场合下，建立和形成利益独立、遵守自由秩序原则的法庭尤为重要。但是，独立法庭的判案标准从哪里来呢？哈耶克并没有明确的回答。可以推测，独立法庭的判案标准只能来自详尽的规则框架，也就是城市规划。

根据世界各国城市发展经验与实践（World Bank，2003），无论是欧美国家，还是中国台湾及香港，城市规划都是由地方政府提供，由地方政府主持编制城市规划。但是，要为公众提供广泛参与的机会，让公众的力量对政府的城市规划行为进行制约，并给予足够的自由秩序发挥作用的空间，防止政府对城市规划权的滥用。

四、政府对城市规划权的滥用：中国的现实

依照中国现行的城市规划管理制度，国家和省一级要编制城镇体系规划，市和县一级要编制城市规划。市、县编制的城市规划又分为城市总体规划和分区控制性详细规划。对于一般城市，城市总体规划由当地人民政府制定，并经当地人民代表大会审查通过。同时还规定，直辖市、省会城市以及城市人口超过 100 万以上的一般城市即"较大的市"，其城市总体规划除了要经过当地人民代表大会审查通过之外，还要报国务院审批。

可见，在中国，对城市建设的管理实行的是严格的计划管制。这种情况，不仅在中国如此，在国外发达市场经济国家中，政府也拥有对城市建设的规划权，只是做法和管制程度有所不同。在中国城市规划领域，凸显的问题是：政府在城市规划上拥有无限度的权力，扮演着无所不能的角色。在缺乏有效制约的制度环境下，城市规划就变为政府，或者更准确地说是政府官员意志的体现，是实现政府官员政绩目标的工具。

在规划编制方面，政府官员意志的体现主要表现为以下几个方面：第一，突出分区的等级性。如果我们仔细分析目前各地方政府编制的城市规划，就不难看出，地方政府官员至少在潜意识里总是试图将官僚体系中的权力等级秩序，延伸到城市空间，将城

市建设成等级性的空间秩序。具体地说，行政中心总是处于城市空间中的最高等级，占据最好的地段，次级位置为商业中心，再次级是高档居住社区，工业区和一般居民区处于最末一级。第二，严格功能分区。在城市规划中，划分若干功能区，如行政办公区、文化娱乐区、商业区、商务区、工业区、居住区等等。这种严格的功能分区也是与政府部门内权力分配结构相对应的。第三，大尺度，突出形象。在政府视角中，一切都是"大就是好"。"宽马路、大广场、大街区、摩天大楼的城市地标"，以及"宽敞的水面、宽阔的绿轴和水轴"，这些都是政府权力在城市空间上的一种表现。在政府官员的眼中，线形几何图案的城市是美，"大尺度"才能显示其"霸气"。城市规划和建设成了地方政府官员炫耀和取悦上级的政绩工程，与现实城市生活中老百姓距离越来越远。

由于城市规划已经变为实现政府官员政绩目标的工具，所以，在城市规划管理方面还表现为以下三个特征：第一，规划的易变性和随意性。城市规划作为城市开发建设"所必须遵循的一般性条件"（哈耶克语）的规则框架，其基本特质是应具有相当的稳定性和长远性，给所有相关人树立长远稳定的预期。同时，城市规划应该成为约束所有涉及城市开发建设的相关人包括政府行为的规则体系，不应受到人为的干扰和破坏。但是，在现实中的中国，城市规划具有很强的易变性和随意性。这是因为政府官员是有一定任期的，而每一届政府官员都要在城市规划中体现出其执政抱负。这样就造成了城市规划每过几年就要编一次，不到法定的规划编制年，就搞城市规划修编，或者搞城市分区规划。曾经出现过这样的一种现象，每届政府都要提出未来城市发展新的主导方向，用规划语言就是"城市发展主轴"。这样的城市规划实施结果是，在中国城市中到处可以看到"半生不熟"的开发地块，造成土地资源的极大浪费。

第二，规划的牟利性。自20世纪90年代以后，城市规划就成为地方政府获取土地收益的一种手段。地方政府可以通过操作城市规划，获得大量的城市建设用地，以土地为资本经营城市，打造新区和新城。通过编制城市规划，地方政府还可以间接地争取上级政府对当地大型基础设施项目的支持，例如地铁、高速公路、城际快线等项目。因为，如果地方政府在编制城市规划时，主动地将跨地区的线型工程纳入其规划，上级规划建设部门总是会考虑地方利益的。再有，通过编制城市规划，对外招商引资也是目前许多地方政府的普遍做法。地方政府往往可以拿出漂亮的城市规划图纸或模型，向招商客户解释：虽然目前城市环境还较差，但未来我们将建设一座四通八达的、国际一流的现代化城市。有的地方政府提出"规划出效益"。这种说法不无道理。与此同时，城市规划还可能与地方政府官员个人的经济利益紧密相连。地方政府官员可以通过修编城市规划，调整规划参数，例如，调高容积率、缩减退红线的距离等；或者变更土地用途，例如，将原本为工业用地改为商业用地，以满足土地开发商的利益需求，并从中得到丰厚的回报。

第三，与上级政府争夺土地资源的博弈工具。从法律地位上讲，城市规划与土地利用规划是平级的，是相互协调的关系。但是，对于地方政府来说，编制土地利用规划是为了落实上级政府下达的土地利用的控制指标，即将诸如基本农田保护、农用地转用和建设用地规模等控制指标分解到空间上。因此，土地利用规划实质上是约束地方政府行为规划的。为了突破土地利用规划对城市建设和发展经济用地的限制，地方政府往往以"先入为主"的方式，先编制城市规划，并取得相应的法律地位，然后再争取上级政府调整土地利用规划。通过这种方式，就可以突破用地限制，获得城市发展空间。

五、自由秩序原则在城市空间形态形成中的作用

有关城市应该是人为设计出来的呢？还是应该是自发地成长

出来的呢？或者说，上述两种城市发展模式，哪一种更有利于生活在城市中的人们的福祉。对此问题，西方规划界一直存在着激烈的争论，这种争论也引起了社会学家的广泛重视（斯科特，1998）。认为城市应该是人为设计出来的代表人物是瑞士人库布西耶。印度的昌迪加尔就是库布西耶的代表作。巴西的巴西利亚、澳大利亚的堪培拉也是这一派的规划成果。这些规划无不体现出，"等级性、大尺度、严格功能分区"的城市空间形态特点。认为城市应该是自发地成长起来的代表人物是美国人雅格布斯。雅格布斯所提出的理想的城市发展空间图式是：小尺度的街区、多功能混合、建筑风格和形态多样性、步行交通优先。按照当下的语言，就是"低碳的、紧凑型城市"。

从经济学的观点看，城市是人们相互合作，从事各种交易活动的场所（Webster，2003）。城市存在的经济意义主要有以下三个方面：第一，可以降低人们相互交往、合作的费用。城市聚集了大量人口，大量人口即创造了需求，也产生了供给。与乡村相比，在城市中，无论是需求方，还是供给方，都可以以较低的搜寻费用，找到自己的交易或合作的对手。这就是所谓的城市聚集功能；第二，扩大了人们的合作范围。城市也是由人际间的交易网络构成。通过这个巨大的交易网络，无数陌生人之间也可以产生亲密无间的合作关系。这是在传统的乡村社会中所无法想象的。城市越大，人们的合作范围就越大，对每个人来说，其合作机会也就越多。这就是为什么像上海、北京、广州这样的大都市，就业、创业和做生意的机会比其他中小城市更多的原因；第三，促进专业化分工。亚当·斯密有一条著名的定理：分工的深度是由市场范围所决定的。这就是说，市场范围越大，分工程度就越高。城市为人们创造了更大范围的合作空间，也必然会促进专业化分工。

按照自由秩序原则自然成长出来城市，并不是说不要任何城市规划，而是说不要政府依凭公权力所做出的全局性、整体性和强制性城市规划，所需要的是多主体的、分散的、零打碎敲的城市规划。也就是说，根据利益主体各自考量，充分利用分散于各自头脑中的知识，一个小片区又一个小片区来做城市规划。按照这一原则所规划出来的城市必然呈现出紧凑型城市空间形态，例如，伦敦、罗马、威尼斯、佛罗伦萨等传统的欧洲城市。这是因为紧凑型的城市空间形态，更有利于发挥城市在降低交易费用、扩大合作范围和促进专业化分工方面的作用。

第一，紧凑型城市空间形态有利于市场的形成。市场是近现代城市的发展源泉，也是促进城市发展最有活力的因素。而市场是人创造出来的，市场规模及其活跃程度与人口聚集程度高度相关。这是因为市场自身发展有一个规模经济效应问题，而且市场也有一定的辐射半径。当城市空间布局过于稀疏、人口布局过于分散时，就需要有若干的市场来支撑，而每一个市场有可能不能达到其经济规模，这样市场就发育不起来，城市发展也会受阻。在当前中国，我们到处可以看到，政府着力打造的新城区、开发区冷冷清清，而看起来有些"脏、乱、差"的老城区，却呈现出一片人头攒动、生意兴旺的景象；第二，紧凑型城市空间形态有利于降低人们之间交往的费用。城市是人们之间进行交往的场所。这种交往包括从业、做生意、开会、约会、走亲访友等等。紧凑型城市拉近了人们之间的交往距离，并促进邻里关系的形成；第三，紧凑型城市空间形态有利于形成多样性的城市。城市的真正魅力在于多样性，因为人的需求是多元的、多层次的。即使同一个人也是既有对高档饭店的需求，也有对路边小吃店店的需求。许多老城市，特别是像上海、天津、武汉、广州等城市的旧租界区，其街区格局十分紧凑，建筑风格和形态呈多样性，至今让人流连忘返。另外，紧凑的多样性城市也可以包容不同阶层的人群，使不同阶层的人群共处一个社区，利于打破因收入、地位方面差距，而产生的隔阂，甚至相互忌恨，有利于促进社会和谐。雅格布斯就从微观城市社会学的角度对紧凑型城市或街区在此方面发挥的作用，进行了细致而又精辟的分析（雅格布斯，1961）。总而言之，紧凑型城市空间形态的形成更有利于人们之间的合作和分散知识的利用。

值得说明的是，紧凑型城市也是相对的，也是有一定限度的。当城市人口过于密集，造成了城市拥挤，其所产生的负外部性就会凸现，由此引起的交易费用也会大幅度上升，形成"大城市病"。这就是目前北京、上海、广州等大城市的旧城区普遍面临的问题。这就需要对过分密集城区人口进行有机疏散。这就是说，城市集聚有一个度，或者说临界点，当超过了这个临界点，外部经济就变为外部不经济。

六、如何在城市规划中引入自由秩序的原则

让我们再回到对市场交易原则运用于城市规划的难题及"哈耶克解"的讨论吧。

要使哈耶克所提出的城市规划的一般性的原则变为可操作的解决方案呢？其前提条件是必须存在法治化的自由社会的制度环境，破除政府对城市规划制定权的垄断，允许所有利益相关人对城市规划发表意见，拥有城市规划制定的参与权和制定权，并确立城市规划的法律地位。

在中国现实中，虽然在形式上城市规划的最终决定权在地方人民代表大会，而且，城市规划也要面向市民公示，征求其意见，一些地方还大力推行城市规划编制的公共参与，而且，从法条上，城市规划也具有地方法律效力。但是，在中国目前仍实行"党治"的制度环境下，这种城市规划管理的制度安排实际上很难对地方政府的行为构成实质性约束。

即使存在法治化的自由社会的制度环境，也难以完全避免政府利用其手中的公权力，形成对城市规划的过度干预，否则，哈耶克也不必将城市规划或"城镇规划"列为自由秩序原则应用的重点研究领域。因此，需要寻求一个可操作的解决方案是很有必要

的。对现实的中国来说，既然暂时无法在制度环境层面取得突破，寻求一个可操作的解决方案变得更有现实意义。从现实可操作的角度来看，"奥斯特罗姆解"比"哈耶克解"更具可行性。

所谓的"奥斯特罗姆解"就是把"市场交易原则运用于城市规划的难题"，通过适当的转换，变为"公共池塘资源问题"；再将奥斯特罗姆提出的"公共池塘资源问题"解决方案，应用于城市规划中。

按照奥斯特罗姆的定义，所谓的"公共池塘资源问题"是指"一个自然或人为的资源系统，这个系统之大，使得排斥因使用资源而获益的潜在受益者的成本很高"（奥斯特罗姆，1990）。根据奥斯特罗姆分析概念框架，"公共池塘资源问题"可以具体化为两类问题：一类为"占用问题"，即由于"太多的人被允许占用资源，占用者被允许的提取量超过了经济上最优的资源单位提取量，或占用着过度投资于占用设备"，而产生的"租值耗散"；另一类为"提取问题"，即谁来提供对"公共池塘资源"的建设、保养维护所需投入的问题。如果将"占用问题"转到城市规划场合，这就是如何避免分散自利的决策者过度使用公共空间，造成外部性问题；如果将"提取问题"转到城市规划场合，这就是由谁来提供城市生活和正常运转所需的城市基础设施问题。这样就可以将"公共池塘资源问题"转为"城市空间利用问题"。

根据奥斯特罗姆的分析逻辑，如果一个社区能够满足（1）所涉及的相关人的数量不要太多[1]；（2）所涉及的相关人的利益具有相似性；（3）由于各相关人的相互承诺是可置信的，所以其贴现率较低；（4）经贴现后，集体行动所预期的收益仍高于预期成本等基本条件，那么，通过参考奥斯特罗姆提出的公共治理"八原则"，进行一系列的制度设计，该社区就可以在城市规划和建设上，实现自我组织和自我治理。在城市规划和建设上，能够满足

---

[1]　奥斯特罗姆分析的案例占用者最多为 15000 人。

上述条件，并具有一定现实性操作可能的场合就是对城中村改造。深圳"城中村"改造就是一个很好的案例。

2003年，深圳市政府宣布实行深圳全面城市化。所有的土地均归为国有，村民变为城市居民，并推出了庞大的《深圳城中村改造规划》。该《规划》提出5年内要基本完成对深圳市内外城中村改造的目标。但是，这种在政府主导下的城中村改造规划在现实推进中，遭遇到原住民及村集体经济组织的强力抵制，政府城中村改造规划目标远未实现。在此形势下，2009年深圳市政府又推出了《城市更新单元办法》。根据该《办法》，政府允许划小更新单元，允许涉及城市更新单元的利益主体自行进行改造，并放松了对城市更新单元的规划管制，可以对政府制定的法定控制性详细规划进行调整。在实际操作中，规划调整主要包括规划参数如容积率、退红线距离等调整、用地功能调整如工业用地改为商业用地、住宅用地。这实际上是对纳入"三旧改造"[1]规划的地区在规划上开了个"天窗"，允许原村民和村集体自主规划建设，这项政策有力地促进了"三旧改造"项目的启动和推进，随之而来的是一大批"小产权房"也在深圳旧村范围内拔地而起，并引起了国家国土资源管理部门的关注。

虽然深圳原村民这种做法并未得到政府有关部门的认可，存在着诸多在法律上的不确定性，但是，其实践活动证明了在由人数不太多、且彼此联系比较紧密的社区范围内，在城市规划中引入"奥斯特罗姆解"是可行的，具有现实的可操作性。具体分析，深圳大部分原村庄（社区）的原村民户数并不多，大多数村（社区）不超过1000户；原村民之间具有很深的血缘、地缘的联系；以集体经济组织为核心，形成了一个利益共同体，原村民的利益具有很强的相似性；集体经济组织实力较强，与原村民同时也是集体经济组织的股民合作时间很长，彼此之间在长期合作中建立了

---

[1] 即所谓的"三旧改造"包括旧村、旧城和旧工业区的改造。

稳定的信任关系，集体经济组织的承诺是可置信的；村民对未来预期收益的贴现率也随之降低；而且，在承认农村社区成员权基础上建立起来的集体股份合作制，其产权边界明晰，也能够建立起很强的排他机制。这些都满足了"奥斯特罗姆解"的基本条件。政府在"三旧改造"片区规划上"开天窗"的政策，给予了原村民与集体经济组织在"三旧改造"方面进行合作的机会，原村庄（社区）的存量的社会关系或社会资本也满足了"奥斯特罗姆解"的基本条件，促使了其合作成功，实现了原村民在社区规划和改造过程中的自我组织和自我治理。

城市规划中引入"奥斯特罗姆解"的最大好处是可以在局部地区破除政府对城市规划的垄断，缩小政府城市规划范围，给人们以更多的选择和自主决策的空间。

另一个可以考虑的现实解决方案是"以观念战胜观念"。近年来，各地方大建城市新区的浪潮一浪高过一浪，大尺度、稀疏的城市空间结构所产生的弊病也日益显现出来，"鬼城、空城现象"在中国各城市新区中比比皆是，并受到社会舆论的广泛诟病。一些地方政府官员特别是职业化的地方政府官员也开始认识到这一问题的严重性，建设紧凑型城市或街区的规划理念，也逐渐为一些地方政府官员所接受。在此背景下，利用观念的力量引导甚至制约地方政府的规划行为，就成为一个具有现实可行性的方案。实施"以观念战胜观念"的方案关键是要发挥规划师的作用。

政府在城市规划中的许多理念，必须通过城市规划师，才能落在图纸上，落在规划文本上。而且，城市规划师与一般公众相比，具有更多的专业化很强的规划知识，城市规划师以公共知识分子的身份参与城市规划评议，能够使城市规划的公共参与机制运行的更有效率。这样城市规划师就成为制约政府滥用城市规划权的"关键人物（key person）"。

在当前的中国，绝大多数城市规划设计院已经改制为企业。既然是企业就一定要以盈利为第一目标。与其他的生产商品或提供服务的企业一样，要想实现盈利目标，就必须最大化的满足客户的需求。另外，与编制紧凑型城市相比，编制严格功能分区和大尺度的城市规划在规划技术上更容易实现，千城一面的城市规划更好作，其编制规划的成本更低。在追求利益最大化的行为驱使下，城市规划师也就逐渐丧失了独立人格，沦为政府的御用工具。现实观察可知，许多城市规划师对目前盛行的严格功能分区和大尺度的城市规划所带来的弊病并不是不知道，规划一个充满魅力、多样化的紧凑型城市或城市片区本来就是许多城市规划师所追求的理想。但因苦于创收和回款的压力，城市规划师不得不放弃自己的理想，向现实低头。

要改变这一困局，就要唤醒城市规划师的社会良知，重塑城市规划师的独立人格，以更能够满足人们多样性需求的城市规划理念，来战胜"等级性、大尺度、严格功能分区"的城市规划理念。通过城市规划师向公众特别是向具有一定社会影响力的公共知识分子传播遵循自由秩序原则的城市规划理念，例如，倡导建设"紧凑型、多样化、低碳生活的城市"，提高公众在城市规划中的自觉意识，用观念的力量来纠正和约束地方政府官员在城市规划中所表现出的"致命自负"的行为。

参考文献

[1] World Bank, "*1998, Land Policies for Growth and Poverty Reduction*", World Bank, 2003。

[2] Webster, *Property Rights Planning And Market: Managing Spontaneous City*, Edward Elgar Cheltenham, UK, 2003。

[3] 哈耶克，《自由秩序原理》，邓正来　译，北京：三联书店，1997。

[4] 斯科特，《国家的视角》，王晓毅　译，北京：社会科学文献出版社，2004。

[5] 奥斯特罗姆,《公共事务的治理之道》, 余逊达、陈旭东译, 上海：上海译文出版社, 2012。

[6] 雅格布斯,《美国大城市的死与生》, 金衡山　译, 北京：译林出版社, 2003。

中国的城市规划秩序：演化抑或建构？

冯兴元[*]

一、引言

　　城市规划（urban planning）是指按照城镇的性质、规模和条件，确定各个功能区的布局和城市各要素的布置，服务于为城市建设的各个方面制定措施的目的。[1] 规划（planning）作为一项普遍活动，涉及编制一个有条理的行动顺序，使预定的目标得以实现，[2] 而且涉及一个持续的过程。[3] 城市规划是空间规划的组成部分。空间规划涉及公共部门用来影响人员和活动的空间分布的秩序化方法，一般在国家间、全国、区域和地方层面进行空间规划。[4] 具体而言，空间规划包括土地利用总体规划、城市规划、区域规划、交通规划和环境规划。此外空间规划还有其他相关领

---

[*]　冯兴元，中国社会科学院农村发展研究所研究员，德国法兰克福财经管理大学东西方文商研究中心研究员。

[1]　约翰·利维，《现代城市规划》，张景秋等　译，中国人民大学出版社，2003，第1页。
[2]　彼得·霍尔，《城市和区域规划》，邹德慈、金经元　译，中国建筑工业出版社，1985，第3页。
[3]　霍尔，同上。
[4]　参见"Spatial Planning"，Wikipedia, April 26, 2011.

域，比如经济规划和社区规划。

目前，我国的规划已经到了无处不在的地步，从村庄发展规划一直到"五年规划"。而且我国的规划本身有着多层次性和多样性，由此形成一个庞大的规划体系。与其他经济或空间规划一样，城市规划有着其两面性：城市规划可能为行为主体的行为提供一种指向性的秩序框架，稳定的发展预期，宽松的授能环境，也可能对行为主体的行为构成一种强制性的干预框架，冷酷的不发展前景，严重的去能环境。城市规划虽然重要，但是如果过于细化与刚性，相当于在空间上把经济活动泛计划化，就堵死很多地方的经济发展的出路，阻遏了城市空间的更好更合理的利用。

城市规划可能与个人的产权保护形成某种张力关系，甚至严重的对立。这里提出一个问题：如何处理与调和城市规划和产权保护之间的关系？我们需要怎样的城市规划秩序？对于这类问题，部分国外文献有着一定程度的探讨。[1] 国内学者对之进行的专门研究较少，[2] 有所涉略的则较多。不过现有文献往往缺乏系统解读城市规划和产权保护的关系，也没有从理论高度探讨城市规划秩序。

本文的目的就是尝试对上述问题作出回答。全文首先研究了我国城市规划的现状和问题。通过借鉴城市规划理论、奥斯特罗姆的多中心理论、自主治理理论、民主理论以及哈耶克的秩序理论，比较现有的国际城市规划经验，本文提出一种理想城市规划秩序所需要遵循的标准，并进一步从理论角度分析了这样一种城市规划秩序的特征，由此就如何改善我国的城市规划提出相应的改革思路。

---

[1]　比如利维：同上，2003 年，以及霍尔：同上，1985 年。

[2]　其中一篇专门论文为：姜崇洲、王彤，"试论促进产权明晰的规划管制改革——兼论'城中村'的改造"，《城市规划》，2002 年 12 期。

二、当前我国的城市规划问题

我国目前涉及城市规划的适用法律是 2007 年 10 月 28 日第十届全国人民代表大会常务委员会第三十次会议通过的《中华人民共和国城乡规划法》。它涉及包括城镇体系规划、城市规划、镇规划、乡规划和村庄规划在内的全部城乡规划。此前适用 1989 年 12 月 26 日第七届全国人民代表大会常务委员会第十一次会议通过的《中华人民共和国城市规划法》和 1993 年 6 月国务院发布的《村庄和集镇规划建设管理条例》。上述"一法一条例"分别适用城、乡规划，《城乡规划法》的出台终结了这种在规划法律方面的"城乡分治"局面。

过去在规划法律方面"城乡分治"的局面不适用于城市化和城乡统筹的需要。即便是经济比较发达的东部沿海地区，城乡规划的覆盖面也不宽，甚至存在不少规划空白区。[1] 在东部地区，有的省辖市规划建设用地控制性详细规划覆盖率仅为三分之二，县级市规划建设用地覆盖率更是不到一半。[2] 直至 2008 年，相对于飞速发展的城镇化进程，中国的城乡规划分治的法律制度却固步自封，一成不变。在许多城市，不少村镇已转变为建制镇，其规划管理前后却要适用两部法律法规，两者之间难以协调。[3]

我国的城市规划总体上有着如下问题：

一是，城市规划缺乏真正民主的公共选择程序。规划的编制主要是行政主导的，虽然根据过去的"城市规划法"和现在的《城乡规划法》要求需要经过立法机关的通过，但是立法机关基本上是履行"橡皮图章"的作用，并没有真正能够利用民众的分散知识和反映民众的偏好和利益。

---

[1] "城乡规划法引领中国进入城乡一体规划时代"，新华社，2007 年 10 月 28 日。

[2] 新华社，2007 年 10 月 28 日。

[3] 新华社，2007 年 10 月 28 日。

二是，缺乏维护个人基本权利的规划制度和程序，此外在城市规划和管理中宪法规定的个人基本权利往往被空置。

三是，没有真正纳入参与式规划或者合作式规划程序，民众参与缺失，难以表述其意愿。[1]

四是，城市政府借助城市规划，经常以公共利益的名义侵犯个人的产权。比如北京绿化隔离带建设，对大量村庄的集体土地征用几乎没有提供补偿，而集体土地的背后隐藏着农民对土地的私人产权。

五是，城市规划的实施本身也可能成为问题。很多城市建设并没有按照原有规划实施。再次，政府主导的规划与其他政府行为往往会导致非意图的后果。[2]比如北京市政府在 20 世纪 50 年代在前苏联专家的指导下确立了同心圆型外扩规划，到了现在，这种规划已经无法解决进一步集聚化所带来的拥堵问题。

三、理想城市规划的衡量标准

从国际经验来看，世界各国城市规划理念在不断演化当中。这也意味着，不存在一成不变的理想的城市规划。但是，一些有关政治、经济和社会治理的理论以及一些英美国家的城市规划实践给我们构想一种理想的城市规划奠定了基础。

这里，可以对理想的城市规划提出一套衡量标准。

---

[1] 较之于之前的《城市规划法》，《城乡规划法》在这方面有了明显改进。该法第二十六条规定，"城乡规划报送审批前，组织编制机关应当依法将城乡规划草案予以公告，并采取论证会、听证会或者其他方式征求专家和公众的意见。公告的时间不得少于三十日。"此外，还规定，"组织编制机关应当充分考虑专家和公众的意见，并在报送审批的材料中附具意见采纳情况及理由"。问题是，我国这些规定基本上仍然是一纸空文。

[2] 参见 Hayek, Friedrich August , *New Studies in Philosophy, Politics, Economics and the History of Ideas*, Chicago: University of Chicago Press, 1978; Rob, Unintended Consequences, *The Concise Encyclopedia of Economics*, Liberty Fund Inc. 2009.

标准一：维护个人基本权利的原则。这是任何政府政策与法规的立足点，也是政府权力合法性的来源。维护个人基本权利的原则也意味着公共利益目标并不是超越于个人基本权利，而是可以从个人基本权利推导得到。这种推导尤其是可以在罗尔斯意义上的"无知之幕"下或者在布坎南意义上的"局部无知之幕"下，根据契约主义的理路进行。

标准二：民主决策原则。这是民主的公共选择原则。这种民主的公共选择建立在标准一，即维护个人基本权利的基础上。只有如此，民主才不会异化为"多数暴政"，避免走向其初衷的反面。

标准三：引入专家知识的原则。城市规划离不开专家，但是，如果不遵循标准一和二，专家往往受到政府的左右，而不是真正为上述意义上的公共利益服务。

标准四：推行参与式规划（participatory planning），[1] 甚至是合作式规划（collaborative planning）原则。[2] 前者强调整个社区参与城市规划的战略与管理过程，或者参与社区层面的规划过程。[3] 后者不仅强调整个社区的参与，还强调其成员进入共同决

[1] Lefevre, Pierre, Patrick Kolsteren, Marie-Paule De Wael, Francis Byekwaso and Ivan Beghin, "Comprehensive Participatory Planning and Evaluation", Antwerp, Belgium: IFAD, December 2000; Fisher, Fred, Building Bridges through Participatory Planning, UN-HABITAT, 2001, and Republic of Uganda Ministry of Local Government—Participatory Planning Guide for Lower Local Governments, August 2003, Retrieved on August 30, 2010.

[2] Innes, Judith and David Booher, "Public Participation in Planning: New Strategies for the 21st Century". Working Paper 2000—2007, University of California, Berkeley: Institute of Urban and Regional Development, 2000; Shandas, Vivek and W. Barry Messer, "Fostering Green Communities Through Civic Engagement, Community-Based Environmental Stewardship in the Portland Area", JAPA 74（4）: 408-418, 2008. Sirianni, Carmen, "Neighborhood Planning as Collaborative Democratic Design, The Case of Seattle", JAPA 73（4）: 373—387, 2007.

[3] "Participatory planning", Wikipedia, May 4, 2011. http://en.wikipedia.org/wiki/Participatory_planning.

策，从而为公民提供真正决定社区事务的机会。[1]

此外，不同级次规划之间的协调需要奉行"对流原则"（Gegenstromprinzip）。[2] 德国的空间规划就奉行这项原则。按照该原则，城市规划与更高层面的国土规划和区域规划要相互协调，双向对流，互相契合。对于城市规划而言，全国性空间规划或者较大范围的区域规划是"自上而下"（top down）的，对于后两者而言，城市规划是"自下而上"的。不过，"对流原则"涉及不同规划之间的协调关系，因此我们不把它作为理想城市规划秩序的一项标准。

四、理想城市规划秩序的性质

理想的城市规划秩序，需要遵循上述四项标准。这样一种秩序，既能维护个人利益，又能兼顾可自个人利益推导而出的公共利益。当然，具体操作当中，存在着许多问题需要解决。比如很多发达国家的城市规划中往往动用土地分区规划这种规划工具。[3] 土地分区规划是指地方政府根据其管辖权，对辖内土地用途进行划分并按此施加限制。很明显，土地分区规划也需要遵循上述四项标准。问题是，这种土地分区规划的实施，对于不同土地用途规划区的房地产所有人和使用人造成的损失或者收益是不对称的，而且很难将它们一一完全内部化。遵循上述标准仍是要旨。

值得注意的是，理想的城市规划秩序由于是遵循上述四大标准的产物。它是一种利用了很多人之间的知识分工的秩序，与自由兼容的秩序。在短期，这种秩序是城市内很多人共同参与的产物。

---

[1] "Urban planning", Wikipedia, May 4, 2001, http://en.wikipedia.org/wiki/Urban_planning#cite_ref-19.

[2] "Raumordnung", Wikipedia, May 4,2011, http://de.wikipedia.org/wiki/Raumordnung；"Gegenstromprinzip", Umwelt-Lexikon, May 5, 2011, http://www.umweltdatenbank.de/lexikon/gegenstromprinzip.htm.

[3] 见 "Zoning", Wikipedia, May 5, 2011. http://en.wikipedia.org/wiki/Zoning.

从长期来看，它是一种演化的城市规划秩序。包括城市规划目标、工具以及其后形成的秩序都是演化的。这种秩序不同于我国传统行政主导的城市规划秩序。在全国层面，由于各城市都自下而上地形成演化的城市规划秩序，总体上将呈现地方多样性、奥斯特罗姆意义上的自主治理和"多中心"（polycentricity）秩序。[1]

但是，上述理想的城市规划秩序与其他秩序类型到底还有什么不同。我们在此从哈耶克秩序观的视角作定性分析。

第一，上述理想的城市规划秩序不同于哈耶克意义上的自发秩序（spontaneous order）。根据哈耶克的看法，自发秩序是指系统内部自组织产生的秩序，是"人的行动（human action）的产物，但不是人为设计（human design）的产物"。[2]具体而言，这种内部秩序是系统内部人的自组织行动的产物，而不是系统外部人为设计、计划、建构的产物。比如说市场上大多数道德规则和习俗规则是自发演化而来，非人为设计的，属于自发秩序。究其原因，一个自发秩序的演化生成基于许多个体的计划和行为，以及很多人之间的知识分工（division of knowledge）与合作。根据哈耶克，许多知识都是分散知识（dispersed knowledge）[3]或者说局部知识（local knowledge）[4]，即特定人所发现和掌握的、分散在

[1] McGinnis, Michael Dean （ed.）, *Polycentricity and Local Public Economies: Readings from the Workshop in Political Theory and Policy Analysis* （Institutional Analysis）, University of Michigan Press, 1999.

[2] Hayek, Friedrich A., *Law, Legislation, and Liberty*, London: Routledge & Kegan Paul, 1973.

[3] Hayek, Friedrich August, "The Use of Knowledge in Society", *American Economic Review*. XXXV, No. 4. pp. 519—30; Hayek, Friedrich August von, *The Constitution of Liberty*, The University of Chicago, 1960.

[4] Hayek, Friedrich August, "Economics and Knowledge", *Economica*, Vol. 4. （Feb）, pp. 33—54, 1937; Hayek, Friedrich August, "The Use of Knowledge in Society", *American Economic Review*, pp. 519—30, 1945; Hayek, Friedrich August , "The Socialist Calculation II: The State of the Debate", *Individualism and Economic Order*, Chicago: Chicago University Press, pp, 148—180, 1948.

特定时间和地点的知识。这决定了人类的集体行为往往需要知识的分工。

第二，理想的城市规划秩序不同于哈耶克所指的整体建构（total construction）秩序。[1]哈耶克批评的建构秩序（constructed order），包含整体建构秩序。建构秩序是指系统外强加的秩序，是一种计划秩序。[2]建构秩序往往是具体的秩序，是刻意创造出来的，服务于该秩序创造者的目的。建构秩序是与自发秩序对立的。哈耶克对"建构秩序"的警惕、乃至敌视，关键在于反对"建构秩序"中与个人自由不兼容的因素。哈耶克反对建构主义的理性主义（constructivist rationalism）或建构理性（constructivist rationality），或者建构主义（constructivism），而赞成演化的理性主义（evolutionary rationalism）或演化理性（evolutionary rationality）。[3]整体建构秩序最突出的例子是计划经济体制。如果城市规划单单由城市政府领导人说了算，那也是一种整体建构秩序。

第三，理想的城市规划秩序不同于哈耶克所赞成的"零星建构"（piecemeal construction）秩序。[4]哈耶克赞同波普尔的"零星社会工程"（piecemeal social engineering）主张。[5]根据波普尔，"零星社会工程技术……允许重复试错，而且它允许逐步改进。"[6]按照他批判的理性主义逻辑理路，只有通过不断试错（trial and error）、猜测和推翻，才能逐步逼近真理。[7]这里，科学成为"试错、猜测和推翻的交替变化关系，一条可能犯错的、旨在消除错

---

[1]　Hayek, 1960.

[2]　Hayek, 1973.

[3]　Hayek, 1973.

[4]　Hayek, 同上。

[5]　Popper, Karl R., 1945/1992. Die Offene Gesellschaft und ihre Feinde, Band 1, Der Zauber Platons, Tuebingen: Mohr（Siebeck）. 7. Auflage; Hayek, 1960.

[6]　Popper, 1945/1992.

[7]　Popper, Karl R, *Objective Knowledge An Evolutionary Approach*, London: Oxford University Press, 1972.

误的道路，而不是一条不会犯错的、通往真理的道路"。[1] 哈耶克认为，我们的所有改善事物的努力必然发生在一个我们不能完全控制的、在运转的、自我维续的整体（whole）当中。我们既然无法替代驱动着这一整体运转的力量，就要理解它们，与它们共处，而不是反对它们，通过提供便利和支持促进整个系统的改进。[2] 哈耶克进而认为，所要做的就是"零星建构"，而非"整体建构"，逐步改变细节，而非尝试重新设计整体。哈耶克提倡的演化理性与波普尔提倡的批判的理性主义（critical rationalism）息息相通，都强调试错。[3]

第四，理想的城市规划秩序非常类似于一种隐含于哈耶克秩序观内部的、有待发现的秩序，亦即"共同建构"（mutual construction）秩序。哈耶克在其有关自由银行制度（free banking）[4] 和"两院制"（bicameral system）[5] 都是其构想的。它们与理想的城市规划秩序一样，不属于上述三类哈耶克所述及（但不一定明确冠名）的秩序。但与三类均有所联系。比如演化的理想规划秩序、自由银行制度和"两院制"这三个设想的系统性、整体性较强，容易被误解为"整体建构"。但是，从系统论角度看，这个"整体"对于更大的社会系统而言明显是个局部。此外，

---

[1] 恩格尔，格尔哈德，"知识的狂妄——哈耶克与卡尔波普尔的批评理性主义"，《知识、自由与秩序》，北京：中国社会科学出版社，2001，第76—108页。

[2] Hayek, 1960：70。

[3] 很明显，"零星建构"只属于一种特定的"局部建构"（相对于"整体建构"这一术语而言），因为并非所有的"局部建构"体现为试错。而且哈耶克对所有秩序的起码要求是与个人自由兼容，或者中国当前话语中的"维权"，但是并非所有的"局部建构"是"维权"型的。所以可以说，哈耶克认同的"零星建构"是允许试错的、"维权"型的局部建构，反对不允许试错的、非"维权"型的"局部建构"。

[4] Hayek, Friedrich August, *Denationalization of Money: An Analysis of the Theory and Practice of Concurrent Currencies*（*Hobart Papers*）, London: The Institute of Economic Affairs, February 1977.

[5] Hayek, Friedrich August , "Law, Legislation and Liberty", *The Political Order of a Free People*. London: Routledge & Kegan Paul, 1979.

由于这三种秩序安排都是与个人自由兼容，利用知识分工，完全不同于"整体建构"。这三种秩序的真正生成、运作和形成，是很多个体参与和共同建构的结果，在长期体现很大的自发性，但不同于自生自发的"自发秩序"，因为它们有着较强的建构成分。它们反映演化理性，但是其系统性和总体性较强，将其完全划归"局部建构"有些不妥。正因如此，可以把它归为哈耶克所涉略的、隐患于其秩序理论的第四种秩序，即"共同建构"秩序。

这种"共同建构"秩序，是建立在遵循上述四项标准基础上的，因而体现为"共同的局部建构"秩序，或者是"共同的零星建构"秩序。它是与自由兼容的，利用了知识分工。它在长期则体现为演化的秩序特征。

五、政策意蕴

理想的城市规划秩序既然有着这么多的好处，就值得我们去追求。但是，要实现理想的城市规则秩序，就需要遵循上述四大标准。这四大标准对于我国也构成四大条件。

中国的城市规划过程中，维护个人基本权利不足，民主的公共选择秩序缺失，专家往往依照作为委托人的政府的意旨办事，民众参与和共同决策几无。现有的城市规划在政府主导下，"整体建构"秩序色彩过重，需要得到纠正。理想的城市规划不是政府的城市规划，而是市民们共同决定的、大家共同的城市规划。

这里就提出一个问题，现有的城市规划是不是有效？应该说法律上有效，法理上无效。进一步的问题是，如何改革？那就是遵循上述四大标准，实现这四大条件。唯有如此，政府才能从"无限政府"朝着"有限政府"转型，成为市民们自己的自治管理机构，全国的城市规划秩序总体上成为多中心的、自主管理的、共同决定的规划秩序。

经济学中的公共事务：兼论政治／政府的性质

莫志宏　张曙光[*]

一、没有公共事务的和谐世界：一个假想的思想实验[1]

自古以来，政府或政治的问题就是哲学家们所关心的世俗世界中最重要的问题。不过，现代社会造就的私人领域不断扩张、公共领域相对萎缩这个事实似乎在一定程度上使得政府或政治这个恒久的问题有所淡化（至少在正统的经济学理论中是如此）。[2]似乎，只要每个人各得其所地做各自偏好的事情，这个世界就已经接近完美了。是这样的吗？

让我们设想一个没有公共事务、人们也不需要公共事务的世界。其中，每个个体都完全根据自己的偏好来进行决策，个体的

---

[*] 莫志宏，北京工业大学经济与管理学院副教授；张曙光，中国社会科学院经济研究所研究员、天则经济研究所学术委员会主席。

[1] 在第 4 节以前，我们都是在"人和人联合起来行动"这个非常宽泛的意义上使用"公共事务"这个概念。第 4 节之后，我们才区分"私人的公共事务"和"政治单位内（所有人都包括在内）的公共事务"。

[2] 正像 Paul A. Rahe（1984: 266）讲的那样："在一个幅员辽阔的地域范围内的代议民主社会中，政治很少是人们普遍的关注；在日常生活中，家庭事务和赚钱占据了普通居民的主要精力。"

决策与他人之间互不干扰，个体为了实现自己的目标也不需要他人的合作配合，也就是说，个体之间联合不会导致个体利益的增进（假定这是那个世界的技术性事实）。当然，个体会和他人进行和平的交易，但仅限于此（因为交易都是那种大致上瞬间就完成的，所以，个体和他人之间没有超出瞬间交易的进一步的关联）。总之，这个世界的运作好像自动的机械世界一样，其中人与人之间既没有利益冲突，也没有合作的动机和愿望。当然，所有这一切还基于这样一个不言自明的前提，那就是：这个世界中的个体是文明人，他们不会为了自己的利益欺骗、乃至侵犯他人，他们只会把与他人达成自愿交易作为自己行动的选项。

怎样看待这样的世界？它可以作为人类社会追求的终极理想吗？它对我们现实的世界有参考价值吗？尤其是，它能够有助于我们理解现实中政府的性质吗？

在政治哲学的文献中，通过确立一个假想的自然状态来理解政府的性质、角色等是常见的。霍布斯和洛克是其中的典型。前者，构造了一个可怕的自然状态，由此引出了利维坦的政府角色，以及无限主权理论，后者则构造了一个美好的自然状态，由此引出了先验的个体权利以及有限政府理论。上面假想的世界与政治学理论中既有的假想世界相比，它的独具一格之处在于"很不政治"（当然也"很不制度"），也就是说，从中引不出关于政府性质、角色的任何结论，除了"（因为人和人相互作用的世界自动和谐，所以）政府是不必要的"外。

下面我们将看到，这个"很不政治"的假想世界是新古典主流经济学为了分析它所认为的经济学问题——我们下面将会看到在该理论体系中"经济学问题"到底指的是什么——而构造出来；依赖这种构造（或者说抽象）的经济学理论以为可以将自己的结论限制在纯粹的经济领域内，但实际上，这并不可能。也就是说，再纯粹的经济学理论最终也还是绕不过对政治、政府角色的说明，只不过，通常是以一种逻辑上不自洽的方式这样做而已。

二、新古典经济学中的公共事务和政府

上面的思想试验，就像物理学中无摩擦的世界一样，它有可能作为理论家对现实世界进行探索的垫脚石，但仅仅是有可能。对于意图探索经验世界的人们来说，值得关注的，不是那样一个（从某种纯粹的理论视角出发来看）理想化的、完美和谐的世界；恰恰相反，而是一个人与人之间的利益相互依存的世界，其中，利益的和谐是人和人之间合作潜能实现的结果，而并非分立的个体各自的决策相互不干扰的被动产物。

不过，很有意思的是，新古典理论恰恰是把人与人之间利益相互不依存的假想世界当成是现实世界的有效参照。根据新古典理论，在完美的市场条件下（也就是所谓的完全竞争市场条件），分散的个体决策能够产生出最大化的帕累托结果——这被认为是对市场有效性的证明。基于这个证明，"个体互不干扰地做出从自己角度看的最大化选择能够导向全局的或集体的最大化结果"就成了用严格的科学方法确立起来的、毋庸置疑的正统，被用来说明现实世界，尤其是说明它的不完美。技术上讲，新古典理论所采用的"完全竞争"假定已经预设了个体之间不存在联合行动的收益，[1] 因此，虽然它看起来是在针对人与人利益相互依存的"市场"论证其效率性，但实际上它所设想的世界中个体与他人并无直接的联合，[2] 有的只是个体针对已经在那里的非人格化价格做出反应

---

[1] 用技术性的语言表达，那就是"生产函数相互独立"。这在新古典理论中是不言自明的。因为，如果这个假设不成立，它就与完全竞争假定相冲突，毕竟，完全竞争假定意味着所有可能的潜在收益都已经被挖掘、利用，再没有"合作的潜在收益"——也就是生产函数相互不独立，联合会产生更大的收益——的存在。

[2] 不少学者如 José Castro Caldas（2007）注意到了新古典理论从来都将人际间的联合排除出去这一事实。在论证竞争是一个动态过程时，哈耶克（1948：96-7）也谈到，"完全竞争中所有人际之间的关系都明确地、完全地被排除了出去……特别值得注意。"

的一种关系。[1]

在很大程度上，新古典理论家是被自己创造出来的理论所迷惑，不经意间将一个假想的"完美"世界确立了起来作为现实的参考。[2] 在这个世界中，从微观的视角看，个体成本和个体收益是严格对应的，个体决策与他人没有任何利益上的直接瓜葛。当新古典理论家不加反思地就将此作为现实的参考标准时，在公共事务的问题上，他们的思维很自然地是被锁定在这样的思考上：个体对于公共物品的真实需求（偏好）到底是怎样的？个体应该付出多少代价才能刚好反映这个真实需求、以至于使得所谓的"搭便车"现象可以被克服？总之，他们始终在琢磨，公共事务的情形能否如纯粹的私人决策那样"完美"？

按理说，公共事务的出现就是因为由于某些原因人们无法做到分别独立决策，或者说，为了实现某种切实的利益，在现有技术条件下人们必须协同行动而不能分散决策。现在，按照新古典理论家的思路，问题成了：怎么使得公共事务治理可以像私人事务那样做到私人成本和收益严格对应？[3] 可以说，这样的问题一开始就是不合法的。它相当于首先就认定，只有当个体是针对纯粹

---

[1]　之所以在瓦尔拉斯一般均衡系统中始终有一个"拍卖师"在那里，就是因为新古典理论家心目中的"市场"场景是那种人与人之间除了靠客观化的价格之外，并无任何直接联系的情况，而那个拍卖师充当的就是这个必不可少的中间连接者的角色。

[2]　哈耶克（1945: 78）在其著名的《知识在社会中的使用》一文中谈到了经济学的中心问题没有因为经济学理论的精细化，尤其是很多数学的使用而更加清楚，反而因此而被遮蔽了。就本文涉及的"公共事务"这个主题来看，哈耶克的判断完全正确。

[3]　布坎南意识到了萨缪尔森确立的关于公共物品的效率性的条件取决于私人物品的存在，但他并没有认识到这种以私人物品作为标准来衡量公共物品效率性的做法本身是值得质疑的。科斯反感萨缪尔森的黑板经济学，他直接用经验的例子来驳斥教科书中基于黑板经济学的教义而得出的关于公共物品不能由私人提供的结论。他的经验例子意在表明，所谓的公共物品是有可能由私人提供的，而且，私人提供并不一定比政府通过税收来公共地解决这个问题更没有效率。但是，科斯的"比较制度分析"并不构成对萨缪尔森的黑板经济学的直接挑战，两者的论证似乎完全不同的轨道上。

的私人物品进行决策才是有效率的，才能满足个体理性决策关于
"边际成本＝边际收益"的要求，然后，再指着现实中不落入这种
情形的其他情形说，因为它不符合指定的那种情形，所以，是没
有效率的。[1]

经济学对于现实中某种现象的效率性的评价是有政策意蕴的。
当某种情况被认为是没有效率时，这也就意味着说，个体之间的
自发协调（通常经济学家用"价格机制"代指它）不能产生有效
率的结果，因此，只能靠作为外部力量的政府使之有效率。新古
典理论关于"市场—政府"的二分法教义也就这样顺理成章地出
来了。按照该教义，这个世界的运作要么自动和谐（指通过价格
机制，分散私人决策达到帕累托最优的结果），要么"使和谐"，
即：在（由于某种原因）价格机制不能实现完美协调所需要的完
美定价、从而不能产生帕累托最优的结果时，由政府来模拟价格
机制，使此时的结果趋近帕累托最优。简言之，在新古典的世界
中，市场对应着"自动和谐"，政府对应着"使和谐"，而所谓的
"和谐"对应的就是上面那个假想试验中的情形，其中，个体之间
的利益是平衡的，个体的决策在边际成本等于边际收益处停止，
所有人都得到了可能的最大利益。

这里，那个被确立起来的"和谐"状态是一切的关键。一方
面，它导致经济学理论把需要联合行动的公共事务的情形当成异
类，在其外面用所谓的"外部性"以及密切相连的"无效率"等
标签标示，[2] 但另一方面，它导致在"外部性"、"无效率"的标签
上再贴上一个标签："政府"，表示这些情况出现时政府就应该出

---

[1] 正像有人（47）指出的那样，为什么外部性对市场机制来说是个问题，就是因为市
场被定义得太狭窄了。从这个角度看，当然总是存在着被认为有问题的各种非市场
的效应。……布坎南认为外部性也在市场之中，是它的一部分，因为被称为市场的
自然包括人们设计的、用以去除外部性的制度安排。

[2] 其实就是用来表达面对这种性质的问题时价格机制无法奏效（这种性质的问题的解
决手段落在"价格机制"之外）。这是一种迂回的、且误导性的对问题的表述方式，
它潜在地把"价格机制"应该奏效当成了理所当然地。

面解决。

"公共事务"和"政府"在新古典经济学理论也就这样仓促出场了。

三、"公共的"与政府／政治

公共事务，是指公共地被料理的事务。之所以会有公共事务，是因为人们联合行动能够产生收益（比各自独立地行事能够有更好的效果）。公共事务作为名词，似乎是某种在那里的存在，而将其动词化，它对应的是"公共治理"，也就是说，一群人因为认识到联合行动能够产生收益所以进入到某种共同治理的结构之中。

逻辑上，公共治理和政府是同根生的——如果不是因为公共事务的存在，或者说人们因联合行动可以产生收益，这个世界不会有政府。[1] "公共的"虽然直接源于联合行动产生收益这个事实，但必须注意，这个事实的另外一面是代价——这种代价不能依靠某种非人格化的定价机制而由个体分散地承担，它只能以政府作为中介而由所有人集体承担。正是因为公共事务的收益由政治单位内所有人享受，且代价由同样的这些人承担，而政府是政治单位内所有人的唯一合法代表，所以，提到公共的，人们立即就联想到政府。可以说，"公共的"作为一种功能性质，是内在于政府的概念的，也是后者的规定性所在。

不过，为了更好地理解什么是"公共的"，以便更准确地把握这个概念与政府的／政治的之间的联系，有几个技术性问题需要澄清：

---

[1] 这里仅仅关注逻辑层面的事情。至于说现实中当前人们作为公共事务的，有可能以后把它交由私人提供，这是另外一回事。逻辑上讲，我们需要区分概念和概念的"所指"。现代社会中的公共事务是在多元主体的条件下产生的，因此，还涉及不同群体的不同公共事务以及在一个全局性的政治单位内的公共事务的区分。前者，按照张曙光老师的说法，是私人的公共领域，后者是我们通常意义上的公共领域。

　　"公共的"是需要分层次的。一定范围内的私人形成的公共领域，同政治单位内的公共领域，两者处于不同的层次。前者，只对该范围内的人而言，是有意义的，后者，是前者在政治单位内竞争的结果，适用于政治单位内所有人。像2009年诺贝尔经济学奖获得者奥斯特诺姆的研究对象既涉及私人的公共事务的治理（如特定地域范围的人对公共资源的共同治理），也涉及我们通常意义上与政府/政治密切关联的公共事务的治理（如警察服务的组织安排）。私人的公共事务，严格地说，属于社会自治的范围，与政治/政府活动无关，只有政治单位内的公共事务，才涉及政治/政府活动本身。

　　"公共的"建筑在"社会的"基础之上，"社会的"是人和人超越简单的利益交换而形成的具有一定稳定性的关系结构（市民社会中的各种组织）。主流经济学为了抽象的方便而想像的原子式的个体（包括企业））之间的交易关系不足以形成社会；除非交易中的个体同时意识到，自己是一个共同体中的成员（公民身份），自己因此对这个共同体的游戏规则有发言权，否则，纯粹的交易关系中的个体不可能有"公共的"需求。

　　需要说明的是，在竞争性的市场中人们通过组织创新而进行联合，不属于上述提到的"超越简单利益交换而形成的具有一定稳定性的关系结构"。之所以如此，是因为生产性组织是接受市场竞争检验的组织，一个具体的生产性组织的持续存在，是有市场竞争事后决定的，不像市民社会中的组织其存在唯一地维系于一定范围内的人们所认可的某种"共同的利益"，与竞争无关；只有后者才能作为更抽象层次的政治活动的"输入"。[1]

　　"公共的"不是技术性地被决定的事实，而是由政治单位内的公共政策所决定的事实。例如，在经典的经济学教科书中灯塔是

---

[1]　基于这种区分，我们认为，企业不是"私人的公共领域"，而"行业协会"是，因为后者符合"具体的私人的公共领域"。

被作为公共物品的例子对待的，但是，后来的研究者——最著名的是科斯——却指出，灯塔是可以由私人提供的。按照科斯的解读，这是一个经典的公共物品由私人提供的反例。进一步，我们之所以看到灯塔这样的服务是由私人在提供，这也是一定公共政策的结果。

四、市场、社会与政府：政治活动的衍生性质

在现代的分工经济条件下，人们很习惯关于私人领域和公共领域的二分。私人领域对应的是个体决策以及个体决策相互作用而形成的、具有一定独立性的市场——社会领域。公共领域指政治单位内的人们对于公共事务的共同治理。前者，被认为是非政治的，不涉及有意识的共同治理（或者说，政治活动），后者才被认为涉及政治活动。在这个大背景下，也就有了今天经济学、社会学与政治学的分割，经济学被理所当然地认为应该专门研究私人领域中的资源配置问题，社会学研究更普遍的市民社会领域中的各种问题，而政治学则专门研究政治活动。

这样的二分法虽然有利于人们理解政治活动和私人活动在性质上的差异，但它倾向于僵化地看待两种活动，漠视政治活动做为人们在私人领域的利益追求活动的延伸这个事实。为了突显政治活动的衍生（derivative）性质，在分析上，需要：第一，强调分立的私人利益的存在是现代政治的基础语境；第二，强调分立的私人利益在市民社会中会不断地分化、组合，才有从市场到社会再到政治的过渡。

（一）现代政治与古代政治

现代政治建立在社会分工充分发达的基础上。由于社会分工造就了独立的私人领域，首先作为私人进行物质交换的领域的市民社会也具有相对的独立性，政治在这样的语境下其首要的目的就

在于保障私人领域不受权力的任意干涉。进一步，政治作为竞争性的私人利益向集体决策领域延伸的结果，它的基调是利益的竞争，不同主体的不同利益兼容地存在于同一个秩序结构中。

不过，这种以分立的私人利益为前提和最终落脚点的政治并非自古就有。在古希腊的城邦时代，政治意味着很不同的事情：它不是以私人利益为前提和落脚点，而是作为身份上专门从事非物质生产的自由人的公共空间的活动而被重视的。

当时的政治和现代的相比有以下的不同：

1. 语境不同。当时的生产力很低下，没有发达的社会分工，更没有在这种分工的基础上形成的一个以个体以及个体利益的联盟为基础的具有自主性的社会领域。[1]

2. 对于个体的意义不同。那时的政治是身份上被确认为自由人的那部分人的"特权"。政治的主要目的并不像今天一样，是为了保证个体的自主性和利益，而是彰显个体作为自由人的存在，或者说，是自由人在现世中展开自己、呈现自己的唯一渠道或方式。对当时社会中的自由人而言，如果他只能过纯粹私人的生活，或者因为某种意义被贬作奴隶，那么，这对他来说，与自己根本就不存在，也就是死亡没有区别。[2]

当时的那种生活实践对于今天生来就是自由人身份的人来说自然是非常陌生的。如果说在古代社会，自由人就直接等同于进入公共的政治生活的人的话，那么，在现代社会，自由人作为一种法律上的身份保障，它对于个体到底选择什么样的方式存在于世并没有实质性的规定。个体既可以选择将自己局限在比较纯粹的私人生活范围内，也可以像古代社会中的自由人那样，在更为公共性的空间中展开自己。

---

[1] 按照 Paul A. Rahe（1984：269）的说法，资本主义社会中对于私人领域和公共领域的划分对古希腊的经验来说，是陌生的。

[2] Paul A. Rahe（1984：269）说过，对古希腊人而言，他们最关心的不是金钱的利益，而是权力、荣誉或更宽泛地讲，社会地位。

3.最终的逻辑后果不同。在缺乏独立的私域作为社会基础的背景下，政治难免会对参与它的个体的自由构成威胁。因为，除非有公私领域的分化，除非因此形成了诸多特殊利益和平共处的稳定的市民社会结构，个体被个体产生出来的整体给吞噬就是很难避免的。也就是说，集体吞噬个体在那样的社会背景下是符合政治的逻辑的。实际上，可以想像，在那样的政治中，个体必须时时小心自己是否成为了少数派，因为一旦如此，个体就会成为社会的"公敌"，除非社会整体洗牌，少数派是不可能在政治上得到平等对待的。苏格拉底在雅典民主制度下被公决，以及人们针对直接民主制而提出的"多数人"的暴政一说，按照我们的理解，绝非偶然，因为公权力的运用在没有公私分化的封闭社会中，不管其来源如何，注定了是随机的、任性的。这与所谓的民众素质不高并无直接关联。[1]

（二）从市场到市民社会

在市场领域，个体的利益是由掌握货币的人行使投票权而实现的。市场也因此常常被概念化为原子式的个体相互作用的平台。但是，市场中的个体在通过交换而获取物质利益的过程中很自然地还会形成出对于市场规则、规范应该是怎样的诉求。当人们因为对于非交换利益的诉求而超越原子式的存在自发地聚合在一起形成某种人际联合时，我们就说，市场就演化成了更有机的市民社会，而纯粹的市场作为市民社会的生发原点此时反过来就像是嵌入在已经形成的更复杂的结构中的"功能部件"。

---

[1] 在传统的政治学理论中，雅典民主被称为直接民主，现代的共和制民主被称为代议制民主。虽然今天直接民主是不可取的已经成为政治学领域的一个常识，但是，似乎人们更多地是从纯粹经验的角度来理解这个事情的。包括联邦党人也主要是从国家幅员辽阔所以直接民主不具有可操作性、因此有必要采取代议民主的角度来讲这个事情的。他们并没有认识到，直接民主和间接民主就个体自由的保障而言是性质完全不同的。

市民社会作为从纯粹的市场关系上衍生出来的具有独立性的功能—结构，它一方面对应着人们对于超越简单交换关系的利益诉求，另一方面，对应着人们因此而形成的各种人际聚合的结构。各种社会自治的组织、各种俱乐部等，它们作为人们因为非纯粹的交换利益而形成的聚合结构，是市民社会不可或缺的组成部分。社会中的个体在这些聚合结构中不再是像沙粒一样的存在物，而是作为某种有机结构中的成员分享地存在着。在这些结构中，个体虽然也是利益主体，但个体和结构中的其他个体之间的利益关系不是非此即彼的、对抗的，或者不相干的，而是相互支撑的、共享的。

市民社会中的个体除了参与市场交易之外总是归属于一个或多个这样的利益共享结构（共同体），这个事实对于理解"政治怎么可能"或者说"在一个政治单位内人们怎么可能会有公共事务"至关重要。设想一下，如果社会中都是原子式的个体，他们相互之间并不存在任何意义上的"交叠共识"，这些个体怎么可能就"一个社会按照什么样的方式运作是可欲的"这样的问题进行沟通？实际上，正是因为个体总是在某个特定的小的共同体结构中，并且这些不同的共同体之间，借用罗尔斯的表达总是存在着一定程度的"交叠共识"，我们才会看到，一个社会中的人们不会因为各自采取分散行动而完全无法就"与所有人相关的公共事务问题"进行沟通，并形成大家都基本接受的公共决议。

托克维尔等强调了市民社会中的各种组织对于一个有生机的社会的重要性。就市民社会的政治蕴意来讲，没有市民社会就没有政治，前者是后者的支撑结构。

（三）现代政治的双层次构架

如果没有分立的个体利益，政治就是单纯的群体活动本身；如果有分立的个体利益，但个体之间除了利益上的依赖关系之外再无别的社会联系，人们将无法形成任何意义上的公共空间，政治也将不可能。总之，没有分立的个体利益，和只有分立的个体利益，这两种情况都不能导致我们今天常规意义上所讲的政治。

现代政治是多元利益主体在政治单位内角逐，由此形成的对所有人都有影响的公共决议（主要体现为法律，有时也体现为政策法规）。它具有动态性、过程性的特征。我们用小写的 a、b、c 等表示市民社会内各种存在"交叠共识"的分立的多元主体利益，用大写的 A、B、C. 等来表示这些分立的利益在政治角逐之后的结果。前者，是市场中的个体利益经过分化、整合之后而逐渐凝聚形成的，是使得纯粹的私人利益可以上升、转化为政治单位内的公共利益的必要的连接结构，后者，是不同的利益、观念进一步在（包括所有人在内的）政治单位内的整合。

这是一个双层次的构架。其支撑结构 a、b、c 的强健性保证了这个构架也是强健的。之所以如此，是因为每个个体都处于某种特殊利益之中，都是某种意义上的少数派，[1] 个体有动机使得 a、b、c 中的任何一个都得到平等的保障，而这进一步就使得建筑在 a、b、c 之上的 A、B、C 真正地是作为多元主体利益整合之后的结果而出现的。用通俗的话讲，政治单位内的公共事务是无数个少数派之间的竞争最后形成了事实上的多数派的结果，今天事实上的多数派因此会容纳那些没有能够成为多数派的力量，反过来，今天没有最终成为事实上的多数派的那些意见群体，也会接受这一轮竞争下来的事实上的多数派意见所主导的公共决议。总之，凭借支撑结构 a、b、c 的强健性，现代政治不会导致分立的多元主体利益不至于"瘫缩"成单一的利益，并进而导致个体衍生出来的

---

[1] 政治单位越是幅员广阔，特定特殊利益的单元就越是不可能在整个大的、各个特殊利益单元形成的集合中占据主导地位，从而使得支撑结构 a、b、c 的强健性更容易得到保持。这一点，在联邦党人文集中当谈到间接民主适用的地域范围时被专门提到。

集体将个体吞噬。[1]

我们把支撑结构 a、b、c 中的元素看成是 "准政治"的。因为，就像阿伦特、黑格尔等都指出的那样，现代国家的公民以各种中间组织（intermediate associations）的存在为前提，这些中间组织在个体和国家之间建立起了持久联系。按照这种理解，现代民主社会中个体的自由并不仅仅是在法律面前人人平等，个体因此可以参与各种的物质利益的交换，它还包括个体形成各种准政治的组织，并进而影响公共决议这样的内容。

五、展望一个统一的社会理论：从市场到政治

政治学理论会把从古希腊政治到专制政治再到现代民主政治的各种不同语境之下的政治，都作为自己的研究对象。政治之为政治，在这种分析框架中，实际上是处于未定义状态的。也就是说，只要是涉及统治关系，它就是政治的主题，而不管统治者和被统治者的关系到底怎样。前者对于后者来说是征服者也好，是因为某种原因先验地被视为具有优越地位的种族或家族因而使其统治具有了合法性也好，这些都不影响政治学把它们作为研究对象。也因为这个原因，政治在政治学中被认为是人类永恒的主题，因为，不管在什么历史条件下，人都得和他的同类形成一定的秩序结构。

如果说，政治学研究的政治指向是不同的历史条件下的人们就统治关系而言所形成的特定的秩序结构，那么，经济学理论所

---

[1] 很多人因为不明白这里讲的双层次构架对于一个社会维持社会的结构的意义，所以，他们认同卢梭对直接民主的推崇，认为，只有直接民主才具有政治权威的合法性。政治学人士对于直接民主和间接民主的关系，有代表性的说法可参见刘军宁（1998：52）："间接民主也缺陷也不意味着必须用直接民主置换间接民主，……在间接民主已确立的地方，增加一些直接民主成分也许无碍大体。但是在没有间接民主的地方，或间接民主尚未牢固确立的地方，先立直接民主，则是本末倒置。"

关心的政治则仅仅局限在现代民主政治的范围之内。因为经济学理论是以个体作为独立决策主体的前提，以由此形成的自发秩序作为当然的研究对象，而个体作为独立决策主体的实践活动有一个由简单的物质利益交换向公共领域的自然延伸，所以，经济学理论将这种背景下的政治活动也纳入其研究范围也就再自然不过。不同于致力于理论在形式上的统一性的经济学帝国主义，这种将政治活动纳入经济学分析的做法，是出于对"个体的利益实践活动从市场交易领域到公共领域有其内在的连贯性"的认识，承认这种连贯性就意味着，承认经济学可以对分析现代民主政治的运作提供支撑。

从哈耶克—布坎南这个线索的经济学的视角看来，现代的政治活脱脱地就是市民社会的运作逻辑向（包纳性的）集体决策领域的延伸。正像人们通常把市场理解成是一个"发现的过程"一样，政治如果作动词理解，也是一个这样的过程。没有先定的"公共/共同利益"，有的，只是作为特殊利益之间竞争结果的公共利益（表现为公共政策）。[1] 竞争的原则充分贯穿到政治领域，是现代民主政治的基本特征，[2] 这样的政治，超越了我们直观上理解的那种身份没有分化的自治（其表现为直接民主制度），而是一种更抽象的自治，一种能够兼容多元主体的利益但同时又能够兼顾联合的好处的那种自治。不过，正像我们在市场领域承认现实中市场的不完美，但不会因此放弃竞争的原则一样，在政治领域，我们也应

---

[1] 竞争出来的，就被认为是代表了政治单位内所有成员的公共利益（到底"代表性"好不好另当别论，如果不好，可以修正竞争规则），没有超越于竞争之外的、先定的"公共利益"。

[2] 从这个角度看，民主就绝不是像很多推崇民主、甚至把它当成普遍价值（universal value）的人——典型的如 Amartya Sen（1999）——那样，仅仅是实现特定目的的工具。这里涉及的道理与哈耶克对于竞争必要性的论证没有区别。

该遵循同样的思路：承认现实中的民主政治是不完美的，[1] 但不会因此拒绝接受支配它的基本原则，乃至干脆否认民主政治本身，或者转而接受那种更直观的、只适应封闭社会的身份同一的自治（直接民主）。

目前主流的经济学理论是在另外一条轨道上，它不能为分析现代民主政治的运作提供支撑。它把个体抽象为只有一个面向——即进行物质利益的生存和交换——的非社会动物；因为从这样的个体出发"长"不出任何超越单纯交易的、具有独立性的社会结构，所以，最终它只能把政治/政府当作是某种外生的给定。这种做法相当于事先将政府/公共事务的存在的逻辑前提假设掉，然后又把政府当成是外生给定的莫名之物引回政策分析中。一旦看穿这一点，主流的经济学理论所立足的基础假定至少可以认为是高度可疑的。

经济学要能够为分析现代民主政治的运作提供支撑，它必须：

第一，放弃"个体联合不产生收益"这个潜在的假定，以及与之密切相连的、把个体之间仅仅存在交易关系的世界确立为值得追求的和谐状态，并由此为参照来谈论现实世界的做法。

第二，放弃用"完全竞争"的概念来对市场进行刻画的做法，代之以能够容纳组织创新的竞争概念。只有从这样的竞争概念出发，我们才能谈论多元主体利益的分化、组合以及在此基础上形成的超越利益交换关系的市民社会中的各种准政治联合。

以上两点都涉及正统的市场理论所存在的问题。有必要从对正统的市场理论的检视以及重构开始，使经济学可以提供将个体的利益实践活动从市场交易领域到公共领域看作一个连贯的整体的分析框架。一旦做到这个，我们就可以谈论一群人的利益关系

---

[1] James M. Buchanan and Gordon Tullock（1962）一书花了很大篇幅针对特殊利益集团挟持政府的局面论述，如何可以通过政治和经济层次的决策规则的改变来解决这个问题。作为经济学家的 Buchanan 非常清醒地认识到，在政治和经济层次对竞争规则的修改是解决问题的出路。

是如何地由分散决策的经济领域——宽泛地讲也可以说市民社会领域——向集体决策领域的延伸的。进一步在这个基础上，我们对"政治/政府的运作怎样可以得到改善"的思考也就随之而来。[1] 后者从实践的角度讲意味着，"我们可以将那些塑造、限制我们的力量掌握在手中，以及作为人类我们的充分发展取决于我们这种能力的实施。"（Pitkin，1981：344） 两者合在一起其实也就是"人是政治的动物"这个命题的精髓所在一。

参考文献

[1]Amartya Sen, *Development as Freedom*, Oxford University Press,1999.

[2]Arendt H., *The Human Condition: A Study of the Central Dilemmas Facing Modern Man*, Doubleday Anchor,1958.

[3]Hanna Fenichel Pitkin,"Justice: On Relating Private and Public", *Political Theory*, 1981,Vol. 9, No. 3, pp. 327–352.

[4]Hayek, "The use of knowledge in society", *The American Economic Review*, 1945,Vol. 35, No. 4, pp. 519–530.

[5]James M. Buchanan and Gordon Tullock, *The Calculus of Consent: Logical Foundations of Constitutional Democracy*, University of Michigan Press,1962.

[6]José Castro Caldas, Ana Narciso Costa, and Tom R. Burns, "Rethinking economics: the potential contribution of the classics", *Cambridge journal of economics*,2007, 31: 25–40.

[7]Joseph F. Kobylka and Bradley Kent Carter, Madison, "The

---

[1] 这里，关于"一群人形成的结构是如何的"实证陈述，同关于"如何可以改善这个结构"的规范陈述之间是对称的。对于涉及的方法论问题的阐述，可参见 Mo zhihong（2012）。

Federalist, and the Constitutional Order: Human Nature & Institutional Structure", *Polity*, 1987,Vol. 20, No. 2, pp. 190−208.

[8]Mo zhihong,"Toward an integrated theory of human cooperation: an ongoing research agenda", *Public Choice*, 2012,152（3）:359−363.

[9]Paul A. Rahe, "The Primacy of Politics in Classical Greece", *The American Historical Review,* 1984,Vol. 89, pp. 265−293.

[10]Roy T. Tsao, "Arendt and the Modern State: Variations on Hegel in 'The Origins of Totalitarianism", *The Review of Politics*, 2004,Vol. 66, No. 1 pp. 105−136.

[11] 哈耶克,《自由主义与经济秩序》, 生活·读书·新知三联书店, 2003。

[12] 刘军宁等　主编,《直接民主与间接民主》, 生活·读书·新知三联书店, 1998。

[13] 罗伯特·达尔,《论民主》, 商务印书馆, 1999。

第三部分　中西思想与治道变革

仁、恕与交易秩序

姚中秋*

中国第一位自由商人为孔子最为杰出的弟子之一——子贡，而恕之两个基本原理，正是孔子在与子贡的讨论中提出的。这一长期被忽视的事实提示，儒家理念与企业家活动之间存在着深刻的联系。本文将借助奥地利学派企业家理论和斯密关于通情心、公正的旁观者理念，对儒家之仁、恕理念与交易秩序之间的关系，略作讨论。

一、儒家或者企业家能力

交易秩序形成于企业家之互动。因此，理解交易秩序，当自企业家能力（entrepreneurship）始。文献关于孔子最为聪明杰出之弟子——子贡——之记载，即清楚揭示了企业家能力之内涵。端木赐，字子贡，或写作子赣，孔子弟子。《史记·货殖列传》记载：

> 子赣既学于仲尼，退而仕于卫，废著、鬻财于曹、鲁之间。七十子之徒，赐最为饶益。
>
> 【集解】：徐广曰："子赣传云'废居'，著犹居也，著读音

* 姚中秋，北航人文与社会科学高等研究院教授，天则经济研究所理事长。

如贮。"

【索隐】：著音贮。《汉书》亦作"贮"，贮犹居也。《说文》云："贮，积也。"[1]

孔子弟子中，子贡经商，且十分成功，因而最为富裕。《史记·仲尼弟子列传》更为详尽地记载了子贡经商成功之道：

> 子贡好废、举，与时转货赀。
> 【集解】：废举，谓停贮也。与时，谓逐时也。夫物贱，则买而停贮，值贵，即逐时转易，货卖取资利也。
> 【索隐】：按：家语"货"作"化"。王肃云："废举，谓买贱卖贵也；转化，谓随时转货以殖其资也。"刘氏云："废，谓物贵而卖之，举，谓物贱而收买之，转货谓转贵收贱也。"[2]

综合各家注释，"废"者，高价出售；"举"者，"贮藏"也，低价购进。"时"者，时机，机会。"货"者，货物也，"赀"者，钱财也。"转货赀"者，在货物与货币之间、在货物之间转换。司马迁说，子贡总是能在最合适的时间点上，买进或者卖出。奥地利学派所谓"企业家能力"，无非如此而已。

然而，企业家如何做到这一点？《论语·先进篇》的一个字：

> 子曰："赐不受命而货殖焉，亿则屡中"。

"命"者，赐命也。封建时代从事商业时代，皆需要封建之君比如诸侯、大夫之赐命，也即欧洲之特许状。到春秋末期，礼崩乐坏，子贡从事商业活动，不必借助封建的赐命，而是自由从业。

---

[1]　三家注史记，卷一百二十九，货殖列传第六十九。

[2]　三家注史记，卷六十七，仲尼弟子列传第七。

可以说，子贡是中国历史第一批自由商人。《史记·货殖列传》所列货殖人物，也即自由商人，子贡当为第一人 [1]。

至关重要的是億。"億"者，億度也，也即推测，猜测，探索。《论衡·知实篇》解释这句话含义如下：

> 孔子曰："赐不受命而货殖焉，亿则屡中。"罪子贡善居积，意贵贱之期，数得其时，故货殖多，富比陶朱。然则圣人先知也，子贡亿数中之类也。圣人据象兆，原物类，意而得之；其见变名物，博学而识之。巧商而善意，广见而多记，由微见较，若揆之今睹千载，所谓智如渊海。

子贡精于猜度市场之变动，把握时机，且因时而动。这就是奥地利学派所说企业家之核心能力，米塞斯说：

> 经济学，在说到企业家的时候，并不是想到一些人，而是想到一个确定的功能。这个功能不是某一组人或某阶层的人所具有的特质，而是每一个行为所固有的，每个行为人所承担的。把这个功能体现于一个假想的人物，这是我们在方法上的权益之计。用在交换学的"企业家"一词是指：专从每一行为的不确定性这方面来看的人。[2]

人必须在时间过程中面对未来的不确定性进行决策，每个人都是这个意义上的企业家。而在时间过程中面向未来不确定决策之能力，就是企业家能力。企业家能力之核心就是孔子描述子贡之"億"，在现实的企业家、商人身上，这种企业家能力即表现为对

---

[1] 《货殖列传》文本列范蠡为第一人，但子贡之年岁当长于范蠡。

[2] Ludwig von Mises，《人的行为（上）》，夏道平　译，台北：远流出版，1991，第346页。

于市场相关数据的猜度能力，米塞斯说：

> 企业家，像每个行为人一样，经常是一个投机者。他应付未来的一些不确定的情况。他的成功或失败，决定于他对这些不确定的事情预测正确与否。如果他不能领悟将来的事情，他就倒霉。企业家利润的唯一来源，是他对消费者将来的需求预料得比别人更正确些的这个能力。[1]

企业家的活动是面向未来的，因此，企业家只能依据自己的想象猜度消费者未来之需求。企业家也正是依据自己所猜度之消费者，需求组织生产、提供服务的。当然，此产品、服务到达消费者面前时，完全有可能被消费者拒绝，其猜度落空。这样，企业家所期待的交易就无从发生。因此，企业家之核心能力在于准确地猜度消费者将来的需求，满足他自己想象的他人之需要。猜度能力是企业家最为核心的能力，企业家在市场活动取得成功之程度，由其猜度之准确程度决定。

当然，企业家所猜度者，不仅是消费者之未来的需求，他首先必须猜度，谁是他的消费者。他组织生产，必会瞄准某些人。但这些人未必就是他的最为恰切的消费者。如司马迁记载子贡所提到的，企业家还必须猜度买进、卖出之"时"，必须猜度买进何种货物，卖出何种货物，等等。

总之，企业家之核心能力是在不确定的时间过程中的猜度能力。企业家能力在其心，企业家能力是心的一种能力，企业家凭着自己的心猜度他人之心，并据此作出决策，从而驱动人与人之间在多个层面上的耦合。卓越的企业家首先具有猜度他人之心的卓越能力。要理解企业家能力，必然进入人心。

---

[1] Ludwig von Mises，《人的行为（上）》，夏道平　译，台北：远流出版，1991，第384页。

二、仁、sympathy 与交易之必然性

那么，企业家何以能以己之心猜度他人之心？依于仁。《论述·述而篇》：

> 子曰："仁远乎哉？我欲仁，斯仁至矣。"
>
> 朱子集注：仁者，心之德，非在外也。放而不求，故有以为远者；反而求之，则即此而在矣，夫岂远哉？程子曰："为仁由己，欲之则至，何远之有？"[1]

孔子说，仁是人内在固有的，且为人人所有。然而，何谓仁？《中庸》：

> 仁者，人也，亲亲为大。
>
> 郑玄注："人也，读如相人偶之人。以人意相存问之言。"[2]

《仪礼·聘礼》："公揖，入每门，每曲揖。"郑玄注："每门辄揖者，以相人偶为敬也。"[3]《诗·桧风·匪风》："谁能亨鱼？溉之釜鬵。"郑玄笺云："谁能者，言人偶能割亨者"。孔颖达疏曰：

> 人偶者，谓以人意尊偶之也。《论语》注："人偶，同位人偶之辞"；《礼》注云："人偶，相与为礼仪"，皆同也。亨鱼小伎，谁或不能？而云谁能者，人偶此能割亨者，尊贵之，若言

---

[1] 论语集注，述而第七。
[2] 礼记正义，卷五十二，中庸第三十一。
[3] 仪礼注疏，卷二十，聘礼第八。

人皆不能，故云谁能也。[1]

　　至此，"相人偶"的意思也就比较清楚了："偶"者，对偶也。"人偶"就是视对方为与己相同之人，而予以尊重。"相"者，相互也。"相人偶"就是人们相互把对方视为与己相同之人。"人偶"是当单方面对人之态度，"相人偶"则是人们相互对待之态度。

　　因此，"仁"就是人们"以人意相存问"，也即，人们以待人之道相互对待。我将对方视为一个与我完全相同的完整的人，他是个人，他不是物，我不可把他视为实现自己目标的工具。他要追求他的生命之完整性，他具有尊严，与我一样。我必须按照对待一个人的方式对待他。这就是仁之最为基础的含义。此仁为人内在固有之天性，内在于人之心中。

　　后来孟子更为明确地提出一个基本伦理命题：

　　　　孟子曰：人皆有不忍人之心。
　　　　赵注：言人人皆有不忍加恶于人之心也。[2]
　　　　集注：天地以生物为心，而所生之物，因各得夫天地生物之心以为心，所以人皆有不忍人之心也。[3]

　　孟子举例论证不忍人之心的自然性：

　　　　所以谓人皆有不忍人之心者，今人乍见孺子将入于井，皆有怵惕恻隐之心。非所以内交于孺子之父母也，非所以要誉于乡党朋友也，非恶其声而然也。
　　　　赵注：孺子，未有知之小子。所以言人皆有是心，凡人暂

[1] 毛诗正义，卷七，七之二。
[2] 孟子注疏，卷三下，公孙丑章句上。
[3] 孟子集注，卷三，公孙丑章句上。

见小孺子将入井，贤愚皆有惊骇之情，情发於中，非为人也，非恶有不仁之声名，故怵惕也。[1]

集注：怵惕，惊动貌。隐，痛之深也。此即所谓不忍人之心也。内，结。要，求。声，名也。言乍见之时，便有此心，随见而发，非由此三者而然也。程子曰："满腔子是恻隐之心。"谢氏曰："人须是识其真心。方乍见孺子入井之时，其心怵惕，乃真心也。非思而得，非勉而中，天理之自然也。内交、要誉、恶其声而然，即人欲之私矣。"[2]

人之为人的最为本能、最为基础、也最为根本的情感是不忍人之情。所以，人猛然见到孺子匍匐即将入井之场景，其怵惕、恻隐之心即刻发动，而有援之以手的反应。值得注意的正是"乍见"之场景设定。孟子之用意正在把人还原到最本能、最原始之状态，人心之自然倾向于此刻此情中清晰呈现。由乍见而援手之事实，即可见不忍人之心乃是人之为人的最为深层次的心，也就是人的本能性情感。从孟子所举之例可看出，不忍人之情的含义除赵歧注指出的"不忍加恶于人"之情外，也包括不忍见他人遭受痛苦、陷入绝境之情。前者是主动的，后者是被动的，由后者更见人之本心。

孔孟所论之仁，不忍人之心，与苏格兰道德哲学所讨论之"通情心（sympathy）"异曲同工。正是人的这一天性，让交易成为人际社会之必然。

亚当·斯密在《国富论》开篇提出经济学之基础命题："劳动生产力上最大的增进，以及运用劳动时所表现的更大的熟练、技巧和判断力，似乎都是分工的结果。"[3]第二章，斯密开始解释分

---

[1] 孟子注疏，卷三下，公孙丑章句上。

[2] 孟子集注，卷三，公孙丑章句上。

[3] 亚当·斯密，《国民财富的性质和原因的研究（上卷）》，郭大力、王亚南　译，商务印书馆，1983，第5页。

工之原由：

> 引出上述许多利益的分工，原不是人类智慧的结果，尽管人类智慧预见到分工会产生普遍富裕并想利用它来实现普遍富裕。它是不以这广大效用为目标的一种人类倾向所缓慢而逐渐造成的结果，这种倾向就是互通有无，物物交换，互相交易。[1]

分工形成于人所普遍具有的交易倾向。斯密接下来提出一个十分重大的问题：

> 这种倾向，是不是一种不能进一步分析的本然的性能，或者更确切地说是不是理性和言语能力的必然结果，这不属于我们现在研究的范围。这种倾向，为人类所共有，亦为人类所特有，在其他各种动物中是找不到的。[2]

交易倾向是人的本能，还是理性与言语能力之产物？此处，斯密没有回答这个问题，而指出，这种交易倾向是人普遍具有的，且为人所特有。《道德情感论》对上述问题则作出回答。其开篇云：

> 不论我们设想人有多自私，但很显然，在他的天性中有一些原则，这让他对他人的命运感兴趣，并视他们的幸福为他的，而尽管他从中所得到的，无非看到它的愉悦而已。当我们看到他人的不幸或者设身处地地想象这不幸而产生的那种情绪反应，怜悯或者同情，就属于这种天性。我们常常因他人之悲

---

[1] 亚当·斯密，《国民财富的性质和原因的研究（上卷）》，郭大力、王亚南 译，商务印书馆，1983，第12页。

[2] 同上，第13页。

伤而悲伤，这是一个再明显不过的事实，无须举例证明。这样的情感，以及人性中的其他本源性激情，并不限于那些有德和富有人性者，尽管他们能最为敏感地感受到这种情感。最坏的恶棍，社会法律之最冷心肠的破坏者，也不会一丝没有。

  ……当我们看到对准另一个人的腿或臂的一击即将落下之际，我们会很自然地收缩、抽回我们自己的腿或臂；而当其真的落下，我们会在某种程度上感受到它，除了那受害者外，仿佛自己也受到伤害。[1]

  "通情心"是人的自然禀赋，是人皆具有的。斯密的关注点不是人性究竟是善的还是恶的，而指出了人之存在的一个基本事实：人心被赋予了关注、感受以及想象他人的自然倾向与能力。正是这种本能之心，让人与他人天然具有联系，道德、正义皆由此通情心而生发。就其性质和对于德行之功能，通情心均类似于孟子所说的不忍人之心。

  就其性质和对于德行之功能，通情心类似于孔子所说的仁。因为通情心或者仁，交易就成为人文明地生存的唯一手段。首先，人的文明生存必依赖他人：

  别的动物，一达到壮年期，几乎全都能够独立，自然状态下，不需要其他动物的援助。但人类几乎随时随地都需要同胞的协助…… [2]

关于这一点，《吕氏春秋·恃君篇》有更为精彩之论述：

  凡人之性，爪牙不足以自守卫，肌肤不足以扞寒暑，筋骨

---

[1] Adam Smith, *The Theory of Moral Sentiments*, 1982, pp.9—10.
[2] 《国民财富的性质和原因的研究（上卷）》，第 13 页。

不足以从利辟害，勇敢不足以却猛禁悍，然且犹裁万物，制禽兽，服狡虫，寒暑、燥湿弗能害，不唯先有其备，而以群聚邪。群之可聚也，相与利之也。

鲁滨逊或许可以生存，但绝不可能文明地生活。合群地生活就是文明人的基本、也是唯一生存形态。然而，人依赖他人，可采取多种方式，《国富论》中这样论述：

> 一个动物，如果想由一个人或其他动物取得某物，除博得授与者的欢心外，不能有别种说服手段。小犬要得食，就向母犬百般献媚；家狗要得食，就作出种种娇态，来唤起食桌上主人的注意。我们人类，对于同胞，有时也采取这种手段。如果他没有别的适当方法，叫同胞满足他的意愿，他会以种种卑劣阿谀的行为，博取对方的厚意。不过这种办法，只能偶一为之，想应用到一切场合，却为时间所不许。一个人尽毕生之力，亦难博得几个人的好感，而他在文明社会中，随时有取得多数人的协作和援助的必要。[1]

斯密在这里只是讨论了取媚他人，而没有讨论另外两种情形：抢劫和欺诈。理论上说，这也是依赖他人的方式。斯密没有提及这两种，也许与斯密关于通情心的论断有关。人皆有通情之心，即便在没有法律的自然状态下，公正的旁观者也会禁止人做这种事情。也正因为人有这种情感倾向，法律才得以产生：人们不愿看到他人抢劫、欺诈，哪怕是抢劫、欺诈他人，人们会自然地断定这是不正当的，并支持制定禁止那些不正当行为的法律并强制执行之。

仁亦排除抢劫，而把交易确立为人际相互依赖的唯一方式。

---

[1] 《国民财富的性质和原因的研究（上卷）》，第13页。

《汉书·刑法志》序言有这样一段论述：

> 夫人宵天地之貌，怀五常之性，聪明精粹，有生之最灵者
> 也。爪牙不足以供耆欲，趋走不足以避利害，无毛羽以御寒
> 暑，必将役物以为养，用仁智而不恃力。此其所以为贵也。故
> 不仁爱，则不能群；不能群，则不胜物；不胜物，则养不足。

人与禽兽的区别就在于，人不依赖其自然的身体之力，而依赖
心灵，依赖天命于人之仁与智，尤其是仁。仁是最为根本的，仁
让人以人相对待。当一个人具有经济性需求，而与另一个人相对，
他会把对方视为与自己相同的人。他会告诫自己，不去抢劫他，
也不去欺诈他，当然，也不应当取媚他，唯一正确——不仅对自己
正确、也对对方正确——的方式是与他平等地交易。由此，双方同
时实现了自己的目标。

正是人自然地具有的内在之仁，让人"以人意相存问"，也即
相互尊重。由此，就人的生存而言，交易是必然的，因为，只有
交易，能让所有人均等地各自实现自己的目的。人际之交易无所
不在，交易构成人与人合群之机制。群不是静态的，而是动态地
生成的，并借助于人的行动而维持其存在。持续而广泛的交易就
是合群之纽带。

纵横交错的交易关系将人们联结成群。没有交易，人就是离散
的，就不存在群。正是这一点，将人与禽兽区别开来。禽兽可能
也合群地存在，但这种合群更多是本能，禽兽遗传了合群之本能。
人则以有意识的交易作为合群之纽带，从这个意义上说，比起禽
兽，人的合群性生存更为艰难。人可以选择，因此，人必须自觉。
惟有借助于"思"，人才能选择合群性生存。

由此，交易之必然性是脆弱的，需要借助于规则及其教化，才
能实现。人间规则如礼，恰是因应人际交易而生成的，《礼记·曲
礼上篇》："礼尚往来，往而不来，非礼也；来而不往，亦非礼

也。"礼的根本作用就是保证交易之公平性，而公平之基础就是仁。规则生成于不断重复的交易活动中，惟有那些相对公平的交易模式能够被双方同时接受，并且被人模仿，其中的尽管惯例即可扩展而成为一般性规则。

此处之交易是广泛的，包括经济领域中之交易。而同样是仁，尤其是其所引申之恕，让交易是可能的。

三、恕、公正的旁观者与交易机制

由仁而有恕。在孔子那里，恕有两个维度：第一个维度是积极的，《论语·雍也篇》记载孔子与子贡的对话：

> 夫仁者，己欲立而立人，己欲达而达人。能近取譬，可谓仁之方也已。
>
> 朱子注：以己及人，仁者之心也。于此观之，可以见天理之周流而无闲矣。状仁之体，莫切于此。譬，喻也。方，术也。近取诸身，以己所欲譬之他人，知其所欲亦犹是也。然后推其所欲以及于人，则恕之事而仁之术也。[1]

第二个维度是消极的，《论语·卫灵公篇》：

> 子贡问曰："有一言而可以终身行之者乎？"
>
> 子曰："其恕乎！己所不欲，勿施于人。"
>
> 朱子集注：推己及物，其施不穷，故可以终身行之。尹氏曰："学贵于知要。子贡之问，可谓知要矣。孔子告以求仁之方也。推而极之，虽圣人之无我，不出乎此。终身行之，不亦

---

[1] 论语集注，雍也第六。

宜乎？"[1]

又《论语·里仁篇》：

> 子曰："参乎！吾道一以贯之。"曾子曰："唯。"子出。门人问曰："何谓也？"曾子曰："夫子之道，忠恕而已矣。"
>
> 朱子集注：尽己之谓忠，推己之谓恕。而已矣者，竭尽而无余之辞也……或曰："中心为忠，如心为恕。"于义亦通。程子曰："以己及物，仁也；推己及物，恕也，违道不远是也。忠恕一以贯之：忠者天道，恕者人道；忠者无妄，恕者所以行乎忠也；忠者体，恕者用，大本达道也。此与违道不远异者，动以天尔。"[2]

恕者，如心也。恕就是以心比心，如朱子注，恕就是"推己及人"。"推"是这样一种心理机制：我拟对他人有作作为，不论是言语或行动，或者有所不为，我将想象，他人希望我对他如何作为或者不作为。而对他人的想象基于对我自己的内省，因为，我跟他人是相同的人。基于我对自己的内省，也即"近取诸譬"，我可以完全想象他人之所欲或者不欲。恕就是推。

孟子曾经更为明确地提到"推"：《孟子·梁惠王上篇》：

> 老吾老，以及人之老；幼吾幼，以及人之幼。天下可运于掌。《诗》云："刑于寡妻，至于兄弟，以御于家邦。"言举斯心加诸彼而已。故推恩，足以保四海；不推恩，无以保妻子。古之人所以大过人者，无他焉，善推其所为而已矣。

---

[1] 论语集注，卫灵公第十五。
[2] 论语集注，里仁第四。

孟子此处讨论者为政治领域之"推"，经济领域之"推"与此相当。

值得注意的是，上述孔子关于恕的两个论断，皆出自与子贡的讨论。很有可能，子贡把自己的商业经验贡献给孔子，师徒据此对人际合作秩序之基本原理进行探讨，孔子将其发展为普遍的伦理原则。可以合理地推测，其经验依据是商业性交易，故此原则可适用于理解商业性交易。

"推"就是交易运作之机制，交易过程之机理就是推己及人。我是一个人，其他人也是人，我可以确定，其他人与我的心理是相同的、至少是类似的。如果我认为某种物品对我、对人是有用的，那我可以合理地判断，它对其他人也是同样有用的。我确信，假如我生产出这种物品，并将其送到他们面前，其他人愿意得到这种物品。据此，我组织生产和供应这种物品。反过来，我认为有害的东西，其他人也会认为是有害的。我确信，假如我生产出这种物品，并将其送至其他人面前，其他人会拒绝。据此，我不去生产和供应这种物品。

定价也借助于"推"而展开。价值是主观的，个体的，我只能评估某个物品或服务对自己而言的价值，以此对物品定价。这是个体的主观定价。但是，因为他人与我是相同的人，因此，我可合理地推想，他人会接受我所确定之价格。我不会确定一个过于离奇的价格，我自己不会接受，我也不能期待他人接受。

斯密构想基于其通情心，构想了"公正的旁观者"，人借此而可以以人观己，其功能类似于孔孟之推己及人。

通情心不仅让我与他人感同身受，还让他人进入我的心灵中，成为我自我评价的一面镜子，这面镜子之人格化形象，斯密称之为"旁观者"，更多的时候称为"公正的旁观者（impartial spectator）"。它是我的想象，但在心灵中是真实存在的，并有效地发挥作用。一个人的心灵其实由两个主体共同构成：作为当事人的我和我想象的公正旁观者。当事人与这个想象的公正的旁观者之间会形成互动：

> 为了产生这种一致的情感，天性会教导旁观者设想所涉当事人之境况，也会同样地教导当事人设想旁观者之境况。旁观者一直把自己置于当事人的位置，从而想象他所能感受的类似的情感；同样地，当事人也会一直把自己置于旁观者位置上，从而想象对自己命运的某种冷静，他意识到，旁观者会带着这种冷静看待自己的命运的。旁观者一直在考量他们自己若是受难者将会形成的感受，同样地，当事人也一直被引导按照他如果只是自己境况之旁观者而被触动的那种方式进行想象。旁观者的通情心让他们在某种程度上以当事人的眼光看待那个境况，同样地，当事人的通情心也让他在某种程度上以他们的眼光，尤其是以他们在场、并在他们的观察下行动的那种眼光，看待那境况。经过这番想象，那被反思的激情，会比最初大大地弱化，同样地，它必然弱化那在旁观者出现之前、他在以旁观者感受那境况的方式反思、并以公正而无偏私的目光看待他的处境之前所形成的情绪之暴烈程度。[1]

这段读起来十分绕口的论述，阐明了当事人心灵之复杂机制，当事人与他所想象的旁观者之间进行多重的立场互换，从而能够反观自我。而这正是斯密的价值理论和价格理论之心理依据。关于这一点，罗卫东教授有所阐发：

> 将斯密在这里的语言转换成经济学的语言，那么就是，如果市场机制是完全和公正的，在评价商品的实际价值时能够做到像一个公正的旁观者判断一种行为的德性时一样，那么市场价格必定与商品的自然价值相一致，社会给予商品的评价与该

---

[1] *The Theory of Moral Sentiments*, p.22.

商品的价值是完全相等的，如果市场机制发生了扭曲，那么在商品的价值与市场价格之间就会发生偏离。但是从全局和长期来看，商品的价值和价格总是一致的。换言之，效用不应该成为价格的基础，但是在现实的经济运行中效用往往成为价格的决定因素，这就像机运决定的功效成为德性的决定因素一样。[1]

通情心让理性的定价过程成为可能，公正的旁观者则可大幅度降低这一定价过程的成本。对于一种财货的价值，人们必有主观上的不同判断，但通情心让这种判断不可能相距甚远。即便相距甚远，置身于定价过程中的当事人，也可以在自己心灵的公正的旁观者的引导下，听取对方的报价。公正的旁观者会推动双方共识之达成，由此而使交易得以完成。

四、孔孟与斯密之别

若仔细分析即可发现，孔孟与斯密之间仍存在一些差异，而孔子理念中的企业家与米塞斯的企业家较为接近，而更恰切地阐明了企业家能力。

关于人如何交易，《国富论》有这样的解释：

> 但人类几乎随时随地都需要同胞的协助。要想仅仅依赖他人的恩惠，那是一定不行的。他如果能够刺激他们的利己心，使有利于他，并告诉他们，给他作事，是对他们自己有利的，他要达到目的就容易得多了。不论是谁，如果他要与旁人作买卖，他首先就要这样提议：请给我以我所要的东西吧，同时，你也可以获得你所要的东西：这句话是交易的通义。

---

[1] 罗卫东，《情感、秩序、美德——亚当斯密的伦理世界》，中国人民大学出版社，2006，第 352 页。

我们所需要的相互帮忙，大部分是依照这个方法取得的。我们每天所需的食料和饮料，不是出自屠户、酿酒家或烙面师的恩惠，而是出于他们自利的打算。我们不说唤起他们利他心的话，而说唤起他们利己心的话。我们不说自己有需要，而说对他们有利。

斯密引入了"利己心"，《道德情感论》开篇第一句也是，"不论我们设想人有多自私"[1]。利己心似乎就是交易活动中通情心所想象的实体内容。斯密似乎相信，我之所以进行交易，是为了获得我所需要的东西。因此，我也想象，他人之所以与我交易，乃是因为他想获得他所需要的东西。而且，请注意斯密的次序：每个人的目的，都是为了获得自己所需要的东西。当然，他通过满足其他人的需要，而满足自己的需要。

孔子则主张，"己欲立而立人，己欲达而达人"。这句话在交易活动中的具体含义，借助奥地利学派对企业家活动之揭示，可有更为深切的理解。

在斯密那里，作为交易一方的我这样提议：请给我以我所要的东西吧，同时，你也可以获得你所要的东西。交易之驱动性力量是"我要"，我希望拥有某个东西。反观前文所引米塞斯关于企业家的论述即可发现，在米塞斯这里，我猜测你需要某个东西，我把这个东西生产出来，并呈现在你面前，你果然喜欢，并支付我所需要的东西。交易的驱动性力量是"我知道你要"。

应当说，斯密和米塞斯设想的交易活动都是在两个人之间进行的，但斯密的交易活动之重心更多地偏向于我，米塞斯的交易活动则更多偏向于你。也恰恰因为这一点，米塞斯的企业家具有更多的创造性。在斯密那里，财货已经在那儿了，我已经把它生产出来，至于是依据什么生产的，斯密没有讨论。在米塞斯那里，

---

[1]　*The Theory of Moral Sentiments*, p.9。

交易活动是因你而起的，而你不是我，你是什么，你需要什么，你喜欢什么，我只能猜测。因此，我必须最为充分地运用我的想象力、创造力，以让我的财货能为你所接受。这样，那个财货本身，就已经融入了我对你的想象。从某种意义上说，那个财货就是公正的旁观者之物质化，但它出自我的想象。

可以说，米塞斯的交易理论深化了斯密的交易理论，由此，米塞斯抛弃了斯密提及的利己心。对于交易活动之启动和展开而言，斯密念念不忘的"利己心"，实为一个多余的预设。哈耶克已很明确地指出过这一点，尽管这一点经常被人忽视：斯密从来没有发明"经济人"这样的概念 [1]，利己心也不应当被理解为"只关注一个人自身的即时性需要" [2]，正确的说法应当是"允许人们去追求他们认为可欲的人和目的" [3]。其实可以更为彻底：对于交易活动而言，最为重要的问题是，知道他人的想法，面向他人安排自己的资源。自身的需要当然是存在的，但是，它只在"迂回"到他人的过程中，才是有意义的 [4]。如果不能正确地猜度他人，那就没有交易，自身的需要就毫无意义。

奥地利学派所说的企业家的活动之性质，就是孔子所说的"己欲立而立人，己欲达而达人"。交易活动的驱动性力量是立人、达人，我依照我之所欲立者而立你，我依照我之所欲达者而达你。我会尽最大的努力理解你，体会你，你深度地进入我的心灵中，我根据我的心灵中所构想的你的偏好安排我的活动。我必须"迂回"于你之中。

这当然是心灵的功能。从根本上说，交易活动是心灵的活动、

---

[1] F.A. 冯·哈耶克，《个人主义与经济秩序》，邓正来　译，三联书店，2003，第 16 页。

[2] 《个人主义与经济秩序》，第 19 页。

[3] 《个人主义与经济秩序》，第 21 页。哈耶克也清楚指出："真个人主义首先是一种社会理论"。"那种认为个人主义乃是一种以孤立的或自足的个人的存在为预设的（或者是以这样一项假设为基础的）观点"，是"最为愚蠢的误解"。（第 11 页）

[4] "迂回"是奥地利学派生产理论中非常重要的一个概念。

精神的活动。由此，你与我之间就有深度的交融。一个人要在交易上取得成功，或者更宽泛地说，一个人要更好地生活，就需要在立人、达人上下功夫。为此，也就必须体会仁，也即把他当作与自己完全相同而具有独立尊严的人对待，且立之、达之。

　　而这要做到这一点，就需要《大学》所说之格物、致知、尤其是诚意、正心的工夫。《论语·里仁篇》：子曰："唯仁者能好人，能恶人。"最伟大的企业家就是这样的仁者，他对人心所深刻的把握，才能够好人、恶人，从而能够把人最渴望的产品和服务送到人的面前。企业家能力就是恕的能力。

社会市场经济的经验与意蕴

冯兴元 *

战后德国经济体制以社会市场经济而著称，而德国实现"经济奇迹"与该体制密切相关。欧洲债务危机爆发以来，德国经济在欧洲几乎一枝独秀，更显社会市场经济的魅力。

对于社会市场经济，赞誉者有之，诋毁者有之。比如，德国著名经济学家和国民经济学家、瓦尔特—欧肯研究所原所长范伯格（Viktor Vanberg）教授就批评社会市场经济还不够理想，是结果取向的。他认为秩序自由主义传统中的弗莱堡学派（Freiburger Schule）才是程序取向的。[1] 也就是说，前者过多强调了结果平等、再分配和福利，后者则严守规则和程序，以推行绩效竞争为目标取向，并辅之以适度的社会政策。也有学着认为现在德国的体制不是真正意义上的社会市场经济。比如著名的经济学家和经济史学家凡尔纳·阿贝尔斯豪塞（Werner Abelshauser）就持此种观点。他认为德国的经济体制属于一种"社团主义的市场经济"（korporative Marktwirtschaft）。[2] 但是，社会市场经济是市场经

---

* 冯兴元，中国社会科学院农村发展研究所研究员，德国法兰克福财经管理大学东西方文商研究中心研究员，fengxy@cass.org.cn。

[1] 这一观点来自于作者 2012 年 5 月在德国弗赖堡瓦尔特—欧肯研究所学术逗留期间与范伯格教授的访谈结果。

[2] Abelshauser, Werner, *Deutsche Wirtschaftsgeschichte seit 1945*, München: Beck, 2004.

济，比如其基础是国家建立和维护了一种绩效竞争的秩序，它总体上遵循一整套核心原则，包括维护一个有运作能力的价格体系、币值稳定、私人产权、开放市场、契约自由、承担财产责任以及经济政策的前后一致性。虽然这些原则在某些细节上有所相对化，比如：私人产权虽然受到保护，但任何企业不得滥用其市场支配地位；契约自由虽然是基本的权利规定，但是总体上不得推行卡特尔或者垄断。

人们对社会市场经济的理解从一开始并不了然。很多人把"自由市场"、"社会福利国家"与"社会市场经济"等概念相互混淆。社会市场经济究竟如何实际运作，也往往为人们所误解。[1]

社会市场经济体制理想模式和实际经济体制的演化脉络两者之间存在着差距。经济体制理想模式和实际经济体制演化本来就不是一回事。理想模式本身也随不同阶段人们对社会与经济问题的感知的不同而处在不断演化当中。实际的社会市场经济体制更是容易受到现实政治的影响，因而更难以保持一成不变。可以说，社会市场经济体制的理想模式与实现状况存在着协同演化（co-evolution）。这无疑增加了外国学者对社会市场经济的理解和借鉴难度。

本文将简单描述德国社会市场经济的由来、构想、基本法规定与原则、社会市场经济的具体经济体制和社会体制特点、德国"经济奇迹"的成因与体制贡献、社会市场经济的发展展望以及对中国的意蕴。

一、社会市场经济的由来

德国经济学家与文化社会学家阿尔弗雷德·米勒－阿尔马克（Alfred Müller-Armack）于 1946 年撰写于 1947 年出版的《经济

---

[1]　Smith, E. O, *The German Economy*, Taylor & Francis, 2007.

调控与市场经济》一书中最早提出了"社会市场经济"的概念。[1]
他认为，"社会市场经济的意义"在于"将市场自由同社会平衡相
结合"。[2]

　　第二次世界大战结束以后，路德维希·艾哈德（Ludwig
Erhard）于 1948 年 3 月 2 日出任英美占领区经济委员会经济管理
局局长。在他的主持下，德国建立了社会市场经济体制，该机制
既背离了过去以自由放任为特征的曼彻斯特自由主义，又摈弃了
在经营与投资方面由国家决定的统制经济体制。

　　根据社会市场经济的构想，国家在市场经济中有建立和维护一
个竞争秩序的职能，规定市场活动的框架条件，通过反限制竞争
调节经济过程，尽可能地放弃对价格和工资形成的直接干预，通
过增进消费者机会、促进技术进步和创新、重视按绩效分配收入
和利润的方式来使得市场中的各种力量自由发挥作用。

　　社会市场经济体制的产生，存在多种因素：

　　一是，它是德国各种利益派别的利益平衡的结果。在建立联
邦共和国和将其纳入国际共同体之前，西占区采取了有关重建的
秩序框架和一种新的经济政策的秩序框架的影响深远的抉择。这
首先体现在艾哈德根据盟军确定的时间表宣布于 1948 年 6 月于 20
日开始推行西占区货币改革。但紧接其后，艾哈德宣布在广大的
价格管制领域放开价格。这标志着西占区走向一种市场经济体制
的根本性的第一步。放开价格是单方面推行的，而且事先没有征
得占领区盟军的同意，但被盟军所追认。艾哈德的这个自主行动
是德国实现战后"经济奇迹"的主要条件。艾哈德之所以能够取
消价格管制并推行市场经济，是顶住了国内外压力和努力平衡各
方利益的结果。

---

[1]　Müller-Armack, A.,*Wirtschaftslenkung und Marktwirtschaft*, Verlag für Wirtschaft und
　　Sozialpolitik,1947.

[2]　Müller-Armack, A. , *Wirtschaftsordnung und Wirtschaftspolitik Studien und Konzepte zur
　　Sozialen Marktwirtschaft und zur Europäischen Integration*, Bern,1976.

这样艾哈德作为一个几乎默默无闻的人，很快成为公众关注与争议的中心，成功地成为不同寻常程度的意见领袖。货币改革后，人们很快可以体会到一种新的稳定货币、开展竞争以及经济复苏的好处。人们对未来有了新的希望。这一发展使得 1949 年首届联邦议会选举中基督教民主联盟 / 基督教社会联盟（CDU/CSU）、自民党（FDP）和德意志党（DP）获得一种勉强的多数。这些党派支持了艾哈德在法兰克福经济委员会的政策，并参与制订了这一政策。而且，英美占领区第一次议会会议允许法兰克福经济委员会实施一种社会市场经济方案，由此打开了走向社会市场经济的新局面。[1]

二是，它与西德地区德方领导人的个人价值取向、学识和领导力有关。艾哈德本身是学者出身。他读过商人职业教育和企业经济学，1925 年获经济学博士学位。毕业后经商 3 年，然后转向学术研究。1942—1945 年他负责运营自己创建的工业研究所。他的一个研究兴趣就是研究战后德国和平时期的体制构想，他坚信市场经济体制。1944 年他发表了一篇题为《战争财政和债务巩固》的文章，在这篇文章中他假设德国战败并考虑战后经济重建的问题。从中也可以看到他的市场经济价值取向。从 1945—1946 年艾哈德在巴伐利亚州任商业和企业部部长。1947 年他领导英美占领区管理部门的特殊货币和贷款专家委员会研究货币改革。同年慕尼黑大学授予艾哈德名誉教授称号。1948 年 3 月 2 日德国自由民主党提名艾哈德为美英法联合占领区所组成的联合经济区的经济管理局局长。1950 年波恩大学曾请他出任教授职位。在担任经济管理局局长期间，他的得力高参之一就是莱昂哈特·米克施（Leonhard Miksch），后者是弗赖堡学派的一位重要代表人物。从艾哈德与盟军占领军的交锋以及力排众议取消价格管制可以看出，

---

[1] Stoltenberg, Gerhard, „Ludwig Erhards Historische Leistung. Soziale Marktwirtschaft in der Bewährung, *Aktuelle Fragen der Politik*, Konrad-Adenauer-Stiftung, Heft 45, 1997.

艾哈德作为战后事实上的西德地区经济事务领导人，有着非凡的政治智慧、决断力和领导能力。

三是，与西占区占领当局的取向和决定有关。西占区占领当局代表美国、英国和法国的利益。这些国家都是市场经济国家。随着二战之后与前苏联的关系日趋紧张，西占区占领当局改变原来不打算重建德国经济的决定，转而决定对德国提供援助，支持德国的重建。1948 年 7 月 1 日西方三盟国向德国西部的州长们和两位市长移交法兰克福文件（Frankfurter Dokumente），从而把西德地区管辖权交还德国人。这些文件包括了占领军有关成立一个西德国家的建议，并支持在德国西部地区建立一个联邦制国家。

四是，德国的秩序自由主义（Ordoliberalismus）和基督教社会伦理学说为社会市场经济奠定了思想基础。这两类思想是德国社会市场经济的最重要哲学基础。社会市场经济体制的实际型塑也受到社会主义思想的影响。秩序自由主义思想主要是 20 世纪 30 年代以来德国不同新自由主义流派的思想，其中包括瓦尔特·欧肯和法兰茨伯姆所代表的弗莱堡学派，以及亚历山大·罗斯托（Alexander Rüstow）、威廉·勒普克（Wilhelm Röpke）与米勒－阿尔马克等人的思想。[1] 这里，罗斯托是最先把"新自由主义"概念引入德语圈的学者。[2] 他所指的新自由主义实际上仍然属于秩序自由主义的范畴，是为区别于自由放任的自由主义而提出

---

[1] 一些学者认为勒普克和米勒－阿尔马克过于强调结果平等而不能算作秩序自由主义者，另有一些学者只把米勒－阿尔马克排除在外。两者的思想被一些人称作为"soziologischer Liberalismus"（考虑社会学因素上的自由主义）。参见 Razeen Sally, "Classical Liberalism and International Economic Order", *Routledge*, 2002, p. 106。

[2] 1938 年法国经济学家伯纳德·拉维恩（Bernard Lavergne）首先提出法语"néo-liberalisme"（新自由主义），同一年根据罗斯托的建议，对应的德语"Neoliberalismus"在巴黎的瓦尔特·李普曼会议上被作为一个专业术语加以界定。勒普克反对使用"新自由主义"的概念，认为这是那次会议上最不幸的结果。欧肯拒绝任何"主义"标签。参见 Lüder Gerken und Andreas Renner, *Walter Eucken und sein Werk: Rückblick auf den Vordenker der sozialen Marktwirtschaft*, Mohr Siebeck, 2000.

来的。德国的新自由主义因其重视秩序学说而被称为秩序自由主义。而秩序自由主义的得名，又与弗莱堡学派有关。[1]这些秩序自由主义者强调需要有一个"强大的国家"来建立和维持一个竞争秩序，但反对国家积极干预经济过程。

五是，历史上业已存在社会市场经济的一些成分，也为德国西部接受社会市场经济创造了条件。

在魏玛共和国时期、甚至在纳粹统治时期，已经存在一些社会市场经济的成分。比如，二战之前的魏玛共和国，采取自由放任的资本主义体制。俾斯麦还通过立法建立了世界上最早的工人养老金、健康和医疗保险制度、或社会保险。比如，1883年6月，帝国议会通过了《疾病保险法》。规定：凡年薪2 000马克以下的农业工人、仆役、小学和家庭教师、剧场雇工、船员以及从事家庭工业者都必须进行强制保险。保险费由雇主和雇工共同筹措。基金由雇主和工人两方代表管理。保险内容包括免费诊治、医疗护理、死亡丧葬费和养病费。

无论是魏玛时期还是在纳粹时期，企业的私人产权和契约自由基本上得到了尊重。在第三帝国，人们往往认为工业企业的私有财产只是名义性的。然而，研究表明这种看法是不正确的，因为纳粹时期国家主要对犹太人实行种族灭绝的政策，并对企业实行很多配给和许可制度，但企业仍然有足够的空间决定自己的生产和投资。即使涉及与战争有关的项目，合同自由也总体上得到尊重。政府不是动用其强制权力，而是提供若干种类备选的合同，供企业自行选择。这种政权行为背后存在着若干动机，其中包括当权者有着认为需要利用私有财产所能提供的高效率这样的信念。[2]

六是，德国存在的"讲秩序"和"有组织性"的文化或国民性

---

[1] 弗赖堡学派的创始人欧肯和伯姆于1948年创办了《秩序年鉴》(Ordo)，用的就是"Ordo"一词，即"奥尔多秩序"。

[2] Christoph Buchheim and Jonas Scherner,*The Role of Private Property in the Nazi Economy: The Case of Industry*, 2009,November 1.

格，与不同的体制结合，会有不同的结果，均能发挥较大的效能。
德国人讲"秩序"和"有组织性"，这种文化或国民性格在普鲁士
时期就比较明显。它既可以与纳粹体制结合，[1] 也可以与市场经济
相结合。

二、社会市场经济的构想

社会市场经济的基本原理就是把市场自由同社会平衡结合起
来，通过市场对经济过程进行基本协调。一旦市场过程产生不合
社会愿望或不合理的结果，国家就要进行纠正性的干预。但是，
这种干预不是积极的干预，需要遵循与市场一致的原则。不过，
这样一来，社会市场经济表现为一种介于自由市场经济和集中管
理经济之间的混合体制。按米勒-阿尔马克的话，"我们提出社会
市场经济，以表明这第三种经济形式。这意味着……市场经济作
为未来经济制度基本框架是必不可少的，但它不是自由放任的自
由市场经济，而是被有意识地加以调节的、而且是由社会进行调
节的市场经济"。[2] 不过，这种所谓的混合体制，是否等于斯蒂格
里兹所讲的"混合经济"？答案是否定的。斯蒂格里兹认为所有经
济都是"混合经济"，社会市场经济是市场经济。"混合经济"论
是不讲原则的，把市场经济与非市场经济体全部包括在内。市场
经济则奉行一套原则，包括维护个人基本权利、私人产权、开放
市场等原则。如果按此衡量，德国是市场经济，我国则仍有差距。

---

[1] 著名诺贝尔经济学奖获得者弗里德里希·奥古斯特·冯·哈耶克（Friedrich August
Hayek）在《通往奴役之路》一书中曾经强烈批评德国人的有组织性。根据他的看
法，德国人尊奉"组织"，英国人崇尚"自由"，两者代表了两种不同的思想理念。
他还认为，德国人的有组织性是纳粹主义的温床。参见 Hayek, Friedrich August, *The
Road to Serfdom*, London: G. Routledge & Sons, 1944.

[2] Alfred Müller-Armack，"Wirtschaftsordnung und Wirtschaftspolitik"，*Studien und
Konzepte zur sozialen Marktwirtschaft und zur europäischen Integration*. Rombach,
Freiburg; Haupt, Bern/Stuttgar,1976.

德国的秩序自由主义提供了社会市场经济构想的理论基础。社会市场经济在实践中的代表同秩序自由主义的代表人物（如欧肯、伯姆、勒普克、罗斯托等），在对纳粹德国战时经济社会主义的国家调节的评价存在很大的差距。但是他们都认为古典的经济自由主义虽然认识到了竞争的效力，但是对企业集中的趋势和社会问题考虑得太少，国家必须有意识地创造经济运行的制度框架。[1]

在现实政策中，社会市场经济在何种程度上得到了实现，它是否经受住了考验呢？在实行这一构想大约十年以后，1959 年，米勒－阿尔马克自己作出了这样的评价：[2] 在秩序方面，由于受到外贸、资本以及住房市场和农业经济等领域中一些紧迫的特殊因素的影响，这一设想起初没有完全实现。大量的国家干预不是教条式地进行的，但是这些干预也没有从根本上影响市场经济的本质和运行能力。

联邦德国在不同历史阶段，社会市场经济的内涵也不一样。现在的学者往往把高税收高福利当作为德国社会市场经济的组成部分，但实际上在其社会市场经济的早期阶段，德国并非高税收高福利政策。联邦德国首任经济部长艾哈德写了一部书 "Wohlstand für Alle"，即《大众的福祉》或者《共同富裕》，明确反对福利国家，主张通过竞争来实现繁荣。[3] 随着时间的进展，社会市场经济的内涵是不断变化的。尤其是经过较长时间的人均 GDP 高速发展之后，其内涵发生了较大的变化。在政党竞争环境中，每个政党都倾向于向选民做出尽量多的承诺，但兑现承诺的成本往往需要

---

[1]　H.D. 哈尔德斯，F. 拉姆耶尔和 A. 施密特，《市场经济与经济理论——针对现实问题的经济学》，中国经济出版社 ,1993。

[2]　哈尔德斯等，1993，同上。

[3]　正因为如此，其英译文题目为 "Prosperity through Competition"，即《来自竞争的繁荣》，这也是商务版中译本的书名。不过也有一个中译本取其名为《大众的福利》，则是走向了艾哈德原意的反面。参见 :Erhard, Ludwig, *Prosperity Through Competition*, New York, Frederick A. Praeger, 1958；艾哈德－路德维希，《来自竞争的繁荣》，商务印书馆，1983；艾哈德－路德维希，《大众的福利》，武汉大学出版社，1995。

通过税收或者负债加以弥补，最终酿成福利国家负担过重的问题。目前的德国社会市场经济仍处在不断调适当中，比如推行劳动力市场的灵活化，减少社会福利负担。

不同的时期，有着不同的基本条件，社会市场经济的具体型构也不一样。因此，社会市场经济可以分为不同的阶段。第一阶段大致为 1948—1966 年。在该时期，德国克服了初期困难，并成功实现了社会市场经济的原则和要素。[1]

第二阶段大致为 1967—1978 年，属于凯恩斯主义经济政策阶段。[2] 比如 20 世纪 50 年代末以来，德国的基本条件发生了变化。米勒－阿尔马克提出了"社会市场经济的第二阶段"。[3] 经济复兴的成就并未导致民众的满足，反而唤起了新的不安定和社会不满。这种新的不满是因为出现了新的社会问题，因而社会市场经济第二阶段的政策重点就是解决这些新问题：更高的人力投资、为独立业者创造较好的开业机会、更人道的劳动条件、更有力地促进财产形成、改善环境等等。导致社会新不满的另一个更深刻的原因，在于整个社会缺乏一致的价值标准。[4]

上述社会市场经济设想的代表人物在 1960 年大选中落选，离开了政治领导层。政府转向多党联盟和当时经济衰退使经济政策转向了新的方向。新政府在当时的经济部长席勒的领导下，集中力量实现国家对经济的宏观调控，实现了凯恩斯主义经济政策。[5] 在 1966 —1967 年的反衰退中，国家的宏观调控起初成果显著。但是在受到 1973—1974 年和 1979—1980 年两次石油危机影响的 70 年代，凯恩斯主义的国家调控未能保证充分就业和价格

---

[1] 科瓦斯·弗里敦，"社会市场经济：导论"，《社会市场经济辞典》，复旦大学出版社，2004，第 236 页。

[2] 科瓦斯，同上。

[3] Alfred Müller-Armack，同上，第 276 页。

[4] 哈尔德斯等，同上。

[5] 哈尔德斯等，1993，同上。

水平稳定这两个目标持续实现。

社会市场经济的第三阶段大概为 1979—1989/1990，是推行供给方经济学的经济政策的年代。[1]20 世纪 70 年代是以所谓滞胀（即失业和通货膨胀的同时提高）为特征的。需求导向的宏观调控的失灵，又使经济政策的重点转移到供给方面，采取供给方经济学的经济政策。

社会市场经济的第四阶段是从 1990 年起到现在，两德统一之后德国调整社会福利政策，试图重建经济自由与社会平衡之间的关系。这一过程基本上一直没有结束。

社会市场经济的设想在不同时期不是不变的，但是具体的变化很难确切说明。虽然大多数人都赞同社会市场经济，对它的解释和理解却并不完全。根据它的奠基人的说明，社会市场经济是一种经济社会的理想模式，因而社会市场经济的概念不能等同于联邦德国的具体经济秩序。联邦德国的经济制度更多地是一种把这一理想模式运用于实践的尝试。[2]

三、社会市场经济的基本框架和原则

（一）基本法规定

德国的《基本法》里甚至没有明确规定其经济体制将是"社会市场经济"。但是，整个基本法为依照社会市场经济设想实现这样一种经济宪法铺平了道路。[3]只是 1990 年 5 月 18 日的两德统一文件《关于联邦共和国与德意志民主共和国建立货币、经济

---

[1]　科瓦斯,2004，同上。

[2]　哈尔德斯等,1993，同上。

[3]　Horn, K. I., *Die Soziale Marktwirtschaft : alles, was Sie über den Neoliberalismus wissen sollten*, FAZ-Inst. für Management, Markt und Medieninformationen GMbH,2010.

与社会联盟的条约（国家条约）》才明确规定提到在东德地区引入社会市场经济。并将社会市场经济视作为"东德地区进一步推行经济和社会发展、同时兼顾社会平衡、社会保障以及环境责任的基础"。[1]

1949 年颁布的《德意志联邦共和国基本法》，并未对一定的经济制度做出规定，没有明确一定要推行一种"社会市场经济"。有关基本法对经济制度的看法有两种：其一认为基本法在德国选择经济制度问题上是保持中立的，其二认为基本法中的一些规定排除了特定的经济制度。[2] 很明显，第二种看法比较合理。

基本法通过对一些基本原则的规定，框定了德国能够推行的经济体制。基本法的一些原则性的规定其实既排除了中央管理经济也排除了纯粹自由放任的市场经济。[3] 许多条款实际上禁止了推行两种经济体制。

比如，基本法规定了众多的个人自由权利，包括保障个性的自由发展，保障个人的自由结社权、自由迁徙权、职业自由权和私有权等等。纯粹的中央管理经济是与这些权利水火不容的。

基本法也排除了纯粹自由放任的市场经济制度。基本法规定，德国是一个"社会的联邦制国家"、"社会的法制国家"。第 109 条第 2 款规定，国家预算必须考虑宏观经济平衡的要求。第 14 条的第 2 款和第 3 款，强调财产所有者的社会义务。第 2 款规定，"财产应履行义务。财产权的行使应有利于社会公共利益。"第 3 款则规定，"只有符合社会公共利益时，方可准许征收财产。对财产的征收只能通过和根据有关财产补偿形式和程度的法律进行。确定财产补偿时，应适当考虑社会公共利益和相关人员的利益。对于

---

[1]　Vertrag über die Schaffung einer Währungs, Wirtschafts und Sozialunion zwischen der Bundesrepublik Deutschland und der Deutschen Demokratischen Republik（Staatsvertrag）vom 18,1990.

[2]　哈尔德斯等，1993，同上。

[3]　哈尔德斯等，1993，同上。

补偿额有争议的，可向普通法院提起诉讼。"。在第 15 条中甚至规定，在一定的前提下，可以将私有财产收归社会所有："土地、自然资源和生产资料用于社会化的目的，可以依据有关补偿方式和补偿范围的法律转为公有财产或其他公有经济形态。补偿办法参照上述第 14 条 3 款的规定。"不过这些貌似"雷人"的财产义务规定，需要与第 14 条第 1 款的财产权和继承权规定对起来分析，才能把握基本法对私人财产权的保障程度。第 1 款规定："保障财产权和继承权。有关内容和权利限制由法律予以规定。"从总体上，基本法保障个人的财产权，但要求其履行义务，承担责任。

因此，基本法所要求的是一种介于纯粹市场经济和纯粹中央管理经济之间的经济制度。社会市场经济体现了这些规定，这说明联邦德国的经济制度是同基本法一致的。

（二）原则

基本法所规定的所有的基本权利和基本的秩序原则，可以被看作是德意志联邦共和国经济和社会秩序的宪法基础。[1] 与此一致，德国的社会市场经济构想体现了四大基本原则，即竞争原则、社会原则、稳定经济的原则以及与市场一致的原则。[2]

一是竞争原则：把竞争作为社会市场经济体制的基础。竞争促进创新，创造财富，带来繁荣。[3] 为了减少对竞争的限制，国家必须创立和实施竞争的规则，对垄断、寡头和卡特尔进行监督和控制。竞争原则强调维持竞争秩序，其核心原则包括维护一个有运作能力的价格体系、币值稳定、开放的市场、私人产权、契约自由、责任（经济主体为其自身的投入和行为承担责任），以及经济

[1] 席勒·阿尔弗雷德与汉斯 – 京特·克吕塞尔贝格，《秩序理论与政治经济学》，山西经济出版社，2006。

[2] 哈尔德斯等，1993，同上。

[3] Erhard, Ludwig ,1958,同上。

政策的前后一致性。[1]

二是社会原则：市场竞争本身就在实现着社会的功能。比如欧肯认为，竞争秩序本身就能解决一大部分的社会不公平问题，因为大量生产要素的投入者通过市场及其竞争秩序获得回报。这种回报是符合人的尊严的，是"社会"的。又如米勒－阿尔马克认为，"面向消费者的需要，已经意味着市场经济在承担一种社会作用……在同一方向上，竞争体制保证和促进劳动生产率不断提高。"[2]虽然有效的竞争政策可以避免市场权力引起的收入分配的紊乱，但是国家可以发挥提供辅助性支持的作用，在社会政策的范围内，通过社会救济、保险、津贴等形式进行再分配。[3]

三是稳定经济的原则：有效的竞争政策被看作是价格稳定的重要前提。货币的稳定有利于稳定投资者和消费者的预期，保证市场的有效运行能力，避免社会冲突。在国家预算收支大体平衡和货币政策适宜时，价格水平的稳定可以同较高的就业水平并存，主要应该依靠对应的货币政策措施来平息经济发展的波动。[4]根据欧肯的观点，相对于财政政策，货币政策具有首要性，其着眼点在于币值稳定。[5]

四是与市场一致的原则：这一原则适用于一切国家措施。国家的措施要尽可能同市场一致，即与市场经济的框架条件和基本原则保持一致。[6]应尽可能少地干扰市场过程，特别是价格的形成。

根据欧肯的观点，若要遵循与市场一致的原则，过程政策即国

[1] Eucken, Walter, *Die Grundlagen der Nationalökonomie*, Vierte Auflage, *Gustav Fischer*, Jena,1944.

[2] Alfred Müller Armack,1976, 同上。

[3] 哈尔德斯等，1993，同上。

[4] 哈尔德斯等，1993，同上。

[5] Eucken, 1944, 同上。

[6] 参见"Marktkonformität", in: Gabler Wirtschaftslexikon, http://wirtschaftslexikon.gabler.de.

家干预政策应遵循三条原则[1]：

　　• 国家必须限制利益集团的权力；

　　• 所有的国家干预必须面向维护经济秩序，而不是面向市场过程；

　　• 经济与社会方面的干预政策必须是系统性的，而不能是特定性（ad hoc）的或者选择性的（selective）。

（三）国家建立与维护一个竞争秩序

　　德国社会市场经济之父们参照了欧肯有关竞争秩序的基本构想。在实际运作中，德国的竞争秩序与欧肯的程序取向的基本构想有着较多的偏差，增加了很多结果取向的成分。但是德国社会市场经济的竞争秩序构架仍然总体上体现了欧肯有关竞争秩序的构想。

　　欧肯的竞争秩序也称"奥尔多秩序"（Ordo）。"Ordo"来自于中世纪基督教社会伦理的教义。"奥尔多秩序"（Ordo），是指一种"合乎人和事物的本质的秩序。它是一种其中存在着度和均衡的秩序"，一种"本质秩序"，或者"自然秩序"。对于欧肯，"奥尔多秩序"是一种竞争秩序，这种竞争秩序是一种"有运行能力的、合乎人的尊严的、持久的秩序"，是一种有用的、公平的秩序。它也是一种规范性的秩序，值得人们去争取。[2]

　　根据范伯格的解释，"奥尔多秩序"体现了两层含义[3]：其一，这一秩序是指一个法律面前人人平等的、没有特权的秩序，是合乎人类尊严的，也即合意的；其二，这一秩序作为市场竞争秩序，是一种符合辖区内所有成员可达成一致同意的立宪利益的经济宪

---

[1]　比较麦杰·盖瑞特，"导言：市场经济的制度基础"，《经济研究杂志》，1994，第21卷，第4期，第3—4页。

[2]　Eucken, Walter, 1944, 同上，第288页。

[3]　范伯格·维克托尔，"秩序政策的规范基础"，《秩序自由主义：德国秩序政策论集》，中国社会科学出版社，2002，第26—47页。

法，这种秩序所内含的市场竞争设想指的是"绩效竞争"，只有"绩效竞争"才体现消费者主权原则，符合（布坎南意义上）辖区内所有成员可达成一致同意的立宪利益，具有运作效率。在此，立宪利益是指关系到他们想生活其中的规则秩序种类的利益。

欧肯的经济政策理论首先着眼于区分经济秩序同经济过程之间的差别。所谓经济秩序是指经济活动在法律上和体制上的框架，而所谓经济过程则是指经济行为者的日常交易过程[1]。在此基础上，欧肯区分"秩序政策"和"过程政策"。所谓"秩序政策"，是指国家必须确定经济主体都必须遵守的法律和社会总体条件，以便使一个有运作能力和符合人类尊严的经济体制得到发展。国家必须为竞争秩序确定一个框架，并不断保护这个框架。在保证自由进入市场和防止垄断行为的条件下，市场过程的参与者可以自主作出决策。同时，市场则把各个市场参与者的计划协调成一个国民经济的整体过程[2]。因此，秩序政策是所有那些为经济运行过程创造和保持长期有效的秩序框架、行为规则和权限的有关经济法律和措施手段的总和[3]。

所谓"过程政策"，是指在既定的或者很少变化的秩序框架和国民经济结构下，所有那些针对经济运行过程本身所采取的，并能影响价格—数量关系变化的各种国家干预调节措施的手段的总和。[4]

在自由放任制度下，国家既不确立经济秩序，也不干预经济过程，而在中央计划经济中，国家则左右经济秩序和经济过程。根据欧肯的观点，竞争性制度不同于上述两种制度。政府避免直接干预市场过程，但它必须通过政治制度，确保竞争秩序的构成原

---

[1]　陈秀山，《现代竞争理论与竞争政策》，商务印书馆，1997，第131页。

[2]　克劳斯，维利，199，同上，第16、23页。

[3]　比较陈秀山，1997，同上，第131页。

[4]　这三个定义均见陈秀山，1997，第131页。陈把"秩序政策"（Ordnungspolitik）译成"制度政策"，本文则采用"秩序政策"译法。

则的实现，从而建立起"经济的秩序"。[1]根据欧肯，竞争秩序的这些构成原则包括[2]：

- 一个有运作能力的价格体系；
- 货币稳定；
- 开放的市场（进入和退出的自由）；
- 私人产权；
- 立约自由；
- 承担义务（即个人对其承诺和行动负责）；
- 经济政策前后一致。

这七项构成性原则都在德国早期的社会市场经济中得到了体现。其中第一项是其他六项原则的核心，这六项原则围绕着第一项原则，呈现出一种"众星拱月"的格局。这里还需要注意的是，欧肯那时所强调的竞争秩序，从字面上看涉及"完全竞争"，但涵义上不同于新古典经济学上的"完全竞争"。正如范伯格上文所述，欧肯所指的是绩效竞争的秩序。

社会市场经济也强调政府推行欧肯所指的"过程政策"。"过程政策"包括货币政策、财政政策、收入政策等。在这两类政策领域，秩序政策的地位要高于过程政策。过程政策是为秩序政策服务的，要奉行与市场一致的原则（principle of market conformity）。过程政策是一种最低程度的政府干预，目的在于纠正竞争扭曲，重新为竞争打通道路。

欧肯认为，竞争秩序还需要包括一套调节原则。对于欧肯，这些调节原则是辅助性的。它们包括[3]：

- 垄断控制（为了使权力分散而反对垄断）；

---

[1] 莫尔斯伯格·约瑟夫，"瓦尔特·奥伊肯"，《新帕尔格雷夫经济学大辞典》，经济科学出版社，1996，第 211 页。

[2] 柯武刚、史漫飞，《制度经济学——社会秩序与公共政策》，商务印书馆，2000，第 386—387 页；莫尔斯伯格，1996，同上，第 211 页。

[3] 梁小民，1996，同上，第 12 页；莫尔斯伯格，1996，同上，第 211 页。

- 社会政策（收入与财产的再分配）；
- 过程稳定政策（稳定经济过程）；
- 针对不正常供给的政策（如在萧条时期推行最低工资）；
- 经济核算（指个人与社会成本的均等化，或者说社会成本的内部化）。

上述各项构成原则和调节原则本身是一种运作良好和维护人的尊严的竞争秩序的必要条件。但只有将它们搭配使用、融为一体才形成一种竞争秩序的充分条件。[1]

根据欧肯的观点，在政策设计上，除了要注意秩序政策相对于过程政策的优先性之外，还要考虑子秩序（suborder）之间的相互兼容性。后者的着眼点在于相互依存的市场间在秩序框架上的相互依赖性。这要求不仅产品市场和要素市场应受制于相似的竞争自由，而且社会政策、经济政策和法律政策之间也应相互兼容。举例而言，如果劳动力市场中的子秩序与产品市场中的子秩序不兼容，比如产品市场处于自由竞争状态，劳动力市场则受到高度管制，这就会引发代价高昂的矛盾，如出现扭曲的相对价格。这样，受高度管制的劳动力市场可能使得生产无利可图，从而导致就业机会的减少。[2]

这些就是最初的社会市场经济的构想和一些理论基础。联邦德国社会市场经济的发展和直至20世纪60年代的德国经济政策，没有秩序自由主义的影响是不能想象的。

四、社会市场经济的一些调节机制

社会市场经济的运作需要一些调节机制，反映维护一个竞争秩序所需要的一些调节原则。这里有必要总结和分析经济、货币、

---

[1]　席勒等，2006，同上。

[2]　柯武刚、史漫飞，2000，同上，第384—387页。

劳动力与社会领域的一些重要调节机制。

（一）经济与货币领域的一些调节机制

在各个阶段，现实中的社会市场经济含有市场和计划的因素，进一步的调节机制在这两方面是分不开的。但其市场经济的框架是明确而稳固的。国家建立和维持一个竞争秩序，这个竞争秩序的构成性原则是确定的、制度化的，属于社会市场经济的最重要支柱。

除了竞争秩序的构成原则之外，该秩序还需要依照一定的调节原则进行调节。在经济与货币领域，最重要的调节机制包括：反垄断体制、国家的宏观调控、联邦银行和欧洲中央银行体系以及国际经济关系的制度安排。

由于存在这些协调机制，如果从不把竞争秩序的构成性部分作为经济体制的支柱角度去看，联邦德国的经济制度在系统上是一个混合体制。但是，如果把竞争秩序作为支柱来看，那么它是一种市场经济。

1. 反垄断体制

垄断控制是社会市场经济中竞争秩序的首要调节原则之一。竞争制度是社会市场经济的核心。德国的秩序自由主义者看到德国二战前和战时卡特尔化比较严重，私人权力被滥用问题较大，因此，反卡特尔成为德国秩序自由主义者所关注的焦点之一。按照秩序自由主义学派的见解，在自由竞争中，由于企业趋向于追求更高的和更保险的利润，竞争会导致垄断，垄断反过来使竞争受到遏制而失去效力。因此，他们提出由国家来建立和维持一个竞争秩序。这种看法与美国的芝加哥学派的思想遥相呼应。但是它与奥地利学派的思想有抵触。根据奥地利学派代表人物之一米塞斯（Ludwig von Mises）的观点，除了采矿业之外，在其他经济领域，只要开放市场，在长期垄断就不可能存在，因为会有新的市场进入者由于看到利润机会而进入。[1] 其意蕴是从长期看，不需要反垄断。哈耶克（Friedrich August von Hayek）认为，存在两类垄断，一类是画地为牢的垄断（intrenched monopoly，即"行政垄断"），一类是基于更大效率的垄断。[2] 对于前者的代价，超过了必要，但后者并无坏处，因为十分可能的是，一旦一个提供相同或类似商品或服务的企业具有了更高的效率，垄断会消失或者被迫调整，以适应市场条件。很明显，哈耶克也持有在长期不存在垄断的观点。秩序自由主义者不想等待到长期的必然去垄断化，而是着眼于中短期的反垄断操作，同时达致短期、中期与长期的无垄断。

联邦德国保护竞争的法律主要是 1957 年颁布的《反限制竞争法》。这个法律的前身是艾哈德在 50 年代初颁布的"经济基本法"。《反限制竞争法》被很多经济学家视为德国的经济宪法。到目前为止，该法已经经过了多次修正。最新修正完成于 2011 年 12 月。

随着《反限制竞争法》的颁布，德国设立了联邦卡特尔局，在各州也设立了卡特尔管理机关。20 世纪 50 年代，人们把完全竞争的理论设想看作是竞争政策应实现的理想状况。在 60 年代，人们越来越对充分竞争的可行性持怀疑态度。"可行的竞争"成为指导竞争政策的理想模式。从这时起，多头竞争的市场被看作最佳的市场结构。这一发展是在应用理论模型过程中的适应性调整，这是因为：一是有关产品的信息不是完备的；二是不是所有市场都存在大量的供给者（比如市场资料市场）或者大量的需求者（比如卫星服务市场）；三是产品往往有差异性，不是均质的。

---

[1]　von Mises, L., *Liberalismus*, Fischer,1927. 不过，其实根据现在的制度和技术发展，采矿业也不需要垄断经营，是竞争性领域的组成部分。另外，现在微观经济学已经纳入在长期不存在垄断的看法，而且认为：如果存在潜在的进入者，垄断者也会因为竞争压力而有降价的倾向，其定价就会倾向于低于最搞垄断定价，介于最高垄断定价和竞争性市场价格之间；而潜在进入的威胁越大，定价越是接近竞争性市场价格。

[2]　Hayek, F. A. v., *Individualism and economic order*, Routledge & Kegan,1952.

《反限制竞争法》的核心是第1条，基本禁止卡特尔。人们通常把卡特尔理解为企业之间通过协议和条约限制相互间的竞争。比如价格卡特尔通过协议确定价格，来稳定和提高利润，而份额卡特尔通过互相协商，就销售额的分配达成协议来减少价格波动的风险。[1]《反限制竞争法》规定了许多例外的情况。比如，在一定条件下可以允许专业化卡特尔和合理化卡特尔等。又如，联邦经济部长出于整体经济全局和公共利益等原因，也可能批准卡特尔。尽管在充分竞争的理想蓝图中卡特尔严重地影响竞争，对卡特尔的禁令并没有完全实现。此外，有一些重要的部门不在卡特尔管理局的管辖范围内，《反限制竞争法》第99至103条规定了如下部门：交通运输业、农林业、煤矿开采业、冶金业、信贷和社会保险业、电力、煤气和水力等。由此可见，禁止卡特尔的一般规定存在许多漏洞。

1973年《反限制竞争法》修正案对以前的规定进行了一些不彻底的补漏，同时开始实行对企业合并的监督。目前，《反限制竞争法》包括以下的内容：禁止与监督卡特尔，反对滥用市场支配地位、监督企业合并、竞争当局的组织和行政程序以及政府采购。德国的《反限制竞争法》受到欧洲竞争法规的影响。比如，如果限制竞争的行为影响到欧盟成员国之间的贸易，那么将受制于欧盟竞争法规的辖制。

2. 宏观调控体制

在20世纪60年代，人们普遍认为，政府还应维护经济稳定。德国在1967年经济衰退时期颁布了《促进稳定与增长法》（简称《稳定法》）。这一法律实际上试图用"开明的市场经济"

---

[1]　哈尔德斯等，1993，同上。

（aufgeklärte Marktwirtschaft）来替代社会市场经济。[1] 它使得国家有义务推行凯恩斯主义的稳定政策，即著名的反周期的财政政策。[2]《稳定法》第 1 条规定，"联邦、各州和社区在采取经济和财政措施时，要注意宏观经济平衡的要求。这些措施必须在市场经济体制的范围内，有利于保持适度的增长速度，实现价格水平的稳定、高就业与外贸平衡。"《稳定法》的逻辑是，经济稳定被视为平衡宏观经济发展的结果。[3] 具体而言，该项法律试图通过实现以下四大经济目标来实现经济稳定——价格水平稳定、充分就业，外贸平衡和持续适度的增长率。但是，这四大目标从未同时实现过。因而人们常把这四大目标称作"神秘的四角"，表示这四大目标之间关系的复杂性，难以同时实现。[4]

联邦德国经济政策的承担者是联邦、各州和社区。根据《稳定法》，联邦政府在每年一月份提交一份年度报告，这个报告的内容包括应努力达到的经济目标的数量指标，计划采取的经济政策和财政政策。在宏观经济目标可能受到损害时，《稳定法》提供了许多可供采用的财政工具。国家的财政手段分为两类：改变一国总需求的支出变量和以税收为主的收入变量。

宏观调控也需要政府和主要经济联合体采取一种"协调一致的行动"（konzertierte Aktion）。其理念是，联邦政府应提供必要的指导性参数和财政政策支持；地方政府、工会和企业联合会为实现《稳定法》第 1 条提出的目标，要同时调整各自的行为；联邦银行保证币值稳定；经济鉴定专家委员会（"五贤人委员会"）提

---

[1]　瓦特林·克里斯蒂安，"全面经济调控和收入政策——对《促进经济稳定和增长法》的考验"，《秩序自由主义》，中国社会科学出版社，2002，第 432—445 页。卡尔·席勒（Karl Schiller）担任经济部长之初，推进了《促进稳定与增长法》的立法，由此引入了凯恩斯主义全面调控政策。这种推行凯恩斯主义经济政策的"统制经济"被他称为"开明的市场经济"。

[2]　哈尔德斯等，1993，同上。

[3]　同上。

[4]　同上。

供独立经济鉴定报告。但是，这种"一致行动"并未能经受住时间的考验。这要求对立利益之间的协调和平衡，比如在工会和企业联合会之间，或者在不同的州或者市镇之间。但是很好维持和实现这种协调和平衡。比如，工会感到劳资合同自治受到了限制，从 1977 年起拒绝出席协商会议。

在 20 世纪 70 年代，宏观调控操作导致了国家债务的迅猛增加。就是在经济发展有利的时期，国家债务的这种增加也未能停止。反周期的财政政策最终不得不停止。[1] 宏观调控乃至全面调控的操作缺乏信息基础，很多决策基于经济学模型。这些模型一般搭建了很多变量之间的粗略联系，需要在很多进一步的假设基础上做出决策。但这这些模型结构与假设难以全面考虑各种政策的时滞，难以准确呈现总体经济的结构和发展。[2] 信息基础的缺乏说明了即便采取宏观调控手段，也要尽量采取比较保守的方案，而不是积极的国家干预政策。[3]

随着国家调控方案的停止，《稳定法》也失去了意义。在对现实经济问题的讨论中，它几乎不再起什么作用。[4] 不过该项法律仍然存在。而且经济鉴定专家委员会也在继续发挥作用。

目前，德国政府致力于精简财政支出，控制国家债务，在欧盟国家中属于样板。根据联邦统计局的统计，2011 年德国政府的赤字率只有 1%。

3. 中央银行体制

1999 年引入欧元之前，德国联邦银行是德国的中央银行，也是其货币发行银行。引入欧元以后，联邦银行是欧洲中央银行体系的组成部分，这样欧洲中央银行成为德国的中央银行，联邦银

[1]　哈尔德斯等，1993，同上。

[2]　瓦格纳·阿道夫、扎比内·克林格尔，"经济周期政策"，《社会市场经济辞典》，复旦大学出版社，2004，第 146—147 页。

[3]　瓦格纳等，同上。

[4]　哈尔德斯等，1993，同上。

行成为其分支。无论是在引入欧元之前还是之后，中央银行根据法律必须维护其独立性，必须以维护币值和物价稳定为首任。正因如此，联邦银行和欧洲中央银行的货币秩序符合社会市场经济的要求，确保遵循欧肯所要求的货币政策的优先性。[1]

联邦银行根据 1957 年《德国联邦银行法》（下称《银行法》）设立。1999 年之前，德国货币政策和信贷政策的真正决策者是中央银行委员会，它是联邦银行的最高决策机关。委员会由理事会和各州中央银行的行长组成。中央银行委员会和理事会主席是联邦银行行长。理事会作为行政机关执行中央银行委员会的决议。只有联邦银行有权发行纸币。这种纸币是联邦德国唯一的无限法定支付手段。联邦银行的主要任务为："根据本法律授予的货币金融权限，以稳定货币为目的，管理货币流通和信贷供应，清算国内外的银行支付往来"（《银行法》第 3 条）。联邦银行货币和汇率政策的优先目标是维护币值稳定。联邦银行币值稳定将它理解为国内价格水平的稳定和德国马克对其他国家的外部价值和购买力的稳定。[2]

对于联邦银行来说，《稳定法》提出的四个经济目标中，价格水平的稳定具有优先的意义。这是因为币值稳定是联邦银行的货币政策目标。为了避免通货膨胀，联邦银行致力于使货币数量的增长同潜在生产能力的中期增长预期相一致。如果经济状况已经带有通货膨胀，联邦银行在制定货币数量目标时要考虑不可避免的物价上涨率。但是要逐渐减少这一附加量。[3]

联邦银行也不能仅仅致力于稳定价格水平这一个经济目标。它也有义务支持联邦政府的一般经济政策（《银行法》第 12 条）。因此，联邦银行对实现《稳定法》规定的其他经济目标也共同负有

---

[1] 柯尼希·雷纳，"德意志联邦银行，欧洲中央银行"，《社会市场经济辞典》，复旦大学出版社，2004，第 65—66 页。

[2] 哈尔德斯等，1993，同上。

[3] 同上。

责任。然而，联邦银行在行使自己的职权时，独立于政府的指示（《银行法》第 12 条）。在发生目标冲突时，特别是在充分就业与价格水平的稳定之间出现矛盾时，联邦银行的货币与信贷政策必须优先维护价格水平的稳定。这时就与国家的财政政策会发生冲突。[1] 不过联邦银行的这种使命设定恰恰体现了其作为中央银行维护货币秩序的重要作用，只有当币值稳定时，货币才能完全实现其经济优势。[2]

与国家的宏观调控不同，联邦银行不能直接调控宏观经济的总需求。它只能通过调节商业银行的偿付能力、贷款数量及利息率来影响私人和企业对货币和贷款的需求。在这类信贷和利息政策能有效作用于私人消费和投资决策的前提下，联邦银行可以间接地调节总需求。因此，国家的宏观调控可能由联邦银行来补充，而不是由它主导。而且财政政策与货币信贷政策之间必须保持协调一致。[3]

由于仅仅通过联邦银行的货币信贷政策还不能遏制经济衰退，联邦银行不能推行自己的稳定经济政策。它的目标更多地是通过中、长期稳定货币的政策来促进经济过程的稳定。[4]

1999 年以后，德国马克被欧元取代，欧洲中央银行成为包括德国在内的欧元区的中央银行。联邦银行成为欧洲中央银行的分行。由欧洲中央银行委员会负责货币政策的决策。委员会由央行理事会的 5 名理事和欧元区成员国央行行长组成。有一整套欧洲中央银行体系制度安排和货币制度安排保障欧元的币值稳定，包括：一是以欧洲法即一种国际法的形式保障维护欧洲中央银行、欧洲中央银行体系及其货币政策的独立性。根据法律，欧洲中央

---

[1] 哈尔德斯等，1993，同上。

[2] 科斯特斯·维姆，"金融制度"，《社会市场经济辞典》，复旦大学出版社，2004，第134—135 页。这里的"金融制度"是指"货币秩序"，在这里被误译。

[3] 哈尔德斯等，1993，同上。

[4] 哈尔德斯等，1993，同上。

银行不接受任何欧盟机构和成员国政府的指示；二是欧洲中央银行的货币政策目标为单一目标，即维持欧元区内的物价稳定，所采用的物价稳定的数量指标是区内统一消费价格指数年增长率低于2%；三是货币政策战略以货币供应量目标（原联邦银行模式）战略为主，但吸收了通货膨胀目标战略（英格兰银行模式）的合理因素，因而是一种混合战略。

欧盟的多项条约、公约及政策为维护欧元的币值稳定创造有利的条件，其中包括：一是根据《欧洲联盟条约》，在整个欧盟范围内继续实行经济和法律趋同，为统一货币政策建立良好的宏观经济环境；二是实施《稳定与增长公约》，对各国财政政策及其财政赤字规模做出限制性的制裁规定，确保减轻各国财政政策对欧洲中央银行货币政策的压力；三是通过《阿姆斯特丹条约》，专门增加促进就业的条款，发展滞后地区就业的改善，有助于减轻流动人口压力和经济条件较好国家向经济条件较差国家，提供大规模财政转移支付的压力；四是继续推行区域发展政策、统一农业政策等政策措施。

上述制度和政策安排尽管有利于欧元的币值稳定，但是在具体实施过程中，已加入欧元区成员国放松了对申请新加入欧元区国家的纪律约束，没有严格要求后者在加入欧元区之前实行经济和法律趋同。希腊等国家采取财务上的技术性安排来表面上达到趋同标准。[1] 此外，欧元区国家也没有严格履行《稳定与增长公约》，没有真正实施对各国财政政策及其财政赤字规模所做出限制性的制裁规定。这些做法最终酿成了始于2009年的欧洲债务危机。目前欧洲债务危机还没有过去，欧元的未来还不确定，但这并不是

---

[1] 希腊为了尽可能缩减自身外币债务，与高盛签订了一个货币互换协议。希腊由此减少了自身的外币债务，于2001年达到足够低的赤字率并加入欧元区。根据希腊政府与高盛所签订的协议，希腊就必须在未来很长一段时间内支付给对方高于市价的高额回报。但是，随着时间的推移，希腊的赤字率显然会更高，最后导致了2009年主权债务危机的爆发。

说欧洲中央银行和欧元的制度安排以及相关制度安排有问题，而是恰恰说明了不真正实施这些制度安排的危险性。2012年9月，欧洲中央银行正在计划购买受到债务危机严重困扰国家的债务，甚至计划无限购入其中提出救援申请，并且严格执行所要求的国内政策条件的成员国的债务，这种"量化宽松"政策在一定程度上触犯了欧洲中央银行不得为成员国赤字财政融资的禁忌，影响到其货币政策的独立性。与此同时，美国也可能采取无限购入国债的"量化宽松"政策。美欧的发展到这一步，都与过度福利国家化有关，而正在考虑之中的新"量化宽松"政策，也是一种过度福利国家化的表现，以破坏货币规则、损害货币和经济体的公信力以及最终损害经济体的竞争力和国际地位为代价。

4. 国际贸易与投资

德国推行社会市场经济，就需要遵循开放市场的原则。联邦德国的内外经济制度都是市场经济导向的，它是许多国际经济组织的成员国。其中最重要的有"国际关税和贸易总协定"及其后来的世界贸易组织、"国际货币基金组织"和"欧洲共同体"。

在国际贸易与投资领域，德国西部地区于1961年颁布《外贸法》，废除了此前的外汇管制。《外贸法》第1条规定了对外贸易自由的基本原则：维护"同国外经济区域的商品、劳务、资本、偿付和其他经济往来以及同外国居民的外币和黄金的地区往来的基本自由"。但是《外贸法》也对对外贸易做出了一系列限制性规定，包括关于防止外国有害影响、对货币和黄金流入的规定，保护安全和外交利益的规定，以及大量的专门限制。《外贸法》对于这些专门限制做了必要的说明（第2条），以便尽可能多地保留外贸自由的范围。

一些社会安全、食品安全、环境保护和气候保护规定条款既可能是欧盟层面统一制定的，也可能是德国制定的。它们也构成了对国际贸易与投资的限制。

（二）劳动力与社会领域的一些调节机制

社会市场经济的具体劳动力与社会领域的调节性制度安排较多，其中最重要的包括劳资协定自治、雇员参与制、劳动力市场政策机制以及社会保险与救济机制。

1. 劳资协定自治

在德国劳动力市场上的工资形成中，市场力量和雇主或者雇主协会与工会之间的劳资协定自治制度两者均为影响因素。这种劳资协定自治是德国基本法所保护的结社权的组成部分，不受政府干预的影响。劳资双方就自己的工作与经济条件，集体劳资协议进行谈判的行为也不受反限制竞争法中对卡特尔行为的约束。

雇主或者雇主协会与工会被统称为劳资合同伙伴。在合同伙伴之间的劳资合同谈判中，必须就最低工资达成协议。实际支付的工资只能从最低工资向上偏离。[1] 相较于劳资双方通过谈判自主确定最低工资，法定最低工资制是一个更差的制度安排，因为法定最低工资不是基于当事人双方对工作岗位所产生的边际收益和边际成本的计算，如果定得过高，很容易造成许多工作岗位变得不经济，从而带来失业问题。[2] 但是，劳资合同自主谈判的结果如果使得部分雇员工资提升的幅度超过了劳动生产率的提升幅度，那么在中期（尤其是在新的合同期满之后）也会危及这部分雇员的失业。

这种劳资合同谈判的法律基础，就是1949年颁布、于1969年经过做了修订的《劳资合同法》。《合同法》第2条规定了劳资合同自治制度：劳资合同伙伴双方有权在没有第三方参与的情况下，就工资和其他劳动条件独立地进行协商。合同分为责任部分和形式部分。[3] 责任部分规定了双方的权利和义务。比如双方在履行合同期间必须承担义务保持安定，合同期满后才准许动用双方

---

[1] 哈尔德斯等，1993，同上。

[2] BDA, "Tarifautonomie—Säule der Sozialen Marktwirtschaft", *Argumente*, 2012.

[3] 哈尔德斯等，1993，同上。

各自的斗争工具（尤其是罢工和解雇手段）。根据《合同法》第1条第1款，形式部分包括合同在内容上，以及缔结和结束雇佣关系等方面的特殊约束力，只允许在有利于劳动者的情况下偏离这些规定。合同双方在工资方面的利益是对立的：[1]一方面，工会要求订立尽可能高的工资，以利于劳动者。另一方面，企业主总是力求订立尽可能低的工资，因为订立的工资越高，企业的成本也就越高。在开始谈判时，缔约双方的立场往往相差甚远。在旷日持久的继续谈判中，双方会尽量达成妥协的解决办法。最后达成的妥协究竟更有利于哪一方，取决于双方的力量对比和双方实现各自目标的强烈程度。[2]如果在谈判中不能达成协议，可以由双方都能接受的中立调停者进行调解，或者双方采用各自的斗争工具。工会在一定的前提下可以宣布罢工，企业主以解雇作为对抗性反应。在斗争中，双方都要经受越来越大的损失，直到双方同意接受由对方或由调停者提出的妥协建议。所以，斗争工具是包括在劳资合同自治中不可缺少的要素。[3]由于存在集体劳资协议，并且要求在合同期内履行安定义务，德国工会组织的罢工数量总体上是有限的。2000—2007年期间，德国每1000名雇员的年均罢工天数为5个工作日。与此相反，法国这一指标值为103个工作日。[4]

由劳资合同伙伴签订的合同，最初只对参与缔约的工会和企业主之间的雇佣关系有效。但是根据《劳资合同法》第5条规定，联邦劳动和社会保障部长出于缔约一方的申请，可以宣布这一合同的通适性，从而使得经谈判订立的合同对不在缔约双方组织中的劳动者和企业主之间也同样有效。在极特殊的情况下，即在一个经济部门内不存在可以缔约的双方，也没有通用的声明可以遵守，劳动者的经济需要和社会福利不能得到满足的情况下，1952

[1]　哈尔德斯等，1993，同上。
[2]　同上。
[3]　同上。
[4]　参照德国statistica.com网站数据，2012年9月8日。

年制定的《确定最低劳动条件法》的具体条款可以取代《劳资合同法》而生效。[1]

劳资合同自治总体上存在以下功能：[2] 首先，一方面，面对强势的雇主，它对单个的雇员提供了保护，另一方面，面对强势的工会，它对单个的雇主也提供了保护（保护功能）；其次是它为合作伙伴双方带来了和平，在较长的合同期内避免职业生活受到劳资冲突的困扰（和平功能）。但是，劳资合同自治排除了劳动者之间环绕压低工资的竞争可能性。在没有最低工资制和劳资合同自治的劳动力市场，会存在这种竞争。这种竞争会使得工资处于一个较低的水平，有利于维持更高水平的就业和更大的经济竞争力。劳资合同自治使得劳动力市场以及劳动力工资两者刚性化。部分劳动者的失业应该与此相关。

2. 雇员参与决定制

雇员参与决定权一般被理解为雇员参与企业事务和企业决策的权力。雇员参与决定制在德国是一项重要的经济制度，最早出现在 19 世纪末。德国 1891 年《工商业规程》修正案（Gewerbeordnungsnovelle）增加了"企业可视情况设工人委员会（Arbeiterausschuesse）"的条款。这项条款可视为德国职工参与决定立法的开端。1900 年巴伐利亚州议会针对本州的矿场颁布了第一个有关组建工人委员会的法律规定。1905 年普鲁士政府颁布了在普鲁士的煤矿区义务推行工人委员会制度的法律规定。1916 年德国通过祖国援助服务法，规定在所有对战争有着重要意义的、雇员人数超过 50 名的企业均需要组建工人理事会。1919 年的魏玛宪法首次对工人委员会（Arbeiterraete）做出基本规定。1920 年的企业委员会法（Betriebsrätegesetz）对在社会和人事领域雇员

---

[1] 哈尔德斯等，1993，同上。

[2] 弗里茨·格诺特，"劳资协议法"，《社会市场经济辞典》，复旦大学出版社，2004，第 166—168 页。

如何通过企业委员会这样一种选举产生的利益代表机构参与决定做出了法律规定。1934 年，在纳粹攫取政权之后，《企业委员会法》被取缔，取而代之以《民族劳动秩序法》。后者引入了服从元首的原则。1951 年的《煤钢行业参与法》规定了在股份公司中雇员的参与决定。1952 年《企业组织法》（Betriebsverfassungsgesetz）出台，承接了魏玛共和国时期的企业委员会法的传统。该项法律也规定了在煤钢行业之外推行雇员在资本公司的监事会（承担企业决策职能）中参与决定。该些条款在 2004 年 6 月 30 日之前一直适用。2004 年 7 月 1 日之后，改由第三方参与法对这些安排做出规定。企业组织法最新的一次修改发生在 2001 年，便利了小企业组建企业委员会。

《企业组织法》的内容是雇主同企业委员会的关系，以及工人在企业中的地位。《企业组织法》规定由工人选举企业委员会。这个委员会要在相互信任的合作中，面对企业主代表工人的利益。企业委员会的参与权主要在于社会福利与人事事务，如招工、任用、解雇等。

根据《企业组织法》的规定，在雇主解除各种合同之前，企业委员会要听取有关情况。否则解约没有法律效力。企业委员会的参与权还包括各种与劳动组织和劳动过程有关的问题。对经济义务的参与，由经济委员会承担。经济委员会在超过 100 个雇员的企业中是由企业委员会决定的。对经济事务参与是指听取和了解企业的经济财政状况、生产销售情况以及投资和合理化计划。如果企业可能发生对全体职工不利影响的变动，如企业紧缩、关闭、搬迁和合并，雇员超过 20 人以上的企业主有义务对企业委员会及时和全面地说明情况，就拟议中的变动同企业委员会进行协商。在这种情况下，企业委员会有权要求提供一个包括补偿费、改行的具体措施和搬迁费用在内的"社会福利"计划，以便尽可能减少和补偿由于企业变动使劳动者遭受的经济损失。

当企业内雇主同企业委员会之间出现分歧时，要由一个协调委员会做出决定。协调委员会由数量相同的雇主代表和企业委员会的代表，以及一位中立人士组成。《企业法》除规定了企业委员会的权力以外，也规定了工人的个人权力。包括工人对涉及本人事务的旁听权、查阅本人档案的权力和申诉权。

至少在煤钢行业企业，还实现了工人代表直接参加监督委员会和理事会的决策过程。监督委员会和理事会，是两个最主要的企业机构。所以，这种参与超出了企业委员会的参与权。对不同种类和规模的企业，这种参与是由不同的法律规定的。1951 年的《煤钢行业参与法》对煤钢行业中职工超过 1000 的股份公司有效。

对这些企业，规定了所谓"同等数量参与制"，即持股人的代表与工人代表，按同等数量参加企业决策。这一法律的第 4 条规定，由股份持有人和工人双方各 5 人和一位中立人士组成企业监事会。监事会的成员由全体大会选举产生，但是工方代表要由工方的建议选出。所以，人们也把这种选举叫做证实选举。监事会中的中立人士，既不得在这一企业工作，也不得同这一企业有经济利益联系。他根据其他 10 位监事会成员的建议选出。在表决票数相等时，他要保证不出现僵局。在劳资双方意见不一致时，他的一票便有决定性意义。这种格局似乎非常不有利于维护资方的利益。由于资方承担着全部投资风险，由中立人士来投票做出最终决定似乎使得资方承担了进一步的投资风险。

监事会的主要任务是聘任企业的理事会，理事会实际上承担着原来的企业主的职能。《煤钢行业参与法》规定，由权力平等的理事会成员聘任经理，但须得到工方代表的多数票赞成，即工方代表有否决权。劳动经理虽然行使企业主的职能，但也应得到工方的信任。属于他的工作范围的，主要是人事和福利事宜。

1956 年的《参与决定补充法》以更缓和形式，把煤钢行业参与决定制推广到了煤钢行业的控股公司，不管它们是否是煤钢行业企业。对于职工人数超过 2000 人，有自己的法人资格，但不属于煤钢行业参与制范围内的企业，1976 年颁布了《参与决定法》。

这一法律是出于工人和工会的压力，经过旷日持久的艰难争论后形成的。[1]

按照《参与决定法》，有关企业的监事会成员的总数，由数量相等的劳资双方代表组成，监事会成员的总人数，由企业雇佣的职工人数决定。工方代表经初选或复选选出，由工人、职员和从事领导工作的职员共同组成。其中担任领导工作的职员，在利益关系上往往同企业所有者相一致。这样组成的监事会，以 2/3 以上多数选举监事会主席和他的代表。如果两个候选人中的一个不能得到法定多数，资方监事会成员从自己方选出监事会主席，工方代表从自己一方选出主席的代表。这种参与制同煤钢行业的参与制有重大差别：如果监事会内部表决票数相等，不是中立人士，而是监事会主席的第二次投票有决定性意义。所以在劳资双方有分歧时，总是资方的意见占上风。[2] 这种安排有着重大的意义，因为这样能够确保资方的根本利益不会被劳方"劫持"，由此保障资方组织投资、生产和经营的正向激励。

《参与决定法》也规定了一个主管劳动事务的经理作为权力平等的理事会成员。与煤钢行业的参与制不同的是，这个经理在工方有多数票反对时，仍然可以聘任，工方代表对此没有否决权。[3] 在《参与法》的范围内，工人参与的可能性明显地小于煤钢行业的参与制。所以，工会总是要求提高工人的参与决定范围。[4] 对于不属于煤钢行业的、雇工人数少于 2000 人的企业，适用 1952 年的旧《企业组织法》。这一法律第 76 条 1 款仅规定工方代表占监事会 1/3 的席位。

在德国，雇主和雇员之间已经形成了一种合作文化。二战后人们对是否推行雇员参与决定有过剧烈的讨论。当时的背景是将它

---

[1]　哈尔德斯等，2004，同上。

[2]　同上。

[3]　同上。

[4]　同上。

公有化之外的另一种解决途径加以引入。当时的这种合作可以说是一种"被迫合作"，因为二战之后要求资本和劳动力在制度上紧密衔接。[1]

总体上看，人们对雇员参与决定制度仍有较大的分歧。一种观点认为，雇员参与决定制度不利于企业的德国区位选择，限制了投资者的决策权，使得企业决策复杂化，降低企业的盈利。另一种观点认为，雇员参与决定加强了雇员对企业目标的认同，可以减少或化解劳资双方的利益对立。[2] 一些学者仍然坚决反对雇员参与决定制度，但其结果却总体上有利于德国的经济发展和社会和谐。

3. 劳动力市场政策机制

劳动力市场政策包括公共部门所有调节劳动力市场供求的政策措施。德国的劳动力市场政策包括消极的和积极的劳动力市场政策。消极的劳动力市场政策主要着眼于采取措施在一段时间内减轻雇员及其家庭因为雇员失业所造成的物质损失。积极的劳动力市场政策向失业者提供尤其是非物质的支持，以将其重新纳入劳动力市场，或者采取措施，防止一些就业者陷于失业。在德国，消极的劳动力市场政策涉及失业保险和失业救济，而积极的劳动力市场政策主要依据有关劳动力市场促进的法律。

1998 年前，德国劳动力市场促进政策措施的主要法律依据是 1969 年颁布的《促进劳动法》。该项法律出台之后，经过了多次修订。1998 年，该项法律被社会法典第三卷替代。社会法典第三卷最新的一次修订发生在 2012 年 7 月。

德国的社会法典第三卷（劳动力市场促进）有助于减少劳动力市场的不完全性，但不适用于减少大量的失业。法律规定了一系列劳动力市场政策，其中既有针对现实问题的，也有预见性的，它们

---

[1] 弗里茨·格诺特，"共同决定权"，《社会市场经济辞典》，复旦大学出版社，2004，第 86—87 页。

[2] 弗里茨，2004，同上。

不仅要减少已经出现的失业，而且要尽可能地预先避免失业。[1]

德国政府通过联邦劳动管理局依法推行大量的劳动力市场促进措施（积极的劳动力市场政策）。根据社会法典第三卷，联邦劳动管理局的劳动力市场促进政策的目的在于，阻止失业的产生，减少失业持续时间，并支持培训市场和劳动力市场上的供求平衡。

劳动力市场促进政策可以分为两类：一是劳动力市场政策措施旨在消除，至少是减弱限制市场机制运行能力的劳动力市场的不完全性。为了提高劳动力市场的透明度，联邦劳动管理局提供工作介绍和就业咨询。为了提高劳动力的职业和地区流动性，联邦劳动管理局可以用财政资金促进职业培训、进修、改行培训和资助企业接收工人。[2] 二是劳动力市场政策措施主要服务于维持和创造就业机会。比如，暂时没有力量雇佣全部职工的企业，可以在劳动管理机关申请缩短工作时间，然后有关的劳动者可以从联邦劳动管理局得到所谓"缩短工时补贴"作为补偿，企业主不必承担由于劳动时间缩短而造成的工资成本负担。用这种方法常常可以避免非自愿地解雇合格劳动力的情况发生。又如，联邦劳动管理局的所谓"冬季建筑补助服务于同样的目的：愿意在不利的气候条件下，包括冬季开工的建筑业企业主，可以为由此增加的费用在联邦劳动管理局获得支持。联邦劳动管理局根据气候条件和季节，给予工人"恶劣气候补贴"和"冬季补贴"。

为创造新的就业位置，联邦劳动管理局也资助私人和公共企业建立新的劳动场所。通过这种途径建立的劳动场所，必须服务于公众的利益，没有政府的支持，这种劳动场所只能在将来、或者根本不会建立。由此而创造的就业位置要根据劳动局的分派，由失业者占据。这样一些促进性措施也有不利之处，比如说，企业主只雇佣有国家补贴的劳动力，解雇没有补贴的劳动力。

---

[1] 哈尔德斯等，2004，同上。

[2] 同上。

德国最近最为著名的劳动力市场促进政策为哈茨方案（Hartz-Konzept）。它是德国政府针对失业人口实施救济、培训和促进再就业出台的社会福利改革方案。该方案源于 2002 年 2 月施罗德政府对失业救济方面的社会福利进行改革，当时德国政府组成一个智囊班子，即"劳动力市场上的现代服务"委员会，其主任是彼得·哈茨（Peter Hartz）。这一改革方案因此以"哈茨"（Hartz）命名，从 2003 年 1 月实施哈茨 1 号（Hartz I）方案，以后又不断完善，到 2005 年 1 月年推出哈茨 4 号（Hartz IV）方案。

出台哈茨方案的背景是联邦劳动管理局的工作业绩及其工作人员规模此前被公诸于众：根据统计，当时该局的行政官员人数大约达 85 000 人，但全国工作中介人数只有 15 000 人。

哈茨方案的要旨在于提高劳动力市场政策的效率，并使得失业者自身为自己重合整合入社会做出贡献。比如，哈茨 4 号方案对德国的失业救济和社会救济进行了改革。它把对有劳动能力者支付的失业救济金与社会救济金归并为第 2 类失业救济金，将其限定在一种低于旧有社会救济金的水平之下。旧有的社会救济金名义上低于现在的第 2 类失业救济金，但是有时由于存在来自各社会事务部门支付的各种学校补贴、住房费用补贴、衣着补贴和圣诞节补助等等而在总体上变得高于当今的第 2 类失业救济金。[1]

4 社会保障

德国的社会保障由社会保险、社会救济和其他各种社会支付组成。联邦德国的社会保险系统已有近一百三十年的历史。俾斯麦社会立法的最初目的，是缓和随着工业化而产生的社会紧张关系，为政府赢得工人阶级的支持。在 1883、1884 和 1889 年，分别开始实行疾病保险、意外事故保险、养老和伤残保险。这三类保险

---

[1] Martens, Rudolf , Der Vorschlag des Paritätischen Wohlfahrtsverbandes für einen sozial gerechten Regelsatz als sozialpolitische Grundgröße, Neue Regelsatzberechnung 2006, neue überarbeitete Auflage,2006.

包括在 1911 年颁布的《帝国保险规定》中。它至今仍是社会保险的法律基础。德国又在 1911 年实行了职员保险、1923 年矿工保险、1927 年失业保险。经过不断发展和多次改革，目前德国的社会保险系统对危及生活和生命的风险，如老年、伤残、疾病、失业和意外事故等，提供了多方面的保护。

对于社会保险的规模存在着不同的看法。一些人持反对看法，认为"福利国家"的规模过大，财政负担太重，并因之要求收缩社会保险的规模。另有一些人则认为较低收入阶层的生活还没有得到足够的保障，进而要求推行更大的社会平衡。

德国社会保险的基本原则是个人的风险由集体承担。这同个人承担自己风险的市场经济原则正好相反。[1]大部分德国人都有义务进行社会保险。如果个人收入超过一定门槛，从而不在要求参加义务保险的范围，可以参加自愿的保险。社会保险的主管机构，是自治管理的公法法人，属于"准财政"机构（Parafiski）。社会保险的费用，原则上来自投保人和其雇主交纳的数额相等的保险费。在达到一定的收入界限以前，保险费的数量要随收入提高而增加。独立业者必须自己负担保险费。

从逻辑上看，在德国，雇主雇佣雇员，其所考虑雇员成本已经包括了工资成本和附加工资成本，其中附加工资成本包括了投保人和其雇主交纳的数额相等的社会保险费。雇员边际成本总体上应该不超过雇主从雇员投入工作当中所能获得的边际回报，否则雇主会在中长期通过增加资本来替代边际成本低于边际回报的那部分雇员。在短期，不排除即使在雇佣边际成本超出其边际回报情况下，雇主为了维持生产，从其利润当中转移一部分资金补贴雇员成本。在这种情况下，会表现为雇主边际利润的减少。

德国社会保险制度如果要更多地强化个人责任原则，也是存在现成的国际经验可供借鉴：比如，参照智利模式在医疗保险或者

---

[1]　哈尔德斯等，2004，同上。

养老保险中推行个人公积金制度。智利于 1980 年开始实施以个人账户和私营化经营管理为主要特征的养老保险制度。该制度采取完全的基金制，个人的缴费全部进入个人账户，退休后养老金待遇也完全取决于个人退休账户的积累额和投资收益。由于实施了商业性的基金管理模式，智利的养老金的投资收益率在改革后的最初 10 年年平均收益率达到 13%。[1]

社会救济是社会保障体制的"最后"一项收容帮助措施。[2] 它符合德国基本法里规定的"社会国家原则"。社会救济主要包括保证基本生活需要和维持基本生存需要的救济金、疾病和培训救济金等。没有资格在社会保险系统内得到扶助的所有生活困难者，自 1961 年联邦社会救济法生效后，有法定权力要求社会救济。至于这种社会救济是否保证了社会的和文化的最低生存需要，仍然存在激烈的争论。2005 年 1 月 1 日，德国有关社会救济的法律规定被纳入社会法典第 12 卷。原来的联邦社会救济法也相应被废除。

五、社会市场经济的重要性：从其对"经济奇迹"贡献的视角分析

二战之后，联邦德国经济增长迅猛、持续时间长久。在 1950—1959 年期间，德国的 GDP 年增长 8% 左右。对于这一出人意料的发展，被人们称为"经济奇迹"（Wirtschaftswunder）。德国"经济奇迹"始于 1948 年的货币改革，其终结时间存有两说。一说为 1957/1958 年。当时首轮经济周期结束，德国马克实现完全可兑换，初步完成与世界经济的一体化，而且欧洲经济共同体（EWG）成立。另一说为 1966/1967 年。那时德国经历首次战后严

---

[1]　"瑞典、俄罗斯和智利三国养老保险方案比较"，载全景网，2004 年 5 月 13 日。

[2]　阿尔特哈默尔·耶尔格，"社会福利救济"，《社会市场经济辞典》，复旦大学出版社，2004。

重的衰退。[1]

对于德国"经济奇迹"的成因，存在着四种不同的解释：

第一种解释是经济活力释放论。这一观点比较流行。一是存在战后的恢复性需要，二是西德地区需要整合入世界经济体系当中，三是德国的经济发展也得力于民众的工作热情和进取心，[2] 四是劳动力数量大幅增加。比如，直到 1950 年 8 百万人口来自德国东部地区，到 1961 年又有 3 百万人口从德意志民主共和国来到德国西部地区。[3] 不过，如果没有一定的市场制度为发挥这种经济活力创造条件，单靠这些因素也不能实现"经济奇迹"。

第二种为制度变革推动论。根据该种观点，德国的"经济奇迹"得益于废除战时经济，在货币改革过程中废除价格管制以及其后体现秩序自由主义构想的立法为其创造了主要的前提条件。[4] 也就是说，"经济奇迹"的实现与德国引入社会市场经济相关。

但是这一解释的反对看法是，比如法国通过其干预主义的指导性计划（planification）模式也实现了类似的成就。[5] 不过，法国的指导性计划不是计划经济。它旨在通过指导性计划来干预私人经济的运行。但是，法国的计划者确实其实需要必要的信息和知识来支撑其计划。国民经济的增长在所有迄今为止的计划时期都落后于计划指标。指导性计划总体上是失灵的，因为过去总会出现由于

[1] Der Brockhaus Zeitgeschichte: vom Vorabend des Ersten Weltkrieges bis zur Gegenwart, 2003 , Stichwort "Wirtschaftswunder", 以及 Brockhaus, die Enzyklopädie: in vierundzwanzig Bänden, Band 24, 1999 , Stichwort "Wirtschaftswunder"。

[2] Braun, Hans, *Das Streben nach Sicherheit in den 1950er Jahren. Soziale und politische Ursachen und Erscheinungsweisen,* in: Archiv für Sozialgeschichte,1978,18, S. 279–306.

[3] "Wirtschaftswunder", in: Wikipedia, http://de.wikipedia.org/wiki/Wirtschaftswunder, erneuert am 29. 6. 2012.

[4] "Wirtschaftswunder", 同上。

[5] Jochen Streb ,*Innovationen und Wirtschaftliche Entwicklung,*2008, https://wisoge.uni-hohenheim.de/fileadmin/einrichtungen/wisoge/Innovation/Innovationen_Und_Wirtschaftliche_Entwicklung_3.pdf, August 25 2008. 法国人把自己的成就称作为 "Trente Glorieuses" ，即"光荣的三十年"（指 1945—1975 年）。

预测错误造成的投资失败，相对较高的通货膨胀率（作为所谓的矛盾冲突的引发因素）和高失业率，国家财政和国际收支不平衡危机以及社会的不安定。随着欧洲一体化和经济的日益全球化，国际经济因素不断排挤本国经济，在这种形势下，这种计划方法以及在上述政策工具的帮助下使其发挥作用的尝试，必然会带有不切实际的色彩。这使得指导性计划的约束成分越来越少。[1] 到 20 世纪 90 年代初，法国从指导性计划转向所谓的战略性计划。

图 1 表明德法两国都实现了"经济奇迹"。两者相同的地方是，均维持了较大的经济自由。其中法国经济的自由度少于德国。但是两国企业家精神、私人产权和市场体制都是发挥作用的。法国的指导性计划解释不了法国的"经济奇迹"。倒是该国存在的私人产权和市场产权因素更可以对之做出合理的解释。[2]

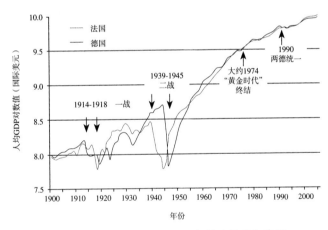

图 1　德法两国 1900—2000 年的人均收入发展

资料来源：Streb，同上，2008。

---

[1] 席勒·阿尔弗雷德、汉斯·京特·克吕塞尔贝格，《秩序理论与政治经济学》，山西经济出版社，2006。

[2] 如果认为指导性计划本身是实现经济较长期高速增长的秘方，那么就很难理解很多引入计划经济的国家最终以失败告终的事实。

第三种解释是战后重建推动论。根据概论点，德国"经济奇迹"与战后重建有关。在比较经济增长率时，可以发现，这些受到二战破坏越重、占领军控制越严重的国家，战后增长率也越高。德国、奥地利、意大利、日本、荷兰和法国都表现出年均7%—9%的增长率。受战争影响较少的国家或者中立国家，其增长率"只有"3%—4%。[1]

战后重建的重要援助工具为马歇尔计划。随着前苏联与西方国家日益对立，盟军从原来不打算重建西德改为开始重建，为德国的"经济奇迹"创造了前提。随着前苏联与西方战胜国之间分歧加剧，东西方阵营很快进入了冷战阶段，各自对两德的经济援助也增加。1948年的货币改革也为简化欧洲复兴计划（也就是"马歇尔计划"）在德国的实施创造了便利条件。不过美国的经济援助便利了德国实现其经济奇迹，可能还在一些阶段有助于加快实现德国经济奇迹，但是绝对不是单独由美国的经济援助才造就德国的经济奇迹。一些新的研究表明，马歇尔计划并不像人们之前所认为的那样在欧洲和德国的复兴过程中起了决定性的作用。第一个提出这一观点的是经济历史学家艾伦·米尔沃德（Alan S. Milward）。[2] 德国历史学家格尔德·哈达赫（Gerd Hardach）在他1994年出版的著作《马歇尔计划》（Der Marshall Plan）中进一步阐述了这一观点。[3] 这些历史学家指出，早在美国的大规模援助到达之前，许多欧洲国家就已经转入了经济增长阶段。而且一些接受援助较少的国家，其发展速度反而更快一些。

德国受到控制战后重建和搬拆德国生产设施的盟军计划的影

[1] Mark Spoerer, *Wohlstand für alle? Soziale Marktwirtschaft* in: Thomas Hertfelder, Andreas Rödder, *Modell Deutschland*, Vandenhoek & Ruprecht GmbH & Co.KG, 2007,Seite 34. 引自 "Wirtschaftswunder"，同上。

[2] Milward, Alan S. ,The Reconstruction of Western Europe, 1945—51. London: Methuen,1984.

[3] Hardach, Gerd , Der Marshall-Plan : Auslandshilfe u. Wiederaufbau in Westdeutschland 1948—1952. München, Dt. Taschenbuch—Verlag,1994.

响。而且至 1954 年止，西德地区多年来累积共获得 20 亿美元的援助（包括马歇尔计划），但它要支付的"占领费用"每年就有 24 亿美元。[1]西德地区获得的援助资金，主要用于重建许多小处往往严重受损的基础设施。虽然马歇尔计划确实减轻了欧洲和德国重建过程中的许多困难，并对一些关键部门的恢复起了重要作用，但总体来说，欧洲和德国在战后低谷之后的经济增长与马歇尔计划的联系并不是很密切。[2]

第四种解释为赶超论。作为战后重建观点的补充，赶超论也比较广为传播。按此，西欧经济在战后在赶超技术先进的美国经济，西欧的企业效仿美国的企业。打个比方，美国在前头顶风前进，西欧国家在其后赶超过程中阻力更小，速度可以保持更快。等达到了美国的生产率水平，赶超过程即告终结，西欧国家面前就没有其他国家为其挡风遮雨，增长速度下降。[3]不过没有一定的制度因素的支撑，单纯赶超也不一定能够实现高速增长。很多欠发达国家在二战之后都在采取了赶超战略，但很少实现"经济奇迹"，尤其是那些不能有效利用市场和产权的国家。

所有上述种种解释都不足以单独解释德国的"经济奇迹"。它们其实都是互补的。它们构成了德国"经济奇迹"的多种成因。

此外，一些因素也为"经济奇迹"创造了条件，也构成德国实现"经济奇迹"的进一步的成因。

一是，德国在二战期间保留了较好的生产能力和基础设施条件。西德地区虽然大城市在二战期间遭受严重的破坏，但是德国的生产能力和基础设施总体遭受破坏程度并不大，盟军在战后只

---

[1] 尹伊文，"德国的就业奇迹和经济奇迹"，《南方周末》，2012 年 5 月 9 日。

[2] "马歇尔计划"，载维基百科中文版，2012 年 8 月 14 日。

[3] "Wirtschaftswunder"，同上。

是有节制地拆除生产设施。[1] 大约 80%~85% 的生产能力未遭受破坏。德国在战后总的生产能力甚至超过战前最后一个和平年份，即 1938 年。[2] 公路和铁路网只是许多短小的路段遭到严重破坏。众多被破坏的桥梁和交通枢纽路段可以得到较快修复。随着桥梁的修复，水路也被修通。在这些领域，1948 年货币改革之前西德地区的重建工作就进展得很好。而且废墟清理工作也进展顺利。

二是，德国传统上的学徒制为德国企业培养了大量的熟练技工和工程师，为德国的工业发展和工业强国地位奠定了基础。德国的学徒培训始于中世纪时期的手工业。在 19 世纪与 20 世纪之交，政府通过立法重新发挥中世纪具有等级制色彩的手工业学徒培训模式的作用。手工业工人资质按此分为三类，即学徒工、熟练工和师傅。这种培训模式在魏玛共和国、纳粹期间以及在战后的西德地区均得到了复兴，而且朝着集车间训练和课堂学习于一体的"二元制"职业培训模式转化。只不过在魏玛共和国和纳粹期间更加意识形态化，而在战后则去意识形态化。[3]

三是，德国传统上中小企业集群发达，家族企业众多，适应性大，灵活性强。伦敦《经济学人》杂志的文章分析，德国在 19 世纪兴起了一些从事专业化制造并专注于细分领域的中小型企业集

---

[1] 1946 年年初，对德占领当局出台了"工业化水平协定"（level of industry agreement），推行严厉限制德国恢复工业化的方针，严格规定了德国煤炭和钢铁的产量。它计划通过拆除德国的 1500 多家工厂使其工业水平大致维持在战前（1938 年）的 50% 左右。这项协定弊病太多，被多次修改以解决德国日益增长的各种需求和物资短缺的矛盾。而解决这一矛盾有助于整个西欧的经济重建。直到 1950 年，在德整个拆除工作才告结束。参见 Henry C. Wallich, *Mainsprings of the German Revival*, 1955, p. 348.

[2] Wolfgang König, *Die siebziger Jahre als konsumgeschichtliche Wende in der Bundesrepublik*, in: Konrad H. Jarausch: Das Ende der Zuversicht? Die siebziger Jahre als Geschichte, Göttingen, 2008, 84–99.

[3] Wolf-Dietrich Greinert, "Geschichte der Berufsbildung in Deutschland", 2012 Url http://www.arbeitslehre.uni-wuerzburg.de/uploads/media/Gesch.d.Berufsausb._in_Deutschland-Greinert.pdf, 2012 年 8 月 16 日。

群，其中很多企业为精于其各自细分市场的家族企业。这些中小企业，有着很强的适应性和灵活性，它们从新兴市场对高质量资本品和消费品的需求激增中获利。[1]大约95%（即3百万家）在德经营企业是作为家族企业经营的。根据在波恩的中产阶级研究所的一份研究报告，在德经营企业41.5%的销售额来自于家族企业，57%的工作岗位由德国的家族企业提供。[2]德国的家族企业甚至有大型企业。比如根据德国《商报》2012年8月6日的排名，德国第一大家族企业为大众汽车公司，2011年销售额为1 590亿欧元，雇员总数502 000人。[3]上述职业教育的发达为德国中小企业和家族企业的发展如虎添翼。

以上分析说明，除了其他有利因素之外，社会市场经济体制发挥了很大的作用。没有市场取向的体制转型，即便有了其他有利因素，也往往只是"万事俱备，只欠东风"，经济的活力就难以释放，"经济奇迹"就难以实现。

六、对中国的意蕴

我国正在推行"社会主义市场经济"，这一概念比"社会市场经济"只增加了两个字。虽然两者之间存在一些相同之处，但是两者的内涵和性质差别巨大。两者均强调市场效率与社会平衡的统一。这是相同之处。

但是，"社会市场经济"与"社会主义市场经济的"差别之处更多，更为根本。德国总体上把私人产权作为一项最基本的经济

---

[1] The Economist ,"Modell Deutschland über alles. The lessons the rest of the world should—and should not—take from Germany", *The Economist*, 2012,April 14.

[2] Haunschild, L.; Wallau, F.; Hauser, H.-E.; Wolter, H.-J.,Die volkswirtschaftliche Bedeutung der Familienunternehmen, Gutachten im Auftrag der Stiftung Familienunternehmen, in: Institut für Mittelstandsforschung Bonn（Hrsg）: IfM-Materialien Nr. 172, Bonn,2007.

[3] 参见 Top 20 Deutschlands größte Familienunternehmen，in: Handelsblatt, August 6, 2012。

制度，但是我国把公有制作为最基本的经济制度。德国维持着一个市场价格体系，包括在重要的基础性行业内。而我国的重要基础性行业采取政府行政垄断。私人产权和市场价格体系两者的存在与否基本上能够规定一国体制是否属于市场经济。如果两者同时得到维护，那么一国就是市场经济，如果没有得到维护，就不是市场经济。很明显，我国在这方面还有较大的差距。从这种意义上看，有必要区分"实质的市场经济"和"名义的市场经济"。德国属于实质的市场经济，而我国的市场经济仍然是个目标。

欧肯所代表的弗莱堡学派思想和其他秩序自由主义思想对德国实现"经济奇迹"做出了重要贡献，但是在德国"经济奇迹"实现之后，也就是在 20 世纪 60 年代之后，已经日渐不为多数民众所知。这并不是说这些理论已经不重要，而是说明其核心思想，比如竞争秩序观，已经基本上成为德国社会市场经济体制根基的组成部分。秩序自由主义的思想仍然是德国的"社会市场经济"的重要理论基础。此外，德国的各种新自由主义流派内部虽有不同的分支，但是其主要区别在于竞争秩序"调节原则"或"过程政策"的具体"剂量"把握的不同，尤其是在社会政策问题上。但是，市场经济的"构成原则"优先于"调节原则"，秩序政策优先于过程政策，这已为这些流派所普遍接受。与此类似，在当前的德国，各大政党之间的经济政策建议也是大同小异，都类同于那些新自由主义流派的政策建议。如果从六十多年联邦德国史的角度看，德国各届政府的政策实际上是在向那些新自由主义政策趋同。主要差别在于社会政策上社会福利剂量上的差别。比如，德国前总理施罗德的经济政策，是非常市场取向的。也正是在施罗德执政期间，德国开始推行大规模的劳动力市场灵活化措施。

德国秩序政策和过程政策的一些设计理念对于我国制订经济与社会政策有着重要的借鉴意义。比如弗赖堡学派强调经济与社会方面的干预政策应该是系统性的，而不是特定性的或者选择性的。对于我国来说，这意味着我国的民营企业早就该有与国有企业同等的"国民待遇"。德国把维护私人产权和竞争两者并重，是其经济活力和创新力的重要根基，如果要参照德国这方面的经验，那么就意味着国有企业需要民营化。

德国基本法规定了言论自由，德国民族总体上精于思辨，严肃对待正义问题，认真反思对错问题。德国对其社会福利网铺得太大、社会福利负担过重问题讨论较多，反思深刻。可以说，问题不在于不知道解决方法，而是在于知道了但难以去落实。尤其是在社会福利政策方面，社会福利网一旦铺开，就难以收缩，呈现一种只进不退或者易进难退的"棘轮效应"。近年来，德国较为成功地推行了一个较以前更为灵活的劳动力市场体制，同时尽力抑制社会福利网的膨胀，由此总体上保持经济活力。

我国今后的做法不是不铺开社会福利网，而是会全面涵盖各个人口层次，尤其是穷困人口群体和农村人口群体。与此对应，社会保险应该是多层次的保险，包括对低收入群体的最低保险水平，或者适当保障水平。而社会救济则是针对处于社会最不利地位者。除了社会保险之外，个人还可以购买私人保险。此外，社会养老保险和社会医疗保险可以与个人账户联系在一起，每个人的个人账户存放自己的公积金。这能够强化个人对自己养老和医疗卫生保险的责任，同时也允许政府承担辅助性支持的作用。这样一种保障体系有利于维护人的尊严，既考虑到社会团结的需要，又能够调动和利用受保障群体个人的自身和家庭供养能力。

战后德国在经济与社会政策上既有成功的一面，也有失败的一面。德国目前存在的许多经济与社会问题，一部分在我国业已存在，另一部分很可能也是我国今后要面临的问题。我国的经济决策者可以从中吸取经验和教训。别人走过的弯路，我们不走；别人未走过的弯路，我们也不走；别人抄过的近路，我们照样走；别人未抄过的近路，我们要领头走。

第四部分　制度、自主治理与发展

制度协调的一个初步探讨

朱海就 *

众所周知，斯密用"看不见的手"来说明无数人的行为自发地得到协调，但是，我们可以进一步问，协调无数人的行为的，究竟是什么？很显然，是"制度"，某种意义上，与其说是"看不见的手"，不如说"看不见的制度"，斯密"看不见的手"所表达的意思，也许正是说"已经有制度在起作用了，不需要人为的干预"，尽管斯密没有把把这只"手"和"制度"联系起来。但是，制度却绝不是铁板一块，对无数人的行为进行协调的，不是某一单一制度，而是无数的制度，在市场中，同时有无数的制度在起作用，无数人的行为的协调，是无数制度共同作用的结果。这立即就涉及这样一个问题，无数的制度之间是否也需要协调呢？这正是本文关注的问题。显然，制度之间也有相互协调的问题，假如不同的制度之间相互冲突，不能相互适应，那么人的行为的协调将无法实现。而"制度的协调"（指"制度间"的协调，而非"制度内部"的协调，下同），是一个长期以来被人们忽视的问题，新古典经济学没有考虑"制度"因素，这已经无需多说，新制度经济学对新古典经济学"制度真空"的做法进行了一定的纠正，演化经济学也把制度作为研究的重点内容，"制度"已经是这些理

* 朱海就，浙江工商大学经济学院教授，email:qtcliff@hotmail.com.

论学说的重要研究对象，但不难发现，这些经济理论基本上都没有涉及制度的协调问题，如它们要么把"制度"作为一个抽象的笼统性概念讨论（尼尔森和温特），要么把制度视为"社会"，讨论制度的整体变迁（诺斯），要么是具体考察某种特定制度的形成或其影响，如管理公共事务的制度（E. Ostrom），如企业（科斯和威廉姆森），如利益集团（奥尔森），"制度的协调"没有引起这些理论的关注。本文试图对这个被现有理论忽视的问题做一个初步的探讨。文章安排如下，第一部分是对制度和制度"协调状态"的定义；第二部分阐述制度协调的实现过程，前面这两个部分也是构建制度协调问题的分析框架；第三部分应用这一框架，说明制度协调的实现条件；第四个部分比较制度协调范式和制度演化范式；最后是结语。

一、制度及制度"协调状态"的定义

（一）"制度协调"问题中的"制度"

在这里，我们主要说明制度的两个属性和制度的分类。制度的两个属性容易被人忽视，一是制度的"主观"属性，[1] 二是制度的"连接"属性，也就是说制度是关于人与人之间的互动的。通常，人们认为制度是"在可重复的状态中人们使用的规则、规范和战略"[2]，"我们把制度视为任何一种重复性的范式、规则或行为模式，无论它是语言的、经济的或法律的领域等等"[3]，可见。制度简而言之就是行为的规范。但是，特别要注意的是，制度不是一

---

[1]　这并不是说，制度就没有"客观性"的一面。

[2]　Elinor Ostrom, Doing Institutional Analysis: Digging Deeper Than Market and Hierarchies, *Handbook of New Institutional Economics*, 2005, p.824.

[3]　德索托，J.H,《社会主义：经济计算与企业家才能》，朱海就译，吉林出版集团有限公司，2010 年，第 44 页。

个外在于人们自身，可供人们随意支配的客观物件，如奥斯特洛姆
（E. Ostrom）指出的，制度和建筑物是不一样的，它是"看不见的"，[1]
存在于人们头脑中，制度被人认识到，才会对他们的行动起指导
作用。从这个意义上讲，制度也是一种"被分享的隐含知识"。[2]
但是，制度也有客观的一面，制度没有被人意识到，并不意味着
制度不存在，人们生活在制度的海洋中，制度的存在是可以被人
们感受到的，我们要区分的是作为条文的制度、进入人们头脑中
的主观制度以及被实施的具有客观性的制度。不同的人，或同一
人在不同的情景中，对同样的条文制度，会有不同的理解和实施，
这说明制度本身具有弹性。

制度不是目的，是手段，是人们实现计划的凭借，人们生活
在制度的海洋里，但并不要求人们都掌握所有的制度，也不需要
理解所有制度的来龙去脉，"需要的时候拿来用"，就可以，从这
个意义上讲，制度和哈耶克对"价格"的论述一样，节约了信息。
制度的这种功能，是因为人们借助制度而利用了他人的隐含知识，
在鲁滨逊的荒岛上，是不存在制度问题的，对一个和社会隔绝的
人是没有制度问题的，也正是制度，使得人们利用他人的知识有
了可能。拉赫曼准确地把"制度"视为"人们之间持续更新的，
且有一定意义的网络关系"。[3] 没有制度的社会，尽管可能有很多
人，但人人都是鲁滨逊。可见，制度是人与人之间"连接"的相
关的知识，是储存在人与人的关系中的隐含知识，福斯干脆把制

---

[1] Elinor Ostrom, Doing Institutional Analysis: Digging Deeper Than Market and Hierarchies. In C. Menard and M.M.Shirley（eds），*Handbook of New Institutional Economics*, 2005, p.823.

[2] 同上，p824。

[3] Lachmann, Austrian Economics: A hermeneutic approach. In Lavoie, D（ed.），*Expectations and the meaning of institutions:Essays in Economics by Ludwig Lachmann,*London: Routledge, p.282.

度看做是"知识资本"。[1]这种资本越多，意味着一个国家协调大范围社会分工的能力越强，它是科技创新能力之外，一个国家实力的重要体现。在鲁滨逊荒岛上，这种制度的知识资本为零，而像美国这样的发达国家，制度知识资本非常雄厚，发达国家的制度从"数量"上讲要远远多于发展中国家，但制度的知识资本赖于制度间的协调，孤立的制度并没有知识资本，如制度之间相互冲突，制度的知识资本要大打折扣，因此，发达国家不仅是制度数量多，而且制度之间的"协调能力"也强。

制度有不同的分类方式，诺斯把制度分为正式制度和非正式制度，门格尔和哈耶克把制度分为自发形成的制度和人为设计的制度，前者如货币、语言、法律和市场等等，后者如组织。拉赫曼把制度分为"外部制度"和"内部制度"，前者是后者正常运行的必要支撑，包括政权和产权，这种制度相对稳定，而后者相对灵活，如企业、小麦和股票交易市场都属于这类内部制度。[2]制度还可以分为基础性的制度和派生性的制度，如法律、货币、语言和产权属于基础性制度，而学校、企业是派生性的制度。这些分类是粗略的，相互之间也难免会有重合，但不妨碍我们根据这些分类，对制度协调问题做一个初步的探讨。

（二）制度"协调状态"的定义

怎么说明不同的制度之间是处于协调状态，还是非协议状态？不像气温的高低可以用温度计衡量，制度是否协调好像并没有一个客观的标准。尽管精确地说明制度的协调状态，制定一个客观的衡量标准是不可能的，但是在理论上进行阐述，给出理论的标准还是有可能的。在我们看来，制度的协调状态，一方面可以从制度协调的"结果"进行说明，另一方面可以从制度协调的"起

[1] Foss,N., Institutions as knowledge capital:Ludwig M.Lachmann's interpretative institutionalism, *Cambridge Journal of Economics*,2007,31,789-804.

[2] Lachmann,L.M.,*The legacy of Max Weber*, The Glendesary Press,1971,p.81

因"，即企业家的行动进行说明。

制度经济学家往往用效率去衡量制度的优劣，如诺斯先后使用了"交易成本的节约"和"适应性效率"这两个标准，[1] 而我们认为，制度的协调性，不能用效率衡量，效率可能是人为动员的产物，也可能是短期的，此外，"效率"标准还有其他一些问题，如谁的效率？"效率"考虑到"公正"了吗？等等。一个制度协调的社会，短期的效率未必是最高的。但是，社会制度的"协调"，必然会以某种"秩序"的方式呈现出来，"有机的"秩序的形成能表明秩序的协调状态。在《法律、立法和自由》一书中，哈耶克在说明"规则"和"秩序"的关系时，就类似地表达了以秩序来说明制度协调性的观点，"一项新的规范是否能够被融入某一现行的规范系统之中，并不是一个纯粹逻辑的问题，而往往是这样一个问题，即在现存的事实性情势中，该项新的规范是否会产生一种使不同行动和谐共存的秩序"[2]，"秩序"给出的是一种经验标准，而非逻辑标准，"判断一项新的规范是否能被融入现行系统的标准，就可能是一种事实性标准（a factual test）；再者，尽管一项新的规范在逻辑上可能与那些已得到公认的规则完全相符，但是，如果在某些特定的情势中，该项新规范所准许的乃是与现行规范所许可的其他行动相冲突的行动，那么它就仍可以被证明为与业已确立的规则系统相冲突"[3]。可见，根据这一秩序的标准，制度的协调，是需要人们根据特定的情势去判断的。但是，除了"特定情势"这样一个经验的判断外，还有一个判断就是"人们预期的一致性"，如哈耶克所说："规则的目的，就必定是促进个人预期间的协调或吻合，因为个人计划的成功，所依凭的正是预期间

[1] 陈书静，《诺斯经济哲学思想研究：基于历史唯物主义制度演化理论的视界》，上海人民出版社，2008年，第176页。

[2] 哈耶克，《法律、立法与自由》，邓正来等译，中国大百科全书出版社，2000年，第167页。

[3] 同上，第167页。

的吻合或协调"，[1]也就是说，制度的协调性越高，个人预期的一致性也就越高，哈耶克也正是用"私人在该社会中采取的大多数行动所依凭的那种预期"去定义"合法"这个概念的。[2]联系根据这个"合法"概念，我们可以得知，单个制度的合法性，要根据它与其他制度的协调性去定义，与其他制度的协调性越强，那么这个制度的"合法性"也就越强。

尽管"秩序"与否主要是一个"经验"判断，这不妨碍我们根据秩序的另外一些特征，去判断制度的协调性，这些特征包括：开放性、稳定性和灵活性。秩序的开放性，意味着一个社会对新制度的出现是开放的，制度的自然变异、选择、演化和自然更替不受人为的阻挠，"如果一个社会永远不容许它的制度结构发生变化，那么就得需要忍受不断加重的无效率"[3]；秩序的稳定性也能说明制度的协调性，因为假如一个社会严重失序，激烈动荡，那么制度不协调是显然的；还有，制度的协调性，部分地也体现在秩序的灵活性上，哈耶克指出了"灵活性"的意义，他说："要维持一个复杂的生产系统的整体结果，其前提条件就是必须使该系统中的要素在他行动方面具有极大的灵活性或适应性。"[4]尽管哈耶克是针对生产系统来讨论"灵活性"的，但这一论述也同样地适用于对"秩序"的说明：假如一个社会的秩序是僵化的，显然我们不能说这个社会的制度是协调的。

如上所述，企业家计划的实现需要利用他人的知识，而他人的知识能否为他所用，或在多大程度上能够为他所用，取决于把他和他人联系在一起的各种制度及其协调程度，制度的协调性越高，

---

[1] 哈耶克，《法律、立法与自由》，邓正来等译，中国大百科全书出版社，2000年，第157页。

[2] 同上，第157页。

[3] 卡伦．沃恩，《奥地利学派经济学在美国：一个传统的迁入》，朱全红等译，浙江大学出版社，2008年，第175页。

[4] 哈耶克，《法律、立法与自由》，邓正来等译，中国大百科全书出版社，2000年，第164页。

进入企业家头脑中的制度知识就越稳定可靠，企业家的计划与他人的计划相互兼容的可能性就越高，这是企业家可以感受到的协调性，从这个意义上讲，制度的协调是主观的，这种主观性，也意味着我们不能用企业家计划在现实中是否能够实现，或者在多大程度上实现去判断制度的协调性，如下面将要说明的，完全的制度协调是理想状态，在现实中，制度总是处在不协调的状态中，有的计划会实现，有的计划会失败，是正常现象，计划的成功与否，和制度的协调与否并不存在对应的关系。

二、制度协调的实现过程

制度是"死"的，使不同的制度的协调得以实现的，是人，而不是制度本身。人的行为可以分为两种情况，一是遵循现有制度的行为，这是普通的人的行为；二是创造新制度的行为，这是企业家行为。对应于这两种行为，我们可以把制度协调的实现过程分为两种情况；一是对给定制度的协调，这是静态的协调；二是包含新制度创造的动态的协调实现过程。静态的制度协调如图 1 所示。

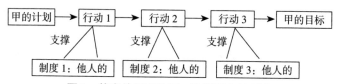

图 1　静态的制度协调：遵循既有的制度

在上图中，假定行动者甲要实现目标 1，他确定了相应的计划，从"计划"到"目标 1"的实现要经过三个行动步骤，每一行动步骤，他都可以利用现有的制度，现有的制度为他的每一行动步骤提供了支持，是他达到目标的一块块基石。特别要说明的是，这些现有的制度意味着"他人的行动"，也就是他人根据他们所遵循的制度所采取的行动，这些行动为这个行动者甲实现计划提供了支持。通过行动者甲的计划和行动，制度 1、制度 2 和制度 3 得到了协调。假如行动者甲要改变他的目标，那么计划要相应地改变，被协调的制度也换成了其他制度，而不是目标1所对应的那些制度了，此外，对于同一目标，假如不是行动者甲，而是其他行动者，那么计划是不一样的，相应地被协调的制度也是不一样的。

对给定制度的协调，是一种"静态"的制度协调过程，行动者完全遵循现有的制度。在这种情况下，制度的协调意味着所有行动者的计划和行动的一致性，这是瓦尔拉斯一般均衡的另一种表达，也是哈耶克说的"均衡"。但是，这种情况只是理想状态，在现实中是不存在的。在现实中，制度的协调是动态的，制度的协调是和企业家的创新联系在一起的。和上述"对给定的制度协调"的那种情况不同，企业家实现目标的过程中的每一行动步骤并不总是能够找到相应的制度支撑，这时，他要么在不触及现有的制度的情况下，采取一种全新的行动，要么改变现有的制度，或创造新的制度。这两种情况将分别予以说明，下面先看第一种情况，见图2。

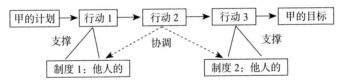

图2 动态的制度协调：新的"行动"

在上图中，行动2和其他两个行动步骤不同，没有制度的支持，这也意味着这个行动是创新性的。这一行动步骤，也间接地实现了对制度1和制度2的协调。要特别指出的是，行动2会演变为新的制度，实际上，多数的制度是由企业家的行动演变而来的，一种新的行动，经过人们的模仿之后，会逐步演变成为规则、规范，从而成为制度。[1]还有一种企业家"行动"是直接针对"制度"

---

[1] 余赴礼（Tony Fu-Lai Yu）专门讨论了"行动"变成"制度"的过程，见 Tony Fu-Lai Yu, An Entrepreneurial Perspective of Institutional Change, *Constitutional Political Economy*, 12, 2001, 217-236。

的"行动"：改变既有的制度，或创立新制度，当企业家发现改变既有制度或创立制度能更好地实现他的目标时，他就会这么做。[1] 这也可以称为"立法"。在企业家"立法"的行动过程中，有的制度消失，有的制度被新制度替代，既有的制度之间的关系被改变，立法的过程，就是制度的动态协调过程，见图3。

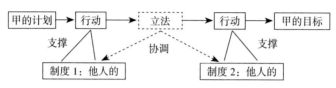

图3　动态的制度协调：立法

"立法"思想和"自发秩序"的思想是不同的，后者认为好的制度大多是在追求自利的行动中自发产生的，而"立法"强调的则是"理性"建构。"立法"的思想可以追溯到门格尔，在《经济学方法论探究》一书中，门格尔指出社会制度、语言、法律、道德规范等等的形成是"有机的"，也即"是在没有明文的协定、没有立法强制甚至在不考虑公共利益的情况下，而纯粹是在自身利益的驱动下，作为追求这些利益的活动的产物而形成的"。[2] 图2所示的"通过行动形成制度"过程，某种意义上就是这种"有机的"过程。尽管门格尔强调的是有机，但是，门格尔没有忽视"立法"的重要性，他说，"立法强制介入这一'有机的'发育过程，从而加速或改变其结果的事情并不少见"[3]。他甚至认为，"立法"是非常必要的，"如果有一位政治家，仅仅因为涉及公共利益的法律，确实或者被人声称是'有机形成'的，就不敢改变它，他就相当于一位农夫、技工或医生避免对于自然的有机过程进行

---

[1]　周其仁把美国 MCI 公司总裁麦高文视为创立制度，获得利润的典型例子，见：周其仁，《麦高文改变管制规则有横财可发》，《北京经济瞭望》，2002 年第 Z1 期。从广义上讲，创立新企业也属于建立制度的行为。

[2]　门格尔，《经济学方法论探究》，秋风译，新星出版社，第 147 页。

[3]　同上，第 147 页。

任何干预，其理由却仅仅因为，他敬畏体现在这一过程中的高级智慧。难道这个世界上也不存在着完全有害的有机体吗"[1]。哈耶克也同样认为"立法"是不可少的，在《法律、立法与自由》一书中，他特地解释了"自发生成的法律为什么需要立法对它加以纠正"[2]。放在制度协调的框架中，"立法"不是孤立地创造一种法律，而是使既有的法律更加协调的法律。

图 2 和图 3 表明，制度的协调，既是人们无意识的行动的结果，也是有意识的"立法"的结果。但是，特别要指出的是，立法者的目的，并不是试图全盘改变整个社会的制度结构，而往往是出于自己的私利，如他比别人更敏锐地"发现"改变某项制度可以获得利润，并将这一发现付诸实施，[3] 因此，制度的协调是他在立法中无意实现的，而不是他有意要实现的目标，从这个意义上讲，立法和自发秩序不是对立的，立法是自发秩序的一部分。

以上"静态的"和"动态的"制度协调分析都表明，制度的协调是个体"计划—行动"的结果，"计划"指引"行动"，"行动"协调"制度"，这个协调过程包含制度的创造，我们的制度协调分析框架可以明确为"计划—行动—制度"。"计划"指引"行动"，这是非常明确的，而"行动"与"制度"的关系有必要再作一个补充说明。在静态的协调状态中，企业家的行动没有改变制度，也不会变成制度，在静态状态中，没有利润，也可以说，不影响到制度的行动是没有利润的，在动态的状态中，企业家"发现"了由于"制度的不协调"而产生的利润机会，他争取这个利润的过程，就是纠正制度失调的过程，从这个意义上讲，"制度失调"并不是客观存在，而是企业家的判断或想象。当企业家的行动被模仿，变成制度后，也意味着企业家当初通过纠正制度失调

---

[1] 门格尔，《经济学方法论探究》，秋风译，新星出版社，第 228 页。

[2] 哈耶克，《法律、立法与自由》，邓正来等译，中国大百科全书出版社，2000 年，第135 页。

[3] 这个人就是柯兹纳（Kirzner）意义上的企业家。

的行动而获得的利润消失。

三、制度协调的实现条件

（一）基础性制度不因人为的强制力而被破坏

以上的分析表明，制度的协调不像一个小孩子拼拼图或军队的司令官指挥各支部队一样，由一个外在于各种制度之外的主体，如政府，通过命令的手段，居高临下地对各种既有的制度进行调配、拼凑或修修补补的方式进行的。制度协调的主体是无数的个体行动者，制度的协调是个体在实现他们的计划中实现的。那么个体的制度协调需要什么条件呢？根据上述"静态"和"动态"的三种制度协调方式，这个问题也可以换成这个问题：一种有助于制度协调的行动，需要什么条件。在静态协调状态下的"行动"，完全是对已有制度的遵循、利用和指导，对制度的变化没有影响，我们可以不予考虑。动态协调状态下的两种行动对制度都会有影响，制度的协调，关键在于这两种行动是否得以发生。那么这两种行动得以发生的条件是什么？答案又回到了制度当中。这种行动，也是需要制度的支持的，但这种制度，和静态状态下直接指引行动的制度不同，这种制度不是直接指引行动，而是构成行动的外部约束，在"行动"和"制度"之间有一定的空间。直接指引行动的，一般是以具体规范的形式出现的，属于明晰知识，如组织内部的规范和奥斯特洛姆说的"战略"，我们称这种制度为制度1，而构成行动外部约束的，一般是基础性的制度，如传统的法律、货币、语言、道德和产权制度等等，它们一般属于隐含知识，我们称之为制度2。拉赫曼区分了根本性的、不易改变的（immutable）制度和易变的（mutable）、灵活的制度，这种区分适用于描述我们这里区分的两种制度，制度2是根本性的、不易改变的，而制度 1 是易变的和灵活的，[1] 当然，我们也承认，这两种制度的区分并不是那么明显的，而是经常地混在一起。两种制度与对应的两种行动的关系见图 4：

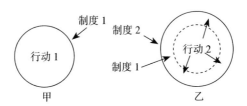

图 4　两种行动与两种制度的关系

在图 4 甲中，行动受制度 1 的指引，行动的边界和制度 1 的边界是重合的。在图 4 乙中，行动 2 的边界（虚线表示）和制度 2 的边界有一定的距离，这个距离构成了"制度创新"的空间。图乙中的行动，是要突破已有的制度 1（虚线圆表示制度 1，超出虚线圆的箭头表示对制度 1 的突破），当然，也有可能是建立新的制度。

任何的行动，都需要某种信号的指引，只不过有的行动，如上述行动 1，是直接在制度 1 的指引下进行的，而有的行动，如行动 2，作为创新性的行动，不直接依赖制度 1，而间接地需要制度 2 为它提供支持。假如制度 2 由于人为的强制而被破坏，[2] 那么支持行动 2 的信号也将消失或扭曲。这样，行动 2 将是盲目的，盲目的行动不可能创立新制度，所以也不可能对制度起协调作用。一个明显的例子是奥地利学派的商业周期理论，这一理论表明，如货币制度和银行制度受到人为的强制而脱离自发演进的轨道，那么政府的任何补救措施都不能形成一种新的"制度"，能

---

[1] Lachmann,Austrian Economics:A hermeneutic approach, *Expectations and the meaning of institutions:Essays in Economics by Ludwig Lachmann,*London: Routledge, p.285.

[2] 注意要区分两种"人为"，一种人为是整体性的强制，它阻碍制度的自发演进是"破坏性的"，是"破坏性的"，而另外一种"人为"，如图 2 和图 3 中的"人为"，是推动制度演进的，也是扩展秩序不可少的。

根本性地解决由于这些根本性制度被破坏而造成的生产结构扭曲的（通货膨胀）问题。[1] 奥地利学派的"经济计算"理论，也同样地为我们"基础性制度不受人为的破坏是制度协调的条件"的观点提供了理论支持。如米塞斯在"社会主义经济计算大辩论"中所指出的那样，假如没有私有产权这一根本性的制度，那么将不会产生"经济计算"所必需的价格信号，这必然导致行动的盲目性，无数人的行动之间的相互协调将不会实现。而另一方面，我们的"计划—行动—制度"框架可以补充"经济计算"理论：在讨论"经济计算"问题时，所涉及的人的行动，是通常意义上的生产和交易活动，而非制度相关活动，如我们把人的活动和制度联系起来，那么就会认识到，当基础性制度被破坏后，人的行动的"制度协调功能"丧失了，正是因为在基础性制度破坏之后，尽管行动还具有了生产功能（如计划经济中的行动那样），但却丧失了"制度协调的功能"，这是进而导致人们的行动不能相互协调的根本原因。

基础性的制度，是自发演化的结果，是人类长期以来协调人与人之间的行动的各种智慧的凝结，人们协调其他制度的行动或立法，甚至整个社会的运行，都须以这种制度为基础，正是这种制度保证了社会的稳定性、延续性和灵活性。拉赫曼就表达了这种观点："一个社会要繁荣，需要一些基本制度，比如说政治和法律结构或者还有一些诸如家庭之类的社会结构，它们不会频繁变动并提供了坚实的外部社会结构，但是它必须有宽泛的契约自由以允许出现新制度来解决新的问题。"[2] 一个有活力的社会，往往是相对稳定的基础性制度和灵活的人为制度的结合，基础性制度也是

---

[1] 由于货币制度和银行制度被破坏，通货膨胀将不可避免，这一理论的详细论述可见：J.Huerta.de Soto, *Money, Bank Credit and Economic Cycle*, Ludwig von Mises Institute, Alburn, Alabama, 2006.

[2] 卡伦·沃恩，《奥地利学派经济学在美国：一个传统的迁入》，朱全红等译，浙江大学出版社，2008 年，第 175 页。

灵活的人为制度的保证。

根据上面的分析，我们也可得出基础性制度（制度2）是指引行动的具体制度（制度1）的基础的结论。由于哈耶克所说的"自发秩序的规则"和"组织的规则"和这里的制度2和制度1有某种对应关系，所以，我们可以认为"自发秩序的规则"和"组织的规则"之间不是对立关系，也不是对等关系，而是后者对前者的依赖关系。

（二）个体计划的许可

"制度协调"理论牵涉到两种知识。第一种是行动者关于目标的知识，我们可以把这种知识称为企业家知识；第二种是行动者关于他所处的环境的制度知识，也即图1、图2、图3中制度1和制度2的知识。第一种知识构成一种动力，协调第二种知识，这两种知识都是隐含的、主观的，可以看作是对哈耶克"隐含知识"和"主观知识"的进一步分类。

根据上述两种知识的论述，制度的协调的主体是作为当事人的个体而非局外人的政府，这是因为这两种知识都是储存在无数的个体头脑中的，是分散的，而不为单个的政府所拥有。并且，这种"知识的"协调（即制度的协调），只有在允许个体实现他自己的计划的条件下才有可能，允许个体制定他自己的计划，实现他自己的目标，个体才能被"激励"采取行动，利用他自己的"企业家知识"，去协调有关他所处的环境的制度的知识，相反，假如个体受到外力的强制，而不能根据自己的计划行动，比如受抑制，那么个体就缺少这样的激励。

以上的分析也表明，能对第二种知识进行协调的，也只能是第一种知识，而拥有第一种知识的，只能是个体的企业家，假如个体要服从独立于个体企业家之外的某个强制机构发布的命令，那么，这时个体的行动并不具有"协调制度"的功能。我们要区分"个体企业家的计划"和"政府的计划"，只有个体企业家的计划所对应的行动才具有协调制度的功能，而政府的计划对应的个体行动并不具有协调制度的功能，对此，我们需要进一步地解释这两种"计划"的不同，作为个体的计划，事先一定是考虑了他所处的环境，与这种计划所对应的行动，需要协调"对他所处的环境的制度"，才能实现他的计划，而这种"协调性"，也是他行动的"合法性"的基础；相反，政府的计划，不会考虑或考虑不到（无数的）"个体所处的环境的制度"，是和个体所处的环境相"脱节"的计划，这种计划的实施，不会对个体周围的制度有什么协调作用，为了实现政府的计划，个体可能以人为地破坏他所处的制度的协调性为代价，而这种破坏，由于能够实现政府的计划而获得了某种"合法性"。

上述有关制度协调的两个条件"基础性制度不受人为的破坏"和"个体计划的许可"是密切相关的，基础性制度往往就是保证个体计划的，如我们把"个体确定他自己的计划"视为一种权利，那么对这种权利的维护，是基础性制度的重要内容，也是它的基本功能。如产权制度，既是个体制定自己计划的前提，也是基础性制度之一。

四、"制度协调"范式与"制度演化"范式的方法论比较

如上所述，制度协调的实现，是以出现新制度和淘汰原来的制度为特征的，制度协调的过程伴随着制度的演化，而制度的演化过程也必然伴随着制度的协调或冲突，尽管在现实社会中，制度协调和制度演化是不可分的，但在理论上，"制度协调"理论和"制度演化"理论还是有所区别，这种区别在方法论上有比较明显的体现。

首先，制度演化理论是侧重制度的整体分析，如在本文开头指出的，制度演化理论是把制度作为一个整体来分析的，虽然也分析具体制度的演化，如产权、国家和意识形态，忽视了对各个

制度之间的关系的讨论，而制度协调理论强调制度之间的互动性，而不局限在对单个制度的讨论上。更为重要的是，制度演化理论把抽象的"制度"作为分析对象，而不是把生成和创造制度的主体"人"及其行为作为分析的对象，这也是制度演化论整体观的重要体现。制度演化论强调制度对人的行为的影响，如产权制度对经济效率的影响，在诺斯的《经济史中的结构与变迁》中，这一点非常明显，"当某些资源的公有产权存在时，对获取较多的技术和知识很少有刺激。相反，对所有者有利的排他性产权提供对提高效率和生产率的直接刺激"[1]，甚至把制度视为决定性因素，"制度框架所建立的激励结构在规范技能与知识的形式中起着决定性的作用"[2]，而制度的形成，又是受人口、地理环境和资源禀赋等外部因素决定的，当然，强调制度环境对个体行为的影响也是新制度经济学的一般性特征。[3] 而根据制度协调理论，制度的协调是在个体的"计划—行动—制度"框架中进行的，制度对个体的行动有约束和指引作用，但我们更加强调个体的行为对制度的影响。另外，演化理论把"适应性效率"及相对应的"交易成本"等概念视为制度的选择机制，而这些概念在方法论整体上才有意义，这些概念的使用体现了演化经济学的方法论整体主义特征。

其次，与制度演化理论相比，制度协调理论的方法主观主义特征比较明显。在演化理论中，尽管也引入了"机会主义"、"认知"、"学习"和"企业家竞争"等因素，但这些因素却不能体现方法论主观主义，而是某种"心理主义"，[4] 如"认知"和"学习"

---

[1] 道格拉斯·C.诺斯，《经济史中的结构与变迁》，陈郁等译，上海人民出版社，1994年，第98页。

[2] 道格拉斯·C.诺斯，《制度、制度变迁与经济绩效》，陈守英译，上海三联书店，1994年，第105页。

[3] 包括 E.Ostrom 的制度理论在内。

[4] "诺斯后期的制度——认知分析框架在根本上是'制度个体心理主义'，见：陈书静，《诺斯经济哲学思想研究：基于历史唯物主义制度演化理论的视界》，上海人民出版社，2008年，第96页。

讲的是个体被动地对环境做出"反应"或者说对环境的"适应",[1]
和"计划—行动—制度"框架中的企业家制订自己的计划,发现
和想象利润机会是完全不同的,又如,诺斯也把"企业家"看作
是制度变迁的一个"因素",把企业家竞争视为制度变迁的动力,
但这个企业家和"计划—行动—制度"中那个"行动"意义上的
企业家也是根本不同的。还要注意的是,诺斯对"意识形态"的
重视,并不能说明他方法论的"主观主义",意识形态作为影响人
们心理和认知的制度,会影响个体的计划,但个体的计划并不受
包括意识形态在内的各种制度的支配。

五、结语

在《经济学与知识》一文中,哈耶克提出了"社会科学都力
图做出解答的那个核心问题":"对于存在于不同人的心智中的分
散知识所做的综合,究竟通过什么样的方式才能够达到这样一种
结果——而我们知道,如果人们试图以刻意的方式达成这种结果,
那么指导者就惟有在拥有任何人都绝不可能拥有的知识的条件下
才可能做到这一点"[2],这无疑是"看不见的手"思想的另外一种
表达:就好像有一只看不见的手将无数人的计划协调一致,使个
人能够完成他的计划。现在人们已经意识到,这只看不见的手是

---

[1] 如诺斯认为影响制度变迁的最终路径的一个因素是"由人类对机会集合变化的认识
与反应所作出的反馈过程",见:诺斯,《制度、制度变迁与经济绩效》,上海三联
书店,1994 年,第 9 页。

[2] 哈耶克,《经济学与知识》,《个人主义与经济秩序》,邓正来译,生活·读书·新知
三联书店,2003 年,第 80 页。哈耶克没有提出"制度"的协调问题,但如这句话
所表达的那样,他特别强调主观的"计划"或"目标"(分散知识)的一致性问题,
在同一篇文章的一个脚注中,哈耶克质问到"据我所知,在社会学中,还没有论者
尝试着从个人目标及诉求间的一致与不一致或和谐与不和谐这个角度去系统分析社
会关系。这是为什么呢? 长期以来,这一直是个令我感到不解的问题。"《个人主义
与经济秩序》第 81 页。

制度，是制度在协调无数人的计划。但是，被主流经济学，甚至是制度经济学也忽视了的问题是，制度本身也有一个协调的问题，制度的协调甚至是比制度本身更为重要的，与其说是制度实现了无数人的计划的协调，不如说是制度的协调，实现了无数人的计划的协调。本文把这个迄今为止仍然被经济理论所忽视的"制度协调"问题提了出来，并建立了分析该问题的"计划—行动—制度"框架，从方法论个体主义和主观主义的角度对这一问题做了初步的探讨。从现实看，制度的协调也是摆在我们面前的极为迫切的问题，如在一个社会中某些制度向前发展，而另外一些制度却僵化停滞，那么这个社会就会面临制度的冲突，如人们常说政治体制改革滞后，说的就是政治制度和其他制度，如经济制度不协调的问题。制度协调，才能实现社会和谐，本文虽然没有提供解决现实问题的办法，但是为人们思考这些现实问题提供了理论视角。

法治、自治与多中心秩序

王建勋[*]

> 因为法治意味着，除非执行已知规则，政府决不可强制个人，所以它构成了对所有政府权力——包括立法机关权力——的限制。它是一个事关法律应当是什么以及特定法律应当拥有的一般属性之原理。
>
> ——哈耶克[1]

> 如果民众将要成为统治者，社会的成员应当学会如何自主治理。他们不应该设想**政府**成为**社会**的监护人，指导和控制**社会**的运作。
>
> ——文森特·奥斯特罗姆[2]

一、法律、法治与自治

如果人们想要自由而和平地共处，他们就需要确立规则，并按照这些规则进行治理。此所谓"规则之治"也。其中一种重要

---

* 王建勋，中国政法大学法学院副教授。

[1] Hayek, F. A., The *Constitution of Liberty*. Chicago: Henry Regnery Company, 1972, p. 205.

[2] Ostrom, Vincen, *The Meaning of Democracy and the Vulnerability of Democracies: A Response to Tocqueville's Challenge*. Ann Arbor: University of Michigan Press, 1997, p. 271.

的规则被称之为"法律"，根据法律进行治理的情形是谓"法律之治"，或曰"法治"（the rule of law），与"人治"相对。一般而言，法治的实现要求法律满足特定的形式要件，比如，法律必须事先公开、具有一般性、不能溯及既往等。[1] 但是，如果法治意味着建立一个自由而公正的社会秩序，仅仅满足这些形式要件还是不够的，它还要求法律必须合乎正义，保护个人的自由和权利。

如果人们想要成为自己的主人，他们应当自己统治自己，自主治理个人的与公共的事务，是谓"自治"（self-governance），与"他治"相对。从理论上讲，自治至少包括三个层面的含义：一是个人自治，即个人自主治理自己的私人事务，他人无权干涉；二是个人有权参与治理本共同体的公共事务，不受他人阻碍；三是一个共同体的全体成员自主治理本共同体的公共事务，不受外来干涉。另外，从个人参与治理的方式上看，自治又可分为"直接自治"和"间接自治"，前者意味着个人直接参与到治理之中，而后者意味着个人通过间接的方式参与治理，比如通过选举代表进行治理等。在具备一定规模的社会里，直接自治与间接自治同时存在。

一个自由的社会既是一个法治社会，又是一个自治社会。那么，法治与自治存在着怎样的关联？大体来说，前者是从治理的方式而言的，而后者是从治理的主体而言的。换言之，前者关注的是根据什么来进行治理，而后者关注的是由谁来进行治理。从二者的关系来看，法治之法应当反映共同体成员的意志，保护其自由和权利，而自治之道须仰赖合乎正义的规则，通过规则之治实现自主治理。

满足自治要求的法治意味着，法律是一个共同体中全体成员意

---

[1] Fuller, Lon L., *The Morality of Law*, Rev. ed. New Haven: Yale University Press, 1996, pp. 46-91; Raz, Joseph, *The Authority of Law: Essays on Law and Morality*, New York: Oxford University Press, 1979, pp. 214-218.

志的体现，是一个共同体中全体成员的基本共识，而不是反映某一个阶层、群体、集团或者党派的意志。从这个意义上讲，法律不是一个群体或者阶层统治另一个群体或者阶层的工具，而是一个共同体中全体成员共同治理公私事务的准则和依据。如果法律只是反映了一个共同体中部分成员的意志，那么其他成员就是被统治的对象，就是他治情形下的臣民，而不是自治情形下的主人。具有一般性和普遍性的法律，平等适用于共同体每一个成员，对每一个成员都没有高低贵贱之分。

宪法是一个共同体中具有最高法律效力的规则，体现该共同体中全体成员的基本共识，确立共同体政治组织的基本原则，保障全体成员的基本权利和自由。在某种意义上讲，宪法是一个共同体全体成员就政府之构建订立的契约，是全体成员自主治理公私事务的原则规范。[1] 因此，宪法应当由一个共同体的全体成员"制定"，而不能由某个阶层"制定"，也不能由成员选举的代表"制定"，除非经过全体成员的专门或者特殊授权。否则，宪法就缺乏合法性和正当性，不具有规范共同体公共生活的约束力。"制定"宪法本身不仅体现了一个共同体全体成员的自治，而且意味着为将来的自治提供了规则和依据。

法治社会中的法律除了宪法之外，还包括在效力上低于宪法的普通法律。通常情况下，普通法律是由共同体成员选举的代表（议员）来"制定"。由于共同体成员高于其选举的代表，所以宪法的效力高于普通法律，与宪法龃龉的普通法律是无效的。尽管在日常的表达中，普通法律被视为由共同体成员选举的代表"制定"出来的，但根本而言，普通法律不是"制定"出来的，而是"发现"出来的，不是代表们意志的体现，而是共同体成员意志的

---

[1] Locke, John, *Two Treatises of Government*, New York: Hafner Publishing Company; Buchanan, James M., 1975. *The Limits of Liberty: Between Anarchy and Leviathan*, Chicago: University of Chicago Press, 1966.

体现，当代表们的意志取代了共同体成员的意志时，他们就违背了作为共同体成员意志体现的宪法，被认为是无效的。实际上，共同体成员代表"立法"（legislate）的过程不过是一个"发现"（discover）法律的过程，那些法律本来就存在于人们的社会生活和交往中，"立法者"只不过是发现了它们并对它们进行确认和整理，然后书写下来而已。

其实，在 18 世纪之前，不少地方的人们对"法律"的理解依然是，它们不过是社会中的习惯、传统、经验、道德等因素和规范的总结。法律不是一群人或者"立法者"给人们"制定"出来并约束人们行为的规则，而是人们日常交往和活动的产物，是人们在互动过程中自发形成的行为规范，是自然演化的结果。[1] 所谓的"立法"不过是一种误解，误以为法律是某个人或者某些人"创造"或者"制定"出来的，是某个人或者某些人意志的体现。法律不是任何单个人或者群体"制定"的，而是共同体成员自主治理的结果，是他们日常交往和互动的产物。如果非要用"制定"的思维来探究法律的话，那么，准确的说法应该是，法律是由共同体全体成员"制定"出来的，尽管这种"制定"在很多情况下是不知不觉的结果，是长期自然演进的产物。

那种狭隘甚至错误的法律观认为，法律是由民选代表（议员）根据特定的程序为民众"创制"的行为规则，符合这些形式要件和程序的规则就可以被称为"法律"，而不论其是否背离了共同体成员的意志，是否背离了人们的习惯、传统和道德，也不论其是否合乎正义之要求。这种法律观与自治的理念完全不符，因为它认为法律是一些人为民众"制定"出来用以统治后者和整个社会的规则———一种典型的"他治"思维，甚至认为法律是一些人发布

---

[1] Hayek, F. A., *Law, Legislation and Liberty Vol. 1: Rules and Order.* London: Routledge & Kegan Paul, 1982, pp.72-93; Hayek, F. A. , *The Constitution of Liberty.* Chicago: Henry Regnery Company. 1972, pp. 162-175; Leoni, Bruno, *Freedom and the Law.* 3rd, Indianapolis: Liberty Fund, 1991.

的"命令",共同体大部分成员并非法律的创制者,除了服从和遵守之外,与法律的产生和形成无关。在一个"立法"盛行的时代,法律成了少数"立法者"将自己的意志强加在整个社会之上的工具,成了他们为了统治和控制共同体其他成员的便利而发布的命令。

有些人错误地认为,只要"立法者"是民选产生的,他们在"立法"过程中就能反映民众的意志,其实不然,因为"立法者"同其他任何人一样是自利的,追逐他们自己的利益,并不必然在"立法"时考虑和尊重选民的意志。民众一旦选出"立法者",除非等到下一次选举时,民众并没有有效的手段监督和制约"立法者","立法者"并没有足够的动机关注和反映选民的意志。更何况,由于信息不对称带来的代理人问题(principal-agent problem),选民监督"立法者"的成本很高,这在一定程度上导致选民"搭便车"(free-riding),甚至陷入"集体行动的困境"(collective action dilemma)。[1]

为了确保"立法者"的意志没有僭越选民的意志,为了确保"立法"与宪法保持一致,需要一些制约"立法"和"立法者"的机制,其中最重要的制度安排是"司法审查"(judicial review)或者"违宪审查"(constitutional review)。其核心在于让法院对"立法"是否合乎宪法进行审查,对那些违反宪法的"立法"宣布无效。当"立法者"将自己的意志强加于选民头上,或者无视选民的意志而进行"立法"时,法院可以根据当事人提起的诉讼对"立法"进行审查,宣布那些违反宪法——共同体全体成员意志的

---

[1] 关于"集体行动"的研究,参见:Olson, Mancur, *The Logic of Collective Action: Public Goods and the Theory of Groups,* Harvard University Press, 1971; *Collective Action.* Baltimore, MD: John Hopkins University Press, 1982; Ostrom, Elinor, *Governing the Commons: The Evolution of Institutions for Collective Action.* New York: Cambridge University Press, 1990.

体现——的"立法"无效。[1]

　　也许有人认为，法官并非民选产生，为何可以宣布民选产生的议员之"立法"违宪且无效？此即一些法律家所谓的"反多数难题"（counter-majoritarian difficulty）。至少自比克尔（Alexander M. Bickel）提出这个命题以来，[2] 理论界和实务界就对司法审查的正当性争论不休。尽管司法审查的确表现为非民选的法官"挫败"了民选的议员，但司法审查并非缺乏正当性，因为在司法审查过程中，法官捍卫的是宪法——共同体全体成员的意志，而宪法在效力上是高于议会"立法的"，正如人民的意志高于人民的代表的意志一样。尽管法官不是民选产生的，但他们是中立的裁判，拥有解释和适用宪法与法律的权力，而这种权力使他们在宪法和法律之间做出选择是不可避免的。司法独立在很大程度上确保了法官在司法审查时的审慎与明智，并且，更加重要的是，共同体全体成员始终保有修改宪法的权利，如果他们认为法官的司法审查与宪法不符，他们可以通过修改宪法制约法官的解释权。从这个意义上讲，共同体全体成员仍然是他们自己的主人，司法审查只不过是法官认为"立法"背离宪法的情况下挫败了人民代表的意志而已。

　　为了确保不同层面自治的实现，共同体的法律应当尊重和保护个人的自由和权利，应当合乎正义之原则。个人的自治意味着个人有独立的不受他人或者共同体干涉的空间，享有不受他人或者共同体侵犯的自由。在只涉及私人事务的领域，个人是完全自治的，他人无权干涉。或者，如约翰·密尔提出的"无伤害原则"（no-harm principle）一样，只要一个人没有侵犯他人的权利和自由，他（她）就可以按照自己的意志行事，他（她）就可以自由

---

[1] "司法审查"的经典论证仍为汉密尔顿的出色分析，见：Hamilton, Alexander, James Madison and John Jay, *The Federalist Papers,* New York: Mentor., 1999, pp. 432-440.

[2] Bickel, Alexander M., *The Least Dangerous Branch: The Supreme Court at the Bar of Politics*, Bobbs-Merrill Company Inc., 1962.

地行动。[1] 共同体的自治必须建立在个人自治的基础之上，不能侵犯个人的权利和自由。在涉及公共事务的领域，共同体全体成员都可以参与其中，对公共事务分享或者共同治理（shared rule）。如果一部分成员垄断公共事务，排斥其他人参与治理，则会形成一些人统治另一些人的局面，结果是他治而非自治。

二、自治与制度的多样性

为了践行自治，共同体的成员需要确立多种多样的规则和制度，包括法律。一般而言，一个社会往往是由无数个大大小小的共同体组成，诸如家庭、教会、村庄、社区、乡镇、县市等，每一个共同体要想实现自治，都需要确立自己的规则和制度。尽管存在一些适用于整个社会（乃至国际社会）的规则和制度，但每一个小共同体也需要根据自己的条件和特性确立适合本共同体的规则和制度，以确保本共同体自治的实现。共同体的自治既包括家庭、教会、NGO 等社会组织意义上的自治，也包括乡镇、县市、州省等行政区划意义上的自治。前者属于"社会自治"的范畴，而后者则被称为"地方自治"。

社会自治在很大程度上要求共同体的宪法承认和保护个人的结社自由。为了自主治理社会事务，人们可以结成各种各样的社团和组织，为这些社团和组织订立章程和规则，并据此进行治理。这些章程就是它们的"宪法"（constitution）——完全合乎这一词语本来的意义，就是它们自治的原则和依据。每一个社团或者组织根据自己的宗旨和目的制定合乎自身需要的章程和规则，多种多样的社团和组织意味着多种多样的章程和规则，意味着制度的多样性。在一个自由的社会里，无数社团和组织构成了社会自治的基本单位，大量的社会经济事务都由它们完成，政府并不干预

---

[1]　Mill, John Stuart, *On Liberty*. Bobbs-Merrill Company Inc., 1956.

更不直接管理这些事务。每一个社团或者组织都形成了一个决策中心，在自己的权限范围内决策和治理，这样，在一个大的社会里，就会出现无数个决策和治理中心。

除了社会自治单位以外，每一个政治共同体也都可以成为一个自治组织。从村社到乡镇从县市到省州，每一个政治共同体都可以根据当地的条件和特点确立合乎自身的宪法和法律，并依据这些宪法和法律进行治理，形成地方自治的局面。地方自治意味着宪法和法律的多样性，意味着每一个地方都可以确立自己的宪法和法律。在一个自由的社会里，除了有全国性的宪法和法律以外，还有无数地方性的宪法和法律，它们在各自的范围内发挥作用。一个村庄或者社区可以确立自己的宪法和法律，一个乡镇或者县市也可以确立自己的宪法和法律，直到全国范围的宪法和法律。每一个共同体的人们根据这些宪法和法律进行自主治理，形成多个层次的自治体系，从村社自治到乡镇自治，从县市自治到省州自治等，直至全国乃至更大范围内的自治。与多样性的宪法和法律一致，司法和纠纷解决体系也具有多样性，每一个共同体都可以确立自己的司法和纠纷解决体系，它们在各自的权力范围内解决纷争。

不少人认为法治要求法制的统一，法制的多样性不利于法治。其实，这是一种站不住脚的看法。法治只是要求一些司法基本原则的统一，诸如法律面前人人平等、司法独立等，而非法律制度的统一。相反，法制的统一是背离法治的，统一的法律和制度意味着否定地方性的差异，意味着抹杀多样性。整齐划一的法律制度意味着一些人或者共同体必然要迁就另一些人或者共同体，而这种迁就势必要侵害一些人或者共同体的利益。当然，在一个大的社会里，存在一些具有普遍适用性的法律和制度，这些法律和制度表现为全国性的宪法和法律，但这毕竟是非常有限的法律和制度，大量的法律和制度是不能也不应统一的。比如，言论自由、结社自由、宗教自由等具有普遍适用性的制度，完全可以规定在全国性的宪法里，而那些涉及婚姻、交通、教育等事务的法律和制度，应该由各个地方来规范。

法律和制度的多样性与地方性的差异密切相关。如果一个地方的政治、经济、文化、历史等因素与另一个地方存在着差别，那么，具有差别的法律和制度就是必要的。除非一个社会小得像一个村庄社区，否则其内在的差异就是容易发现的，就是不容忽视的。无论一个社会多么发达，交通运输多么便利，地方性的差异都难以完全消除，因为人们总是生活在特定的地方，因为用于日常决策的各种知识和信息具有地方性的特征。[1]一个全球化的时代并不意味着地方性不再存在，实际上，全球性和地方性共存才是这个时代的基本特征。

法律和制度的多样性也来自于人们偏好的多样性。如果一个社会中存在无数个大大小小的共同体，如果每一个共同体中的成员可以选择本共同体的法律和制度，那么，不同共同体中的成员可能试验不同的法律和制度，因为他们有着不同的偏好。也就是说，如果法律和制度不是由某个人或者机构强加给不同的共同体，它们将倾向于选择不同的制度安排。当然，如果迁徙是自由的，在一个共同体内部通常会存在着某种同质性，因为具有相同偏好的民众倾向于聚居在一起。大致说来，共同体越大，不同共同体之间的同质性就会越弱，所以，对整个社会而言，同质性仅限于某些非常有限的方面，尽管这未必意味着社会层面的黏合性或者认同性不强。

法制的多样性还意味着，法律并非都是由政府确立的，教会、城市、商人等组织和群体也曾经确立过自己的法律，[2]甚至仍在发挥作用。比如，历史上甚至今天依然在某些地方存在的教会法，

[1] Hayek, F. A., "The Use of Knowledge in Society", *American Economic Review*, 1945, 35（4）: 519-530.

[2] Berman, Harold J. ,*Law and Revolution: The Formation of the Western Legal Tradition*, Cambridge, MA: Harvard University Press, 1983.

就是教会组织确立的适用于信徒的法律。它们还设立了专门的教会法庭，裁决适用教会法的案件。在中世纪，商人群体也发展出了自己的"商人法"（Law Merchant），并设立了商人法庭，裁决商人之间的贸易纠纷，很少受到政府的干预。[1] 现代商法大都是中世纪以来商人群体的惯例和规则，只不过获得了国家的认可而已。同时，在一些法律家看来，一些土著人的习惯法或者部落法等也应受到认真对待，多种多样的法律构成了一种"法律多元主义"（legal pluralism），与"法律中心主义"（legal centralism）适成对照。[2] 多样性的法律和司法体系在各自的领域发挥作用，形成一种多中心的法律秩序（polycentric legal order）。[3]

三、分治、规则与多中心秩序

在一个自由的社会里，基于规则的自主治理造就了一种多中心的秩序。这种秩序意味着存在着多个决策和治理中心，诸如政府、市场、社会以及个人，它们在各自有限的范围内发挥作用，

---

[1]   Benson, Bruce L., "The Spontaneous Evolution of Commercial Law", *Southern Economic Journal* 55（January），1989，644-661. 关于裁判的私人物品（private good）性质和讨论，参见：Landes, William M. and Richard A. Posner, "Adjudication as a Private Good", *Journal of Legal Studies*, 1979. 8（2）: 235-284.

[2]   关于"法律多元主义"，见：Griffiths, John, "What Is Legal Pluralism", *Journal of Legal Pluralism & Unofficial Law*, 1986, 24: 1-55; Merry, Sally Engle, "Legal Pluralism", *Law & Society Review*, 1988, 22（5）: 869-896. 从法律史角度对法律多元主义的研究，见：Berman, Harold J., *Law and Revolution: The Formation of the Western Legal Tradition*, Cambridge, MA: Harvard University Press, 1983.

[3]   Barnett, Randy E., *The Structure of Liberty: Justice and the Rule of Law*. New York: Oxford University Press, 1998, pp. 257-297.

形成一种分而治之的局面。[1] 在这种秩序中，政府只是其中的一个决策中心，只是治理一部分公共事务，只在非常有限且事先厘定的范围内发挥作用。在很大程度上讲，这种秩序中政府的目的只是确保正义的实现，保护个人的权利和自由，提供司法、治安和防御等有限的公共物品和公共服务，而不干预或者介入到其他事务的治理之中。或者，换句话说，它是一个有限政府（limited government），是一个行动范围和权力十分有限的政府，是一个受到宪法有效制约的政府。[2] 这样的政府与一个无限政府（unlimited government）甚至全能型政府（omnipotent government）适成对照，后者企图控制和治理一切，吞噬整个社会，消灭所有个人，后果是灾难性的，甚至是"通往奴役之路"。[3]

既然多中心秩序中的政府是有限的，市场、社会和个人在治理公私事务中的作用就不容忽视。与经济相关的大部分事务都可以交给市场——一种以自愿交易为核心的独特机制，让这只"看不见的手"发挥尽可能大的作用，促进交易各方乃至整个社会的福祉。[4] 尽管一些人抱怨所谓的"市场失灵"（market failure），但人

---

[1] "多中心秩序"的理念较早由迈克尔·博拉尼（Michael Polanyi）提出，后经文森特·奥斯特罗姆（Vincent Ostrom）等学者发展。见：Polanyi, Michael, *The Logic of Liberty: Reflections and Rejoinders*, London: Routledge, 1954, pp. 138-200; Ostrom, Vincent, "Polycentricity", *Polycentricity and Local Public Economies: Readings from the Workshop in Political Theory and Policy Analysis*, Ed. Michael D. McGinnis, Ann Arbor: University of Michigan Press,1951, pp. 52-74, 119-138.

[2] "有限政府"的理论是由洛克、孟德斯鸠、麦迪逊等人发展起来的。参见：Locke, John,*Two Treatises of Government*. Ed. Thomas I. Cook. New York: Hafner Publishing Company ,1966; Montesquieu, Baron de, *The Spirit of the Laws*, New York: Hafner Publishing Company, 1949; Hamilton, Alexander, James Madison and John Jay, *The Federalist Papers*. Ed. Clinton Rossiter, New York: Mentor, 1999.

[3] Hayek, F. A,*The Road to Serfdom*. Chicago: University of Chicago Press,1944. Scott, James C, *Seeing Like a State: How Certain Schemes to Improve the Human Condition Have Failed*, New Haven: Yale University Press,1998.

[4] Smith, Adam, *An Inquiry into the Nature and Causes of the Wealth of Nations*, Chicago: Encyclopedia Britannica, 1952.

类迄今为止并未发现能够替代市场的更好的制度安排。尽管很多人相信经济危机系自由市场所致，但在大多数情况下，经济危机并非市场太自由的结果，而是政府不当和过度干预市场的产物。[1]尽管市场在提供公共物品和公共服务方面具有一定的局限性，但它在提供私人物品和私人服务方面的功能却是其他机制难以企及的。无论如何，市场在经济治理中的作用都是不可替代的，没有哪种机制具有比它更佳的激发财富创造的能力。

除了政府和市场之外，还有大量的公私事务属于社会或者市民社会（civil society），属于各种各样的非政府组织（NGO）和社会团体，诸如教会、学校、智库、基金会等。这些组织和团体通常在政府和市场难以胜任的领域发挥作用，提供各种各样的物品和服务。它们运作的逻辑既不同于政府，也不同于市场，甚至它们自身也有不同的运作逻辑，体现了相当大的多样性。无数个社会组织和团体就是无数个决策和治理中心，它们按照各自的章程和规则自主治理。这些组织和团体构成了理论家们常说的市民社会（或者公民社会、民间社会），构成了社会自治的基本单位。社会自治的理念有着大量的实证研究支持，譬如，世界各地的民众在一定的制度条件下能够自主治理灌溉、森林、鱼塘等共有资源（common-pool resources），并不需要依赖国家或者市场。[2]

当然，在政府、市场和社会之外，还有无数个重要的私人事务

---

[1] Mises, Ludwig von, *The Theory of Money and Credit*, New Haven: Yale University Press, 1953; Rothbard, Murray N., *Americas' Great Depression* 5th ed, Auburn: Ludwig von Mises Institute, 2000; Thornton, Mark, "The Great Depression: Mises vs. Fisher", *Quarterly Journal of Austrian Economics*, 2008, 11（3-4）: 230-241.

[2] Ostrom, Elinor, *Governing the Commons: The Evolution of Institutions for Collective Action*, New York: Cambridge University Press, 1990; Ostrom, Elinor, Roy Gardner, and James Walker, *Rules, Games, and Common-Pool Resources*. Ann Arbor: University of Michigan Press, 1994; Lam, Wai Fung, *Governing Irrigation Systems in Nepal: Institutions, Infrastructure, and Collective Action*, Oakland: ICS Press, 1998; Ostrom, Elinor, "Beyond Markets and States: Polycentric Governance of Complex Economic Systems", *American Economic Review*, 2010, 100（3）: 641-72.

决策中心——个人。在一个自由社会里，个人有着不可侵犯的行动空间——政府或者其他组织在任何情况下都不得干涉或者侵犯的私人领域，只要个人没有侵犯他人的权利和自由。这意味着，个人对于私人领域的事务享有自主治理的权利，个人甚至可以不参与到社会生活之中去。基于宪法和法律上的自由和权利，个人自主治理自己的私人事务，他人无权干涉和侵犯，哪怕是通过民主或者多数决的方式。一些人错误地认为民主决策或者多数决可以剥夺个人的权利和自由，可以干涉个人的私人事务，其实，这与自由社会保护私人领域的理念完全不符。个人的独立和自治意味着个人享有不受外来力量干预的权利，意味着个人是其私人事务的主人，政府或者其他任何组织都不应当越雷池一步。任何形式的集体主义、国家主义、民族主义或者社会主义都与个人自治的原则不符，因为它们都企图遮蔽或者削弱个人的价值，都有把个人降低到工具或者手段的潜在威胁。[1]

政府、市场、社会与个人形成了多中心秩序的基本格局，形成了无数个决策和治理中心。进一步，在政府内部同样要求一种多中心的制度安排，它以双重分权为基本特征，将政府分为横向的立法、行政和司法机构，分为纵向的全国性政府和地方性政府。前者被称为"三权分立"，后者则有"联邦主义"之谓。这种双重分权打破了"铁板一块"的政府，将政府分割成了多个决策中心，每一个层级的政府都分为三种机构，即立法、行政和司法机关，每一个机构都根据自己的职能和宪法的授权进行决策，每一个机构的权力都是有限的，且受制于其他的机构；同时，除了全国性政府之外，无数个地方性政府独立存在，它们不是来自于全国性

---

[1] Cassirer, Ernst, *The Myth of the State*. New Haven: Yale University Press, 1961; Mises, Ludwig von, *Socialism: An Economic and Sociological Analysis*, Indianapolis: Liberty Fund, 1981; Hayek, F. A., *The Road to Serfdom*. Chicago: University of Chicago Press, 1944; Hayek, F. A., *Individualism and Economic Order*, Chicago: University of Chicago Press, 1948.

政府的授权，而是来自于民众的授权，每一个地方性政府都是本共同体成员确立的，全国性政府无权改变或者撤销这些地方性政府。在很大程度上讲，全国性政府与地方性政府之间以及地方政府之间是平等的伙伴关系（partnership），是平等的自治共同体，没有行政隶属关系，没有高低贵贱之分。[1]

多个决策和治理中心的运作仰赖多种多样的规则。法律只是其中的一种规则，并且，即使就法律这种规则而言，它本身也具有多样性。一方面，从广泛的意义上讲，并非只有国家或者政府确立的规则才是法律，教会、部落或者一些群体（商人群体）确立的规则也具有法律的特性和功能。另一方面，在一个大的社会里，法律并非完全统一的，只有在全国范围内具有普遍性的法律才是统一的，大部分的法律具有地方性，每一个共同体都根据自身的条件和特性确立自己的法律。在这样的情形下，法律呈现出地方性和多样性，一个社会里存在多个不同的法律体系，并且由不同的司法系统来适用这些法律。这完全不同于一个单一制和中央集权社会里的法律和司法图景。在那里，法律是或者几乎是完全统一的，只存在一套司法系统。[2]

除了法律规则之外，市场规则、社会习俗（social norms）、宗教规范、家族规则等也都在多中心自治社会中扮演着重要的角色。尽管现代市场的运转越来越离不开法律，但是市场上的大量交易规则并非都是法律，而是交易习惯和惯例。实际上，商业和贸易领域里的大量法律本来就是商人的交易习惯，是商人自治的产物。人们在社会交往过程中形成的大量的习俗和行为准则，也是人们自主治理的重要依据和准绳。其实，就其对人们日常生活的影响

[1]　Elazar, Daniel J., *Exploring Federalism*, Tuscaloosa: University of Alabama Press, 1987; Ostrom, Vincent, *The Meaning of American Federalism: Constituting a Self-governing Society*, San Francisco: ICS Press, 1991.

[2]　单一制与法律统一的经典论述体现在霍布斯的著作中，见：Hobbes, Thomas, *Leviathan*, Indianapolis: Hackett Publishing Company, 1994.

而言，社会习俗远远超过了具有强制力的法律。对于大量的民众来说，他们终生都很少跟法律打交道，但他们几乎无时无刻都离不开社会习俗和道德规范。对于信仰宗教的民众来讲，宗教规范也十分重要，教会自治就是建立在这种规范基础之上的，它给人们的信仰世界厘定了边界，确保宗教秩序的形成和维系。家族规则以及其他类型的规则也在各自的领域内发挥着自主治理的作用，与法律等规则一起共同型塑一个自治的多中心秩序。

四、结语

　　一个自由的社会既意味着法治，又意味着自治。前者是从规则意义上讲的，后者是从主体意义上讲的。二者的关联在于，合乎自治的法治要求法律尊重民众的选择和实践，要求法律制度的多样性和多元主义，合乎法治的自治要求民众根据公正的规则治理，要求保护个人的基本权利和自由。缺乏自治的法治可能导致一些人统治另一些人的结局——他治，而缺乏法治的自治可能沦为任意武断的统治——人治。

　　在一个法治且自治的社会里，存在着多个决策和治理中心，政府、市场、市民社会和个人等分别在各自的领域发挥作用，相互补充而非相互替代，形成分而治之的局面。在这样的社会里，政府的目的和作用范围是十分有限的，并且，政府在双重分权的制度安排下形成了多个决策中心，进而限制了权力的运用，促进了社会自治和地方自治。多样性的规则体系为社会自治和地方自治提供了依据，帮助构建一个多中心的社会秩序。

走向规则主导型社会：一个关于中国公共治理转型的研究与实践框架[*]

邓穗欣　　湛学勇　　鲍勇剑[**]

一、引言

中国的发展已经在国际社会获得了极大关注，也在学术界引发了许多关于中国的治理模式的讨论（俞可平，2000；丁学良，2011；黄亚生，2011；张维为，2011；郑永年，2010）。譬如，究

---

[*] 谨以此文纪念 Vincent and Elinor Ostrom 教授夫妇。本文付梓之际，我们不幸收到 Elinor and Vincent Ostrom 先后辞世的消息。笔者之一的邓穗欣曾在 1984—1989 年间求学于印第安纳大学布鲁明顿分校，受教于两位教授，并且在 Elinor 教授的指导下完成博士论文，Elinor 教授关于共有资源治理的原则是本文的重要理论依据，我们的学术成长也从两位教授的思想中得益甚多。Elinor 教授非常关注中国的公共治理问题，对我们这项关于规则主导型社会建设的研究也有过鼓励。本文部分内容是以邓穗欣的著作《规则社会的十项原则：提升中国的治理能力》（中国经济出版社，2012 年版）为基础改写而成。我们感谢牛铭实、敬乂嘉、方竹兰等学者对本文初稿的建议。本文原刊于《复旦公共行政评论》第九辑（第 43—67 页，2012 年），感谢《复旦公共行政评论》杂志对我们重印本文的许可。

[**] 邓穗欣，美国南加州大学普莱思公共政策学院公共行政学杜敢卓越讲座教授；湛学勇，香港理工大学管理与市场学系助理教授；鲍勇剑，加拿大莱桥大学管理学院副教授。作者联系方式：stang@usc.edu。

竟什么促成了中国过去三十年的经济成就？如果中国模式成立，那么这种发展模式在多大程度上能为其他发展中国家所借鉴？中国若要解决其特定发展战略所造成的其他问题，比如环境退化、贫富差距、官员腐败、食品安全、医疗保健等，所面临的主要挑战是什么？从治理结构的角度来分析，中国面临的这些问题都涉及如何强化自身成为一个规则主导型社会。近年来，"潜规则"一词的流行以及公众与学术界对此现象的思考无疑印证了中国在治理转型过程中面临的主要挑战（吴思，2009）。[1] 如果不从根本上理解这一持续性挑战的实质，我们不可能充分认识到中国作为世界新兴力量的潜力和局限性，也不可能正确估量中国在下一发展阶段将要面临的关键阻碍，更难以适当评测中国履行其国际义务的能力，包括环境保护、执行产品安全条例以及在没有制造更多社会冲突的前提下进一步发展经济。

要形成有效运作的社会，规则必须能行之有效地解决问题，并且为规则的适用人群所遵循。显然，没有任何社会能够确保其成员无时无刻都百分之百地遵守规则；所以，关于规则的一个核心问题就是整个社会在多大程度上真正做到了规则有序。在这方面，

---

[1] 吴思的《潜规则》是中国过去十年间的畅销书之一。该书追溯了中国历史上的潜规则以及这些潜规则如何压倒正式规则成为多数官员的操作指南，这些人更热衷于追逐私利而非履职尽责、勤政为民。虽然书中论及的多为中国古代的事例，但它的主题很可能引发读者共鸣，因为他们大多会认同这一观点：非正式规则，而不是正式规则，对当代中国的政治、经济和社会行为仍然具备相当大的影响力。很多时候，当非正式规则取代正式规则成为日常活动的行为指南时，问题就会出现。更为糟糕的情形是人们对任何规则都置之不理，无论是正式的还是非正式的，以便抓住一切机会牟取私利，而且常常损人利己。当规则被习惯性忽略时，官僚腐败变得普遍；商人会罔顾监管标准，制造不安全产品；司机会忽视交通规则，引发事故；企业会变得低效，因为管理人员无法指望员工照章行事。

中国与世界其他国家相比仍有距离。[1] 例如，中国能够提升其在"法治"和"腐败控制"方面的评级吗？这个问题涉及到强化中国成为一个规则主导型社会。为实现这一目标，邓穗欣（2012）提出十项原则作为思考强化中国成为规则主导型社会战略的出发点，这十项原则是：

  原则一，降低遵守规则的难度；

  原则二，制定明确和容易理解的规则；

  原则三，让非正式规则强化正式规则；

  原则四，建立遵循规则的社会期望；

  原则五，执法公平合理，始终如一；

  原则六，规则要对症下药，量体裁衣；

  原则七，规则和公共决策应在最接近于受影响人的层级制定；

  原则八，备以辅助机制，以便在现行规则失效时解决冲突；

  原则九，具备可靠约束，以确保规则制定者和执行者能够负责；

  原则十，运用规则促进"正确理解的自我利益"。

  这些原则中排序越靠后的越为根本，它们是建立其他原则的基础。简单来说，原则一到原则五主要解决操作性问题，它们所关注的是规则有效协调行动和解决问题的条件。而原则六到原则

---

[1] 尽管很难评价中国的治理绩效，但世界银行自 20 世纪 90 年代中期以来所公布的年度治理绩效指标提供了相关信息。指标之一的"法治"，体现了对人们遵守社会规则程度的感知。该指标尤其关注对"合同执行质量、产权、警察、法庭以及犯罪和暴力可能性"的感知。中国在 2010 年于该项的评分居世界所有国家的第 44.5 百分位。中国大陆地区的得分远低于新加坡（第 93.4 百分位）、美国（91.5）、中国香港特别行政区（91.0）和韩国（81.0），但高于蒙古（41.2）、越南（38.9）及印度尼西亚（31.3）等国。这份清单显示，一个国家的得分高低似乎与该国的经济发展水平相关，人均收入较高的国家往往在"法治"一项获得更高的分数。从这个意义上说，中国在法治建设方面的排位大致"合理"，因为其 2010 年人均 GDP（基于购买力平价）处于约第 45 百分位。中国的"法治"的评分已经略有增加，从 1996 年的 39.2 百分位上升到 2010 年的第 44.5 百分位。然而，对应过去 15 年飞速增长的中国人均国内生产总值，这一进步仍然有提升的空间。值得关注的是，中国大陆地区在另一指标"腐败控制"的排名从 1996 年的 43.4 百分位下降到 2010 年的 32.5 百分位。

十主要解决治理问题，它们所关注的是制定、实施和裁决规则的条件。在这十项原则中，原则九"具备可靠约束，以确保规则制定者和执行者能够负责"和原则十"运用规则促进'正确理解的自我利益'"是最根本的，因为它们为其他八项原则的发展和应用提供了基础。这十项原则并非详尽无遗，可能有更多的原则可适用于中国。此外，这些原则之间大多相辅相成。例如，如果没有原则六"规则要对症下药，量体裁衣"，原则三"让非正式规则强化正式规则"将难以实现。总体来看，这十项原则与美国印第安纳大学布鲁明顿分校 Elinor Ostrom 教授所提出的治理共有资源的八大原则相重叠（Ostrom，1990），[1] 但是邓穗欣（2012）所探讨的十项原则更有普遍性，可被运用于更为广泛的管理和治理问题。由于这十项原则只是泛论，在应用到中国现实情况时需具体说明。

基于我们多年来对中国以及西方社会公共政策与管理的研究，我们决定以这十项原则为基础，构建一个关于中国公共治理转型的研究与实践框架。我们的框架借鉴了制度分析方法的见解。虽然各种学派对于影响人类行为和互动模式的基本假设各不相同，我们认同个人利益是个体遵守规则的关键诱因，并强调社会的期望和体制的激励不但影响人们如何理解个人利益，也可以引导他们在实现个人利益的同时兼顾社会责任。强化中国作为一个规则主导型社会的关键是采取措施促使规则体系的重塑，使得这些规则鼓励所有参与者表达正如托克维尔（Alexis de Tocqueville）所提出的"正确理解的自我利益"（Tocqueville，1835）。[2]

在讨论中国公共治理转型时，我们更为关注以促进互利的方式来使用规则和治理社会、政府机构、商业机构和民间组织。我们

---

[1] Elinor Ostrom 教授的八大原则是针对一系列具体问题而开发，它们大多与公共资源使用所产生的集体行动问题决议有关。具体可参见：Elinor Ostrom, *Governing the Commons*, New York: Cambridge University Press, 1990.

[2] Alexis de Tocqueville, *Democracy in America*, 2 Volumes, New York: Random House, 2000.

的指导愿景是促进中国向规则主导型社会发展。该种社会应具有以下特征：（1）保护个人自由和权利；（2）立足于历史和文化现实来平衡个人自由和公共利益；（3）提高全体国民的福利；（4）社会大众理解规则可被用于协作和掠夺性目的，特别是在后者如果不能被完全消除时应该加以限制。[1] 在下文中，我们将首先讨论这十项原则的具体意义，以及运用这十项原则去逐步改善各项治理方面的切实可行的步骤，然后我们将讨论这些原则对于中国公共管理研究有哪些启发，以期对中国的治理转型和社会发展提供一些思路。

二、规则主导型社会与中国的公共治理转型

（一）原则一：降低遵守规则的难度

要使规则成为协调行动和解决问题的有效工具，制定时必须考虑到普通人遵守规则时不会有太大难度。如果制定的规则非寻常人所能遵照执行，那么该规则很难获得普遍的服从，或者无法有效地解决问题。诺贝尔经济学奖得主道格拉斯·诺斯（Douglass North）曾指出，现代制度的主要特征是无须付出昂贵的代价，任何人都可以做正确的事和依法行事（North，1992）。以腐败现象为例，在很多发展中国家，政府对市场运行和资源分配的控制权太大，官员难以抵制腐败的诱惑，因为潜在的回报极高，而被抓获的几率很低。在中国，这种诱惑也普遍存在，因为政府官员在掌控土地供应、分配政府贷款和合同、授予独家经营许可证等方面拥有很大的权力，而透明度和公众监督相对有限。正如近年来许多重大腐败案所显示的，掌握了太多资源和权力的政府官员

---

[1]　详细讨论可参见：Terry Moe, "Power and Political Institutions", *Perspectives on Politics*, 2005, 3（2），215-233.

越来越难抵抗腐败的诱惑。此外，如果保持清廉的代价很大，腐败也有可能被诱发。在中国历史上，一个明显的例子就是薪酬过低所导致的风纪败坏，尤其是在基层官员中。在今天的中国，政府公务员的整体工资水平与私营部门相比并不算高，但各种附加福利和退休保障，加之工作稳定性和社会声望，使得公务员职位仍然相当具有吸引力。因此，在"僧多粥少"的局面下，高校毕业生仍"千军万马挤独木桥"式地报考公务员。与此同时，随着中国私营部门持续壮大，公共和私营部门职员之间的薪水差距开始扩大，这有可能造成基层官员的不满，并可能会削弱他们对公共服务的承诺。因此，如果要让官员遵纪守法，首先在制度上就要防止官员掌控过大的市场管制与资源分配权力，其次要提供合理的报酬。近年来，中国政府已经在官员财产申报制度等规则建设上取得很大的进展（Gong，2011），这些规则如果能够得到有效执行，会比模糊的道德诉求如"清官"口号更能预防腐败的发生。

在提供公共服务时，政府应该避免制定难以实现的政策目标。例如，中国许多地方政府致力于"幸福工程"。这本身是一件好事。它有利于改变单一的 GDP 发展指标。但是，提高人民的幸福指数很难，因为它太个性化，太因人而异。如果"幸福工程"改换一个角度去要求地方干部，让他们致力于降低"不幸福的感受"，例如定期的施政反馈、建立小区管理的补偿条款解决违章停车的问题、要求公共交通工具有协作老人上下车的设计等，这就要容易做到得多。诺贝尔经济学奖的获得者丹尼尔·坎曼（Daniel Kahneman）就指出，降低 U-index（unpleasant state）才是提高幸福感受的有效途径（Kahneman，2011）。

（二）原则二：制定明确和容易理解的规则

由于中国地域辽阔和人口众多，各地的实际情况差异往往很大，中央政府的规则制定者常常会颁布比较有灵活度的规定，这样各地有按实际情况各自解释的空间。但是，如果规则本身不明确和不易理解，人们即使出于良好的动机尽力去遵守规则也很难做到。从短期来看，模糊的法规可能对中央政府有利，因为出现问题时可以归咎于地方政府。因此中央政府官员普遍倾向采用更多的法规并宣告他们解决问题的意向，而往往由地方官员确定具体方式和集合资源来执行政策。虽然中央政府官员可能因此避免由于政策失败而被直接问责，但他们却得为地方官员未能解决问题的后果伤脑筋，有时可能会导致地方抗议，造成社会不安。近年来，有一句流行语是"政令难出中南海"，部分反映了中央政府面临的决策困境。

由于规则制定不可避免地面临模糊性与灵活性的冲突，我们要尽力消除制定者自己都不知所云的规则，减少政策冲突的可能性。可惜的是，政策与政策打架的现象在很多领域多次出现。例如，前几年在一系列矿难之后，发改委强力推动关闭小煤窑的政策。但是，2008 年南方大雪，电力紧张的时候，贵州等产煤省份同时收到加大产煤量的紧急要求。许多地方的小煤窑又全面开工了。这是一时紧急的权宜安排，还是政策改变？对此，地方政府没有收到明确的规定。曾经在黔东南下放锻炼的干部告诉笔者之一：这样的左手和右手打架，昨天和今天矛盾的政策比比皆是，让地方干部很难执行。政府首先要避免对公共事务与社会生活事无巨细的管理和干预。从公共政策制定的角度来看，在需要政府介入的领域，中央政府和地方政府需要进一步明确公共事务管理的角色定位，确保相应公共服务的财权与事权匹配。与此同时，还要加大政策制定过程中包括企业、非营利组织以及公民等利益相关者的参与，通过公众的审视与讨论让政策的出台更加严谨和规范。

（三）原则三：让非正式规则强化正式规则

正式制定并获准通过的规则是协调政治、经济和社会活动的重要手段。但仅有它们是不够的；在很多情况下，非正式规则可以帮助协调人类活动。从在餐馆是否和应该支付多少小费之类的社会规范到指导许多国家腐败官员行事的精心设计的潜规则，非正式规则可以以不同的形式存在。在中国，大多数人对于非正式规则指导政治、社会和经济交易的盛行并不陌生。比如，有一句众所周知的俗语是"上有政策，下有对策"。　当上级政府试图在较低层级执行政策法规时，地方政府单位之间精心经营的非正式规则会帮助彼此逃避检查。这种做法早已存在，但近年来有愈演愈烈的趋势。例如，一个省级小组预定前来视察采矿安全或计划生育工作时，市、县和乡镇各级政府相关单位会结成同盟，互相预警，以确保在视察期间无问题出现。再往下，当县级机关派人到乡镇检查时，乡镇机构会彼此协助以规避县级官员的检查。　这一普遍现象是集中决策和分散执行的体系所固有的制度性诱因的结果。由中央一级统一制定的政策和法规很可能与地方情况不相适应，而处于官僚体系顶端的官员要将底层发生的一切尽在掌握，从本质上来说是很难做到的。

　　周雪光（Zhou，2010）认为近来的制度变革可能从以下几个方面使得情况更加恶化。　首先，由于中央政府将更多的资源和政策制定权收归中央，地方官员面对更多来自上级的指令和规则。然而，地方政府官员又不得不回应他们辖区居民的诉求，这些诉求常常与上级要求相冲突。　在诸如环境保护、计划生育和工作场所安全等领域，地方官员需要形成自己的灵活机制来达成官方目标、设定具体的优先事项和重新分配资源。这些机制中的一部分也许会产生对社会有益的结果，如果努力确实是为了使中央的命令适用于当地情况；但是有些可能是地方官员以公共利益为代价牟取私利的公然手法。其次，由于地方官员是集中化人事管理体系的一部分，他们的仕途取决于遵从上级指令的能力。近期的改革创造了更强烈的驱动因子，既有正面的也有负面的，促使地方官员服从上级指令。此外，根据新的连带责任制度，如果出现问题，不只是直接责任人要受罚；主管领导和直接上级也要受处罚。这些激励制度进一步鼓励地方官员（1）互相配合向上级隐瞒问题（2）试图和上级及其他单位的同僚建立更牢固的个人关系以防不测。

尽管非正式规则在中国常常用来破坏或者规避正式规则，但是这并不意味着中国社会不能建立起非正式规则以支持及强化正式规则。近年来随着中国网络社会的发展，"网络反腐"的出现就是很好的例子。2008年12月，一则"天价香烟"和"江诗丹顿"手表的网上新闻直接引发了对南京江宁区的房管局局长周久耕的经济来源调查，并最终让他丢掉了官位。此后，从网上搜寻干部各种各样的奢侈消费的做法成为网络政务监督的时尚。它也开始影响到官员在公共场所的消费行为。虽然民间的这种非正式规则的做法没有法律效力，但其毫无疑问强化了对官员廉政的要求。近年来，随着互联网络的发展和普及，基于博客、论坛、微博的各种网络社区不断发展，为民间监督政府和官员行为提供了有效的渠道。与此同时，政府也开始积极回应公民知情权的需求，加大了政府信息公开的力度。这些做法将有助于逐步建立起非正式规则对正式规则的强化机制，推动中国公共治理制度的转型。

（四）原则四：建立遵循规则的社会期望

社会期望在决定人们行为以及非正式规则是支持还是推翻正式规则方面能起到关键作用。在西方社会，民间社团是普通公民学习共同努力以解决集体问题和学习建立及维护遵守规则的社会期望的重要场所。在发达国家如美国，多数情况下政府官员深知公民和利益团体可以在法庭上挑战他们的决定。考虑到被起诉的风险，美国政府官员有足够的动力去严格遵守法律并按规则办事（Wilson，1989）。

中国已经出现了新生的民间社团。然而，由于对民间社团的成立和运行有诸多限制，这些社团的能力有限，无法很好发挥连接社会群体的桥梁作用，也难以成为组织社会资源解决社会问题和传播信守规则的社会期望的平台。例如，现行法律规定民间组织必须获得一家政府单位的支持才能在民政局注册；在一个司法管辖区内，从事某类活动的民间组织只允许有一个。由于这些限制性规定，很多民间组织在没有适当注册的状态下运行，而同时对注册要求的执法已经变得松散和不一致（Tang and Zhan，2008）。这种情况不仅造成了对法律的普遍不尊重，也使得政府难以形成一套有序的方式利用民间社团的优势来帮助提供公共服务，同时使得民间社团很难在创造合作和守法的社会期望方面发挥积极作用。可喜的是，经过多年的呼吁，部分地方政府如北京市和广东省已经分别在北京中关村和深圳市尝试开放民间组织的注册，2012 年国家民政部也认可了这些社会组织管理改革方向。

作为公民与政府的中介，公民社会组织的发展无疑将有助于推动建立遵循规则的社会期望。近年来，在其他领域，中国政府也取得了许多进展。例如，当公民提交护照申请后，人们自动认为管理部门必须在 14 天工作日内予以答复。这样的社会期望在 2012 年 5 月中美一次关于山东人权问题的交锋中施展了一个重要的影响。在这样一个重大事件中，"政府遵守护照申请期的规定"没有被关注，这恰恰是社会的进步，因为人们已经开始建立了对此规则的自动预期。只有曾在改革开放初期申请护照的公民才能够理解这是一个怎样的进步。商鞅变法，城门立木。建立"遵守的预期"是强化规则社会的一个重要心理来源。

（五）原则五：执法公平合理，始终如一

无论遵守规则的社会期望多么普及，总是有人想要违规利己。从长远来看，任何规则体系要正常运行，一些执法机制必不可少。但是，规则要有效，其执行必须公平合理、始终如一。在中国，对违法乱纪的正式处罚可能会非常严厉；然而，问题在于执法是选择性的和不一致的，而且往往被视为是不公平的，只针对那些普通民众或者在政治上失势的人。这种执法模式出现在各个不同领域，从反腐斗争到上市公司的治理监督。

以法官的绩效评估为例（Minzner，2009），目前，许多法官的工作评估基于人事责任制度，他们被要求完成诸如上诉逆转数目限制之类的指标。这种责任指标鼓励法官在判决前咨询他们的上级而不是基于他们自己的释法。这样一套制度破坏了人们对执法体系公正性的信心。中国的一个主要问题不是违规惩罚条文的缺乏；而是如何确保处罚的公平合理并始终如一。在诸多利益相关者共同作用的中国环境中，做到这一点很不容易。2012 年 4 月 24 日，中央电视台二套节目报道了蜜饯行业生产过程中的质量问题。各级工商部门立即对辖区企业的产品进行复查、复检。让当事企业难以接受的是，检验部门在国家颁布的标准之外临时新增了"微生物检验指标"。这种对已经发生的行为建立新的、临时规则的做法不仅有失程序公平，也造成消费者认知的进一步混乱。执法部门也许是想更完善，也许是想全覆盖自己的责任，也许是用新标准来显示自己的严格性。但是，对于这样前后不一致做法的危害我们非常清楚。那就是，它损害了规则的公正性和严肃性，造成各方的猜疑心理，并动摇了制度的信用。

（六）原则六：规则要对症下药，量体裁衣

使规则尽量符合问题的特性和规模，这从来都不是一件易事。例如，当今世界的许多政府活动涉及到跨辖区、跨机构和跨部门的协作，以制定规则和程序来处理具备不同特点和规模的问题。在中国，由于大多数政策和规则由中央政府发起，这不可避免地造成了其中很多并不符合地方情况。规则越不适合当地情况，地方政府就越有动力设法规避、调整或减轻这些统一措施所施加的约束。中国也缺少一个制度性的框架来鼓励和促进地方政府之间自愿合作来解决跨辖区的问题。当遇到规模较大的问题时，例如治理流经多个辖区的河流系统，省领导可能明确要求市县官员成立一个特别工作组，以协调跨辖区的努力来完成这项工作。只要省领导对该问题予以特别关注，地方官员会积极地开展工作。但

是一旦省领导的注意力转向其他问题，地方官员之间的协作可能难以持续。一般而言，除非上级明确表态，地方官员通常不愿发起相互之间的协作。即使他们愿意尝试，也缺乏有利的法律框架来支持他们的努力。

除了组织结构要对症下药外，行政手段也要如此。为了回应社会大众对公务员官僚作风的不满，并体现亲民的态度，2012年5月，深圳市政府组织公务员走上街头，实施义务服务，包括为市民理发和擦皮鞋。在改革开放以前服务短缺的年代，这样的便民服务曾经广受欢迎。但是今天，它被指责为争抢了社会最底层谋生的机会。公务员每次免费擦一双皮鞋，旁边众多的下岗工人就少了一只午餐的包子。所以，良好的意愿也还需要对应的行政设计。

（七）原则七：规则和公共决策应在最接近于受影响人的层级制定

当公共决策和规则由非直接受众制定时，可能会产生很多问题。例证之一是近年来乡镇政府的"空心化"——乡镇政府是中国正式行政体系的最低一级。近几年的改革努力，特别是2006年取消农业税后，大多未能将乡镇政府从致力于收取税费的管治单位转化为以提供服务为重点。Smith（2010）认为有几个因素分散了乡镇领导服务居民的注意力。首先，即使国家领导层可能并不希望乡镇把重心放在积极争取外来投资上，乡镇领导仍普遍将其视为省级和省级以下领导的优先考虑事项和个人仕途及财政奖励的关键指标。因此，大多数乡镇官员不成比例地花费大量时间和资源在全国各地出差以"吸引"投资。为迎接这些考察人员，乡镇领导干部花费大量时间和精力组织筹备。接待考察组不仅消耗了乡镇干部的时间，也耗费了乡镇财力。

近年来许多乡镇机构，特别是那些"有钱有权"的，已经由县级机关直接领导；那些"缺钱少权"的仍然在乡镇的直接控制下。然而，对于后者，比如负责"农业技术推广"的单位，工作人员很难被调动起积极性来努力工作，因为他们的仕途前景往往不佳。

使问题更为复杂化的是，乡镇领导——党委书记和乡／镇长——由县委常委任命。他们之中很多人大部分时间在外开会和招待"潜在投资者"。没有一个有凝聚力的乡镇行政主体，将乡镇变成服务导向型实体的目标已变得可望而不可及。一个普遍存在的问题是，本该为某一特定社区解决问题的官员，实际上正在作为一个更广泛社区的利益代理行事。与之相关的一个议题涉及更广泛的政府财政制度。

自从1994年财政改革以来，中央政府从政府收入中提取的比例越来越大，但各种公共服务的提供，例如教育、医疗、农业和农村发展，仍然是地方政府的责任。为了缓解这种收入和责任的不平衡，尤其是在欠发达地区，中央政府已经制定了若干税收返还、专项转移和一般性转移机制来帮助地方政府，尤其是欠发达地区的政府，填补预算缺口，以使它们能够履行公共和社会服务义务（Hou，2011）。然而，许多县政府并未按中央政府预期的那样将这些资金用于支持地方公共服务，反而挪用来支持官僚扩张，同时将财政压力推向下级政府机构。在既缺乏有效的中央监管也不面临地方选民压力的情况下，地方政府领导的首要任务是逢迎那些对其仕途助力最大的人（Liu et al.，2009）。这些人更有可能是官僚体系之内的参与者，而非所服务的民众。

脱离受影响人而制定的公共决策往往产生事与愿违的后果。例如，针对医患纠纷蔓延，政府制定了"举证倒置"的规则，即涉及医疗事故的医生必须证明自己的清白。这样的规定加剧了医患矛盾，因为在信息不对称的背景下，医生开始选择低风险的治疗方案。更糟糕的是，只有通过熟人的非正式的口头担保，许多医生才愿意执行高风险的治疗方案。同时，"熟人担保"、"高风险"、"我原本可以不做"等心理情结还为更多的"红包"交易开启了更保险的大门。同样的问题也反映在"医药分家"、"低成本、广覆盖"的政策规定。它原本是要阻止医院和医生盲目开高价药，获得利润。但是，医院只有20%不到的政府拨款，需要自我筹集另外 80% 的运营费用，并且没有辅助的社会捐款和慈善的制度设计，医院如何生存和运营呢？高高在上的公共决策只会导致更多的暗箱作业，并侵蚀制度的信用。

（八）原则八：备以辅助机制，以便在现行规则失效时解决冲突

近年来群体抗议事件的增加显示政府和个人之间的冲突已经越来越常见，这些抗议涉及对地方税收、土地征收和房屋拆迁、环境管理、计划生育等的不满。在很多事例中，公民觉得政府官员没有照章行事，对他们施加了不合理的财力和劳力负担，或者对那些受到决策不利影响的人补偿不足。个人想通过向法院起诉来扭转政府决定不仅代价昂贵而且机会渺茫。相反，个人很多时候不得不诉诸请愿、示威或抗议。从政府的角度看，这些集体行动通常被认为是社会不稳定的根源。虽然政府有时候可能会满足示威者的要求，但通常示威者可能会被施以严惩。很多时候，政府和公民之间的冲突会成为某种懦夫博弈。如果集体抗议的规模不大，地方政府可以轻易压制；抗议者可能会被严惩。但如果抗议的规模很大，引起了媒体或更高级别政府领导的关注，抗议者有时可能赢得公众或更高级别领导人的同情，从而使问题得到解决。

辅助机制的必要性在现代复杂社会尤其突出。复杂联动的社会活动，例如律师诉讼和医疗卫生等一定有冲突发生的事件，但对应的辅助机制却严重不足。参加我们在美国和加拿大的高级领导力项目培训的中国专业人士都有一个体会：中国需要和西方社会类似的专业行会。资本主义发展早期，在意大利、法国、英国等地就出现行会组织。它们既担负专业职业标准的维护角色，也保护行会成员的权益。专业行会像身体的软组织一样为市场经济的体制提供自我监管和保护从业者的功能。现在中国的律师协会、医师协会和药师协会更多意义上是福利组织和干部退休的去处。在许多医患纠纷和与法律事务所的纠纷中，社会因为缺少行会内

部的监督和保护，民事冲突直接上升为刑事，甚至政治冲突，消耗了大量的制度资源，却没有达到消弭冲突的效果。因为没有成熟的专业行会组织，当冲突发生时，当事人容易产生更具有社会性的直接对抗，造成政府、当事人、行业、社会四方皆输的局面。因此，大力培育具有中介性质的专业行会组织，协调大量民间交易中产生的纠纷和冲突，是避免加重政府干预的有效途径。

（九）原则九：具备可靠约束，以确保规则制定者和执行者能够负责

中国过去和现在的治理体制一直以通过等级森严的人事制度来实行集中控制为前提。整个体系的官员都明白他们的仕途最终取决于他们如何满足上级政府行政主管的目标和期望，但不一定取决于他们是否维护所直接服务层级和单位的利益。中国的体制使得中央政府能够迅速动员大量资源，同时处理几个重大问题，正所谓"集中力量办大事"。其弱点是往往受困于命令和信息通过陡峭的梯级传递时所产生的各种委托代理问题。地方官员缺乏足够的动力来对工作进行适当调整以满足地方需求。中国的制度也鼓励官员向上级隐瞒其辖区内的问题。中国所面临的一项重要挑战是如何创建一种激励制度使得所有层级的政府官员积极回应各自辖区的诉求，同时致力于跨辖区合作以解决大规模问题，并支持全国性的新举措。

在这个方面，中国也取得了许多成就。例如，在过去的几年中，负责审批企业上市的中国证监会就颁布了具体的过会制度，其中包括来自社会的委员会委员，过会的公示，申请过程有明确的进程表等。在美国等发达国家的金融市场，这些是基本规定。但在中国，它经历了艰难的建设过程。与20年前相比，规范的申报和审批制度极大地提高了规则的可约束性。又如，最近几年，网络媒体不断曝光的不合法、不合理提升干部的现象。在痛恨其中的腐败的时候，人们往往忽视了制度的进步。如果没有干部提

拔的公告和公示制度，这些"巧妙"的做法是很难察觉，更不容易被举证曝光的。总之，流程公开透明的规则才刚刚在中国各个政府部门推行。但我们已经可以看到它对制定者和执行者的责任提升起到的正面和积极的作用。

（十）原则十：运用规则促进"正确理解的自我利益"

托克维尔在《论美国的民主》中利用"正确理解的自我利益"这一概念来解释社会如何才能反击个人主义的潜在弊病，这一问题因现代社会身分平等的增强而更加迫在眉睫。托克维尔承认自我利益作为人类行为关键激励因素的首要地位，但他同时认为在适当的社会和制度环境下，个人可能认识到牺牲小我成就大我是与一个人的长远开明利益兼容的。从这个角度而言，正式规则如果得不到非正式规则的支持是无法实行的。然而，如果人们不相信正式规则合情合理，对他们长远有利，而且那些制定和执行规则的人会对所服务的民众负责，人们就不会发展非正式规则来支持正式规则。基于两千年儒家的传统，中国人习惯于以集体利益的名义牺牲个人利益。例如，在当代中国，政府常常能够以偏低补偿取得私人物业用于公共目的，从而引起那些受损人的强烈不满。如何平衡个人利益和集体利益是一个棘手的问题。考虑到中国以集体名义压制个人利益的长期传统，如何调整规则体系给予保护个人财产、个人隐私和其他基本个人权利更大的优先权，这无疑是一个巨大的挑战。如果当权者对以公共利益为名侵害个人利益习以为常，很难基于正确理解的自我利益这一原则来建立一个规则主导型社会。

在中国这个讲传统道德和集体利益的社会，没有比"正确理解的自我利益"更有现代价值了。2008 年，汶川地震时，中学教师范美忠自己先从教室跑了出来。事后，他的网络文章引发许多人对此现象的关注和谴责，也让他落得一个"范跑跑"的网络绰号。四年后，范美忠先生再次接受多家媒体的采访。他强调自己作为一名中学教师的专业责任是教书，而不是在地震时担任救助员。这一解析在现代社会是难以接受的，因为一般人都会同意老师有专业责任在危急情况下尽量保护幼小学童。我们不应将所有社会行为道德化，但我们应鼓励政府官员和专业人员将保持基本专业守则作为其个人职业发展的基础。

如果社会个体不理解或者放弃"正确理解的自我利益"，整个社会将会面临长远的挑战。以三鹿奶粉和三聚氰胺的危机为例，奶制品行业本应该从自我利益出发，借此全面检讨行业存在问题，重塑消费者的信心。但在2008年奥运会之际，奶制品行业从大局出发，配合各方尽快"搞定"这个危机，而不是从根本上解决问题。现在，中国的奶制品行业仍然危机不断。婴儿奶粉市场被洋奶粉占领，美国ADD食品企业正在浙江义乌兴建亚洲最大的婴儿奶制品工厂。

三、规则主导型社会与中国公共治理的研究

中国的公共管理研究在公共管理硕士（Master of Public Administration）这一职业教育项目引入中国之后得到了很大的发展，国外许多有影响力的公共管理学派思想和学术著作已经大量引入中国，近年来中国公共管理学界也与国际学术界进行大规模的学术交流。与此同时，中国的公共管理学者也开始探索具有中国特色的公共管理理论研究（陈振明，薛澜，2007；马骏，2006；薛澜，2002）。近年来，中国学者已经开始使用中文以外的语言来发表他们的研究成果，在国际公共管理学术刊物上，我们看到了有越来越多的来自中国大陆的学者的论文发表。我们认为，关于规则主导型社会的建设与中国公共治理转型的研究，将有可能成为中国公共管理学者对国际学术界做出重要贡献的一个领域。

应该如何理解规则在公共治理及其转型过程中的作用？上面提出的十大原则又能如何引导公共管理学者的研究呢？结合我们多

年来在公共管理和企业管理等领域的研究经历，我们将抛砖引玉，就以下几个话题展开讨论。

（一）改革治理体制以加强政策制定和执行能力

公共治理制度框架的核心基础是正式规则体系，而正式规则是如何形成的就成为一个重要的研究方向。在十大原则中，原则一提出要降低遵守规则的难度；原则二提出制定明确和容易理解的规则。这两项原则与正式规则体系的形成密切相关。由此，我们提出关于正式规则的制定和形成应该是中国公共治理转型研究的一个重要方向，并且要以改革治理体制以加强政策制定和执行能力为导向。

公共政策过程是西方国家公共管理学界一个重要的研究对象。以政策制定为例，其主要研究政策过程中不同的政治主体和利益相关者在给定的政治结构、法律框架以及行政程序下互动，从而影响政策的制定。在中国近年来已经有很多学者开始了公共政策过程的研究，如中国公共政策的议程设置（王绍光，2006），专家和智库对政策的影响（Zhu，2012），也有学者开始研究公民社会组织的政策倡导（Zhan and Tang，2012）。

从公共政策过程的理论来看，正式规则往往具有模糊性和内在的冲突。有时候政策的模糊是不可避免的，大国的地区间差异非常大，因此在很多政策领域很难制定一刀切的政策。但是政策或者法律法规的模糊性过高也有可能造成执行失灵或者是政策与法律法规自身打架。例如我们于南方某省进行的研究显示，地方环保官员在近几年的主要抱怨之一是环保法规变得越来越纷繁复杂（Lo and Tang，2006）。这些法规中的大多数由中央和省级政府下达；很多法规的制定并不完善：有些含糊其词，有些互相矛盾，还有一些并不适用于当地情况。这使得他们的工作很难进行。显然，如果大环境如此，政府官员难以完全以法律法规为引导来执行公务，那么又如何要求企业和个人完全遵守规则？

从公共治理的视角出发，一个非常重要的研究方向就是如何发展一个不断制度化的框架来保证不同层级的政府在被赋权的前提下来制定和执行不同的规则和政策来解决本区域的问题。当然，有些公共问题比如环境保护和公共交通等将不可避免地需要跨区域的解决方案，另外，也要考虑如何防止各个区域做出伤害其他地区利益或者更广泛的国家利益的行动。因此，一个相关的研究的问题就是"集中式决策和分散式执行"的中国体制如何能加以调整并保证规则要对症下药（原则六），规则和公共决策应在最接近于受影响人的层级制定（原则七），以及备以辅助机制，以便在现行规则失效时解决冲突（原则八）。

（二）理解正式规则、非正式规则和社会期望的相互关系

在十大原则中，有三项原则关注正式规则在现实世界的运作。原则三要求让非正式规则强化正式规则；原则四指出要建立遵循规则的社会期望；原则五指出要执法公平合理，始终如一。结合这三条原则，我们认为有一个重要的课题就是研究非正式规则如何导致政策执行失灵的现象。政策执行失灵在中国是一个很常见的现象（Chan et al., 1995, Economy, 2004），也有学者研究了政策执行过程中个人利益的诉求和表达对执行结果的影响（Manion, 1991）。尽管西方的公共管理学者已经在规则执行以及政策执行领域发展了很多成熟的理论和模型（DeHart-Davis, 2009），但是这些模型在中国这种独特的政治与社会体制中的适应性仍然值得研究。如何把它们应用到中国的情景下？我们应该怎样去研究在中国式情景下个人关系和非正式制度对政府执法、政策执行和提供公共服务的影响？如前面所描述，潜规则在中国社会有很强的生命力，它们对正式规则的影响是如何发生的？

西方公共管理理论在中国的情景化研究，也就是西方现有的公共管理理论是否或者在多大程度上能够适用中国现实，始终是一个摆在中国公共管理学者面前的重大问题。在管理学领域，中国

的学者对于"关系"这一具有中国特色的社会现象以及情景化研究取得了令人瞩目的进展，已经成为国内外管理学文献中一个重要的议题（Xin and Pearce，1996）。另外一个还研究得不多的题目则是在何种情况下非正式规则和社会期待能够支持甚至加强正式规则。正如社会学家詹姆士·科尔曼（James Coleman）所主张的，组织设计的关键是不能忽视正式构建组织内自发性组织的重要性（Coleman，1991）。正式组织的成员彼此之间可能发展出工作要求之外的牢固的私人和互惠关系。这些非正式的关系可被用于推翻或支持组织使命，这取决于制度激励结构。

作为提高团队合作能力的一种方式，一个组织可以鼓励员工团队之间建立更深层次的社会联系，但组织也需要确保每个团队对实现组织目标负责。在设计一个正式组织时，将非正式关系纳入考虑是非常重要的。人们很难想像支配私人关系和官员间勾联的非正式规则会在一夜之间改变。但可以设想的是一旦更广泛的制度环境开始改变，人们将逐渐调整非正式规则以应对这种变化。正如詹姆士·科尔曼所主张的，建立在非正式（原始）规则和社会关系基础之上的社会控制主要是基于"胁迫、约束和消极制裁"（Coleman，1993）。在现代社会，建立在正式规则基础之上的社会控制大多是通过使用"正面激励和业绩奖赏"而实现的。因此，实现科尔曼（Coleman）所说的"理性的社会重建"的关键是构建正式规则来创造激励因子，促使非正式（原始）规则和社会关系支持对社会有益的集体行动（Coleman，1993）。

纵观中国历史，非正式规则压倒正式规则的问题一直根深蒂固，这部分是由于有限的管理能力难以维护一个高度集权化的国家（黄仁宇，2007）。在当代中国，即使可获取的信息量远超过去，中央政府真正掌握地方动态的能力仍然有限。要为非正式规则支持正式规则创造条件，自上而下的控制必须辅之以各种横向手段，比如启动地方民主问政进程以及在公职人员中推广职业规范。对公共事务进行公开和负责任的媒体报道也是提高政府运作透明度的一种方式。如果官员意识到，对他们实行履职问责制度时，透明化的专业方式取代了上级强加的专断规则，他们发展非正式规则来推翻正式规则的可能性会降低。对普通民众而言，如果他们相信正式规则公平合理，相对容易遵循，并且始终如一地得到执行，他们不太可能发展非正式规则去推翻正式规则。在探讨改革中国的治理体系的路径的时候，中国的公共管理学者以及政策制定者应考虑以下原则：让非正式规则强化正式规则（原则三）；建立遵循规则的社会期望（原则四）；和执法公平合理始终如一（原则五）。

（三）建立并加强横向问责机制

在十大原则中，原则九强调要具备可靠约束，以确保规则制定者和执行者能够负责。从长远来看，使统治者负责任的最可靠方法是建立竞争性的选举规则和流程，这样领导人定期由民众直接选出。虽然这应该是中国治理改革的长远目标，但它仅仅是关乎治理问题的众多方面之一。

在过去二十多年里，许多新近民主化国家的经验证明，在最高层引进竞争性选举并不能解决所有的治理问题。"倒退型的民主化"（Democratization Backwards）这个术语被用来描述发生在某些国家的这样一种情景，在其他社会和政治先决条件——一个生机勃勃的公民社会、法治传统、以及一个负责任的行政系统——稳固地准备就绪以前，就引入了正式的竞争性的选举流程，结果一些国家经历了社会稳定和经济发展方面的倒退（Rose and Shin, 2001）。

这些国家的经验并不意味着引入公开竞争的选举是有害的。相反，他们显示了在民主化进程中发展必要的支持性制度的重要性。责任治理不是仅仅通过实行开放的竞争性选举而实现的；同时还需要体制框架来确保政府各层级某种程度的制衡、分权和问责。同样重要的是要确保政府不同级别和部门协调良好并相互支持各自的权力和职能。另一个重要的考虑因素是要从过去和现在的一个常见错误中吸取教训——即试图通过施加更多的集中控制来使政府负责任。相反，我们要牢记多层级规则同步操作的原则以及建立纵向和横向问责机制的必要性。

在当代中国，保持一个强大的中央政府，以确保民族团结，稳定宏观经济，保证资源在地区间的公平分配，以及解决许多其他关键的全国性问题，这一点至关重要。在这个基本前提下，有很大的空间来重新设定不同级别政府如何相互关联，以及不同类型的纵向和横向问责机制如何能够得到进一步发展。

在现有文献中，已经对公共治理中的垂直问责现象有很多研究，例如碎片化的威权结构如何影响对有关职能部门的垂直问责（Liberthal，1997），市场化进程中的区域竞争也会影响对地方政府的垂直问责（Qian and Weingast，1997，Cai and Treisman，2006），但是对公共治理中的横向问责现象尚不够深入。对于中国公共治理转型的理解，必须对横向问责机制进行深入的研究。此外，对于社会服务组织改革（Tang and Lo，2009）、合作治理和跨部门合作（敬乂嘉，2009；邓穗欣等，2011）的研究也将深化对这一问题的认识。[1]

（四）在"正确理解的自我利益"的基础上建设与中国传统相结合的现代治理制度

在十大原则中，原则十强调"正确理解的自我利益"是规则主导型社会的根本。如果正式规则不是建立"正确理解的自我利益"的基础上，正式规则将得不到非正式规则的支持，也不会得到有效地执行。"正确理解的自我利益"这一原则与传统儒家的善治之

---

[1] 有关横向问责机制如何在美国宪法体制内得到体现，请参见：Vincent Ostrom, *The political theory of a compound republic: designing the American experiment*, 3rd ed. Lanham, MD: Lexington Books, 2008。其中不少观点可能对中国的治理改革有启发作用。

道不同，后者以礼治作为基本治国理念。正如司马迁在《史记·礼书》所述，与规则类似，礼被用来指定什么是被允许的，什么是被禁止的以及什么是被要求的；但礼应该包含道德戒律，从这个意义上讲，礼比规则的概念更广泛。礼需要刑来保障，但依仗人们的仁义感要远胜于强制。[1] 儒家承认人欲的存在，欲可能与礼相冲突；但圣人能够以礼制欲而不是以欲制礼。礼治的最高标准是无须动用权力和部署严刑峻法就能实现。

对比传统儒家的观点，托克维尔（Tocqueville）认为正确理解的自我利益是防范个人主义可能导致的弊病的关键手段，现代社会身分平等的增强使得这两种论点之间的比较更为迫在眉睫。托克维尔（Tocqueville）承认自我利益作为人类行为关键激励因素的首要地位，但他同时认为，在适当的社会和制度环境下，个人可能认识到，牺牲小我成就大我是与一个人的长远开明利益兼容的。引用托克维尔（Tocqueville，1835，第 645 页）的原话，"正确理解的利益原则不会产生自我牺牲的伟大行为，但它提醒人们日行克己。它本身不足以使一个人品行端正，但它会训练许多公民养成有规律、节制、适度、有远见和自制的习惯；而且，即使它不能凭借意志直接引人向善，它会通过习惯潜移默化"。[2]

与"正确理解的自我利益"这一原则略有不同，儒家采用了仁义这一道德制高点作为出发点。传统的以仁义为基础的治理理念在当代中国应该保持，但中国的现代治理也必须有一套有效运作的治理体制来支撑，即使它完全由一般的人来运行。用托克维尔（Tocqueville，1835，第 645 页）的话来说："正确理解的利益原则将影响整个道德世界，非凡的美德无疑将更为珍稀；但我认为彻底的堕落届时也会不那么常见……[它]或许会阻止一些人成为

---

[1] 具体讨论参见：司马迁，《史记》，香港中华书局，1969，第 1157—1174 页。

[2] 具体讨论参见：Alexis de Tocqueville, *Democracy in America*, p.645。本文引用部分根据英文原文翻译。

圣人，但众多曾经堕落的其他人，会得到拯救和约束"。[1]

　　近来儒学的复苏值得赞赏，但如何将传统儒家思想落实到现代政治和社会制度是一个值得慎重思考的课题。例如儒家讲"内圣外王"。但正如新儒学大师牟宗三指出宋明儒学讲"内圣"较为到家，但从现代民主制度的观点来看，"外王"一方面则较为薄弱（牟宗三，2006）。就我们的角度来看，现代制度分析可以补充传统中国文化"外王"方面的不足，提示我们如何在制度建设层面上，一方面保证执政者向人民负责，人民有促进自身利益的权利和保障；另一方面，鼓励所有人（由一般公民以至最高政府领导人）本着良知和各自"正确理解的自我利益"行事，使得"内圣外王"的理想能在现代中国得到新的体现和发展。其中涉及理论和实践的问题致为复杂，有待学者深思和研究（范瑞平等，2012）。

四、结语

　　中国的公共治理体制转型已经引起了国际社会以及国内外学术界的广泛重视。从建设以规则为主导的社会的视角出发，我们以邓穗欣（2012）提出的关于强化中国成为规则主导型社会的十项原则为基础，构建了一个公共治理转型的研究与实践的概念框架。我们认为中国仍面临以下重要挑战：（1）设计易于理解和遵守的操作规则，（2）鼓励发展支持正式规则的非正式规则和社会期望，（3）执行规则时公平合理、始终如一。只有当深层次的治理结构确保规则符合问题的特性和规模，由最受其影响的群体制定，并且能够促进"正确理解的自我利益"时，这些操作实践才切实可行。此外，解决冲突的辅助框架和确保规则制定者及执行者负责的可靠约束也不可或缺。理解这些挑战有助于国际社会以平衡的视角看待中国的发展模式。国际社会可以从中国过去三十年的经

---

[1] *Ibid.*

济高速增长中汲取经验；而中国是否能够以及如何通过强化自身成为规则主导型社会来解决各种细微的政策问题，国际社会同样能有所借鉴。在可预见的将来，中国经济和作为世界大国的地位将继续加强，因此，支持中国提升治理能力从而更好地解决其内部冲突并应对诸如环保、食物和产品安全以及劳工保护等方面的国际义务，这也符合国际社会的利益。

目前中国领导人所关心的一个重要问题是要建设"和谐社会"。这一关切点部分地源于这样的认知，即尽管中国已经非常成功地将很多人的生活水平提升到前所未有的高度，但很多工作仍有待完成，特别是帮助那些在经济上处于弱势地位的群体、保护环境、确保产品和劳动安全以及预防和解决社会冲突。在保持一个强有力的国家政府的前提下，中国的治理体系仍然有调整的空间。例如，国家政府可以继续采用人事责任制度，以激励较低级别官员优先处理国家所面临的重点问题，同时应寻求建立一种更加制度化的方式将清晰和明确的责任分派给不同级别的政府，使得各级政府官员对于各自的责任有稳定的预期，并且明了其行政主管和地方选区对其职责履行的问责机制。以更加制度化的方式分配职责可以减少各级政府仅仅为了应付上级对口单位的检查而重复设置单位和办事处的需求，从而避免浪费宝贵的行政资源。

中央政府要推动地方官员发起和维护跨辖区的合作项目，他们需要能够在彼此之间缔结具有法律效力的协议。上级政府可以通过提供相关信息和对有关辖区进行财政奖励来鼓励这种协同努力，不一定依靠行政命令。最重要的是，地方官员必须有动力解决自身辖区所面临的问题，而不是仅仅应对上级行政主管所下达的命令和设置的目标。政府要创造条件使得非正式规则支持而非推翻正式规则，不能完全依靠自上而下的控制，也要利用各种横向手段，比如地方民主进程的启动、对公共事件的公开如实报道以及公务员职业守则的推广。如果官员意识到，对他们实行履职问责制度时，透明化的专业方式取代了上级强加的专断规则，他们更有可能以公平合理和始终如一的方式执行规则，并且他们发展非正式规则来推翻正式规则的可能性会降低。

横向问责机制应尽快在地方一级完善。关键性的一步是要扩展各级立法机构的职能，并最终实现代表的直接竞争性选举。例如，开放和公平的村委会选举已经在中国一些地方成功实践。然而，要协调当选村委会和其他党政机关的关系，还有更多的工作有待完成，尤其是就以下方面而言，即为前者创造条件，使其能更有效地设计适应本村问题规模的规则，回应村民诉求，并确保官员尽责（O'Brien and Han，2009）。毋庸赘述，对中国而言，要在整个治理体系建立多层次的横向问责措施，这将是一个巨大的挑战。因此，政府必须创造更多的机会让普通公民参与各种依法组建和运营的民间社团，从而学习托克维尔所说的"联合的艺术和科学"。最后，必须有一套治理体系（1）具备可靠约束以确保规则制定者和执行者担当负责（2）鼓励政府官员和普通公民实践"正确理解的自我利益"。

哈耶克在其经典著作《自由秩序原理》中曾经指出，规则与秩序本身是演化的结果，并且明确反对以精英主义为导向的规则制定（哈耶克，1997）。中国需要建设一个以规则为主导的社会，显然政府并非这一过程的主宰者。商业机构、非政府组织、公民与社区等都将是中国公共治理转型过程中规则体系建设的利益相关者和重要参与者。我们提出的十项原则亦非一个完美无缺的蓝图，要落实其应用有待中国社会不同的个人以及群体的不断试验和尝试。

中国的治理转型，特别是如何理解建设以规则为主导的社会所面临的困境与解决方案，也为国内外公共政策与管理的学者提供了绝好的研究机会。中国公共治理转型的研究需要：（1）改革治理体制以加强政策制定和执行能力；（2）理解正式规则、非正式规则和社会期望的相互关系；（3）建立并加强横向问责机制；以及（4）在"正确理解的自我利益"的基础上建设与中国传统结合的现代治理制度。这些研究将推进我们更好地了解西方国家治理理论与实践在中国情境下的适应性，发现转型社会中非正式规则与正式规则之间的关系，以及支持正式规则的非正式规则如何形成。这些研究也将为其他发展中国家的公共治理和社会转型提供有益的经验。近年来，中国公关政策与管理学界的学者正在加强和中国公共部门（政府与非政府组织）的管理实践者的联系，同时也正在建立并加强与国际公共管理学界的联系。中国学者以及中国公共管理研究有可能对国际学术做出应有的贡献。

参考文献

[1] Cai, H., and D. Treisman, "Did government decentralization cause China's Economic Miracle",*World Politics*,2006, 58 （4）: 505-535.

[2] Chan, H. S., K. Wong, K. C. Cheung, and J. M. Lo., "The Implementation Gap in Environmental Management in China, the Case of Guangzhou, Zhengzhou, and Nanjing", *Public Administration Review*,1995, 55:333—40.

[3] Coleman, J.S.,"Constructed Organization: First principles", *Journal of Law, Economics, and Organization,*1991, 7 （Supplement）: 7—23.

[4] Coleman, J. S.," The Rational Reconstruction of Society", *American Sociological Review*, 1993, 58 （1）: 1—15.

[5] DeHart-Davis, L.," Green Tape: a Theory of Effective Organizational Rules", *Journal of Public Administration Research and Theory*,2009, 19:361—384.

[6] Economy, E.C., *The River Runs Black: the Environmental Challenge to China's Future*, Ithaca, NY: Cornell University Press, 2004.

[7] Gong, T. ," An 'Institutional Turn'Toward Rule-based Integrity Management in China", *International Review of Administrative Science*, 2011, 77 （4）: 671-686.

[8] Hou, Y. ," Establishing a New Intergovernmental Fiscal

Transfer system in China: the State of the Field 1994–2010, ”*The China Review*,2011, 11（2）: 213-243.

[9] Kahneman, D., *Thinking, Fast and Slow*, Doubleday Canada Publication, 2011.

[10] Lieberthal, K.,"China's Governing System and Its Impact on Environmental Policy Implementation", *China Environmental Series*, Washington: The Woodrow Wilson Center, 1997.

[11] Liu, M., J. Wang, R. Tao, and R. Murphy," The Political Economy of Earmarked Transfers in State-designated Poor County in Western China: Central Policies and Local Responses", *China Quarterly*,2009, 200: 973—984.

[12] Lo, C. W—H., and S—Y. Tang,"Institutional Reform, Economic Changes, and Local Environmental Management in China: the Case of Guangdong Province", *Environmental Politics*,2006, 15:190—211.

[13] Manion, M.,"Policy Implementation in the People's Republic of China: Authoritative Decisions Versus Individual Interests", *Journal of Asian Studies*, 1991, 50:253—279.

[14] Minzner, C.F., "Riots and Cover-ups: Counterproductive Control of Local Agents in China", *University of Pennsylvania Journal of International Law*,2009, 31（1）: 53—123.

[15] Moe, T.," Power and Political Institutions", *Perspectives on Politics*,2005, 3（2）: 215—233.

[16] North, D. C., *Institutions, Institutional Change and Economic Performance*, New York: Cambridge University Press, 1992.

[17] O'Brien, K., and R. Han "Path to democracy? Assessing Village Elections in China", *Journal of Contemporary China*, 2009, 18（6）: 359—78.

[18] Ostrom, E., *Governing the Commons*, New York: Cambridge University Press, 1990.

[19] Ostrom, V.,*The Political Theory of a Compound Republic: Designing the American experiment*, 3rd ed., Lanham: Lexington Books, 2008.

[20] Qian, Y., and B. R. Weingast," Federalism as a Commitment to Preserving Market Incentives", *The Journal of Economic Perspectives*,1997, 11:83—92.

[21] Rose, R., and D. C. Shin, "Democratization Backwards: the Problem of Third–wave Democracies", *British Journal of Political Science*,2001, 31（2）:331—54.

[22] Smith, G. ,"The Hollow State: Rural Governance in China", *The China Quarterly*, 2010, 203: 601—618.

[23] Tang, S-Y., and C. W-H. Lo, "The Political Economy of Service Organizational Reform in China: an Institutional Choice Analysis, *Journal of Public Administration Research and Theory*, 2009, 19（4）: 731—67.

[24] Tang, S-Y., and X. Zhan," Civic Environmental NGOs, Civil Society and Democratization in China", *Journal of Development Studies*,2008, 44（3）:425—448.

[25] Tocqueville, A. d., *Democracy in America*, 2 volumes,New York: Random House 2000.

[26] Wilson, J. Q., *Bureaucracy: What Government Agencies Do and Why They Do It* , New York: Basic Books, 1989.

[27] Xin, K. R., and J. L. Pearce , "Guanxi: Connections as Substitutes for Formal Institutional Support", *The Academy of Management Journal*,1996, 39（6）: 1641—1658.

[28] Zhan, X., and S-Y. Tang ,"Political Opportunities, Resource Constraints, and Policy Advocacy of Environmental NGOs in China", *Public Administration*, in press, 2013.

[29] Zhou, X. ,"The Institutional Logic of Collusion Among Local Governments in China", *Modern China*, 2010,36（1）: 47—78.

[30] Zhu, X.," Policy Change and Expert Involvement in China", *Public Administration*, in Press，2013.

[31] 陈振明、薛澜："中国公共管理理论研究的重点领域和主题",《中国社会科学》2007，第 3 期。

[32] 邓穗欣,《规则社会的十项原则：提升中国的治理能力》,中国经济出版社，2012。

[33] 邓穗欣、丹尼尔·马兹曼尼安、湛学勇,"理性选择视角下的协同治理",《复旦公共行政评论》,2011。

[34] 丁学良,《辩论"中国模式"》, 社会科学文献出版社,2011。

[35] 哈耶克,《自由秩序原理》,邓正来 译,三联书店,1997。

[36] 黄仁宇：《中国大历史》,三联书店,2007。

[37] 黄亚生,《"中国模式"到底有多独特？》,中信出版社,2011。

[38] 敬乂嘉,《合作治理：再造公共服务的逻辑》,天津人民出版社,2009。

[39] 马骏,"中国公共行政学研究的反思：面对问题的勇气",《中山大学学报（社会科学版）》,2006 。

[40] 牟宗三,《政道与治道》,广西师范大学出版社,2006。

[41] 司马迁,《史记》,香港中华书局 ,1969 年版。

[42] 王绍光,"中国公共政策议程设置的模式",《中国社会科学》,2006。

[43] 吴思,《潜规则：中国历史中的真实游戏》(修订版),复旦大学出版社,2009。

[44] 薛澜,"公共管理与中国发展 ——公共管理学科发展的回顾与前瞻",《管理世界》,2002。

[45] 俞可平,《治理与善治》,社会科学文献出版社,2000。

[46] 张维为,《中国震撼》,上海人民出版社,2011。

[47] 郑永年，《中国模式：经验与困局》，浙江人民出版社，2010。

[48] 范瑞平、贝淡宁、洪秀平主编，《儒家宪政与中国未来》，华东师范大学出版社，2012。

从自治到共治——人类社会的共同演化趋势

方竹兰 [*]

当学术界普遍都沉浸于或市场经济、或政府干预的非此即彼的模式时，埃莉诺·奥斯特罗姆教授和他的丈夫文森特·奥斯特罗姆教授早就开始了超越非此即彼逻辑的制度与组织多样性的研究。奥斯特罗姆教授夫妇非常敏锐地发现了习以为常模式的弊端：

新自由主义的市场模式揭示了个人利益追求对社会财富增长的必要性，"经济人"假设的一般涵义是：一，人都是自私自利的，都追求自身利益的最大化。二，人都是努力计算自己的收益与成本的，无论是无限理性，还是有限理性，主体的利益计算总是尽可能最大化。三，只要有私有产权的制度保障，通过市场经济的自由竞争，人追求自身利益最大化的行为会导致社会利益的最大化。所以产权私有化是市场经济运行的主导制度原则。为此大多数经济学家都致力于在一个确定的私人产权法律框架下，使市场主体通过自由竞争获得个人最大利益，从而达到社会利益优化。但是当今世界很多经济学家没有意识到，以每一个体作为自然人追求个人利益最大化的经济人假设，固然清晰揭示了人的私

* 方竹兰，中国人民大学经济学院教授。

利性本质，生成了市场经济体制，是人类发展一定阶段的伟大理论贡献，但一定程度上忽视了人本身的社会属性的多重和复杂，从而忽视了人类社会共同利益客观需要的多维度的制衡与合作机制。在仅仅靠价格机制，没有多维度的制衡与合作机制的市场经济运行中，市场主体毫无顾忌的对个人利益的绝对化追求，确实会对社会的长远和整体利益起周期性的破坏作用。2008年全球金融危机中，虚拟资本对实体经济的伤害导致全球经济陷入持续萧条，至今还没有结束的迹象。目前全球经济尤其是欧美经济复苏迟缓的严峻现实，证明新自由主义的经济人假设存在巨大的逻辑缺陷。而奥斯特罗姆夫妇从20世纪60年代起，对全世界5000多个地下水资源、灌溉系统和森林、池塘等自主治理的案例调查，看起来是在探索人类管理方法的多样性，实际上是在许多经济学家已经揭示的市场主体私利性属性的基础上，坚持不懈地探索人类私利性属性成为社会利益促进因素的制度条件，以及人类利他性属性自我激励的制度环境。人类的利己性与利他性融合而成的多样性产生了人类竞争合作的多样性，从而为产权制度多样性的社会应用提供了可能，奥斯特罗姆夫妇从几十年前就开始并持续至今的研究，为我们理解当前经济危机与萧条产生的原因及治理对策提供了启示，使人们不得不佩服他们对人类复杂本性的直觉洞察。虽然他们对人类本性的深刻认知还没有被所有人认识并被认可。

凯恩斯主义的政府本位的缺陷也被奥斯特罗姆教授发现：人类发明国家、设置政府是为了维护自身的公共利益。但是国家机器与政府本身不必然代表公共利益，官员与普通大众一样有私利性，在没有社会监督和制约的制度环境中，掌握国家机器的阶层或群体可以凭借超社会权力谋取私人或小集团利益，不仅不能保护社会民众的个人利益，甚至抑制社会普遍存在的公共利益的维护力量，使政府可能成为比其他社会各利益集团更贪婪的特殊利益集团。所以国家与政府有可能成为社会公共利益代表的前提条件是社会公共利益多元主体的互相制衡与合作。人们往往只看到奥斯特罗姆夫妇对世界各国当地居民，在如公共池塘等社区公共资源的自主治理的小样本进行微观调研。殊不知，奥斯特罗姆夫妇的大样本宏观调研，往往直接关注国家组织与社会组织的多层次合作关系。比如，1978年出版的《公共服务的制度建构：都市警察服务的制度结构》一书是埃莉诺在与其同事进行了长达几十年的警察服务研究的重要研究成果。埃莉诺将警察提供的公共服务当作社会与国家组织关系的一个典型领域，通过深入广泛的实地调查、持续系统的资料收集和严谨客观的比较分析，详细阐述了美国大都市区警察服务的多中心组织和制度结构，社区居民自主组织的社区警察在社区安全服务的有效性方面，超过大城市行政层面规模巨大的警察组织，成为社区居民自主治理的公共事务范围，而大城市行政层面的警察组织则可以有效地为社区警察的培训、社区警察组织的竞争协作服务。警察组织之间的整体协调，既有社区警察组织之间的协商交流，也有行政层面的调配、更有社区警察组织对更高行政级别警察组织的参与和制约。针对公共安全服务的范围、规模、时段、供给等诸多自然和社会环境特点，自下而上与自上而下结合的组织架构，形成美国大都市区警察组织的层次分明而多重合作的动态共治框架。奥斯特罗姆教授夫妇从警察职业的调研认识到国家、政府是现代社会重要的组织机构，但是社会民众自主参与却是保障国家与政府有效的前提与保障。

正是基于对新自由主义经济学或凯恩斯主义经济学的片面性的深刻认识，奥斯特罗姆教授夫妇在实践案例调研和总结的基础上，开始了对多中心治理理论的艰难创造过程。奥斯特罗姆教授夫妇提出："政治经济学家需要一组比'一个'市场或者'一个'国家更为丰富的制度设计框架。"当然，制度设计框架必须在承认个人利益合法追求的基础上。脱离个人利益追求的所谓利他性构不成社会经济主体的基本行为动机。但是个人利益追求过程确实存在损人利己的各种可能，奥斯特罗姆教授夫妇直面这些可能，设计如何将这些消极可能转化为合作群体积极要素的制度架构。他们归纳任何有关公共资源问题的集体都面临着个体选择和集体行动关系的两个困境：或者是没有集体规范的个体过度使用公共资源为个人谋私利，或者在集体实施共同行动的过程中搭便车。双重集体困境下，如何才能使集体内个人自愿合作，自主治理，可持续地使用共有资源？奥斯特罗姆教授夫妇将世界各国小人物创造的自主治理模式都当成理论抽象的现实范本，从美国的地下水资源和灌溉系统，到瑞士托拜尔高山草场、从日本平野庄、中生庄和良木庄的高山草场和森林，到菲律宾桑赫拉的灌溉社群，在长久以来的案例调查基础上的理论研究，奠定了多中心治理理论的基石——自主治理。埃莉诺在1990年出版的《公共事物的治理之道：集体行动制度的演进》一书，提出了著名的自主治理八项原则：

（一）清晰界定边界。公共池塘资源本身的边界必须予以明确规定。

（二）占用和供应规则与当地条件保持一致。

（三）集体选择的安排。绝大多数受操作规则影响的个人应该能够参与对操作规则的修改。

（四）监督。积极检查公共池塘资源状况和占用者行为的监督者，或是对占用者负有责任的人，或是占用者本人。

（五）分级制裁。违反操作规则的占用者很可能要受到其他占用者、有关官员或他们两者的分级的制裁。

（六）冲突解决机制。占用者和他们的官员能够迅速通过低成本的地方公共论坛，来解决占用者之间或占用者和官员之间的冲突。

（七）对组织权的最低限度的认可。占用者设计自己制度的权利不受外部政府威权的挑战。

（八）分权制企业。在一个多层次的分权制企业中，对占用、供应、监督、强制执行、冲突解决和治理活动加以组织。埃莉诺认为，这些原则形成自主治理的基本制度框架，它们是长期并广泛有效的。

提出自主治理原则的同时，埃莉诺明确了自主组织的自主治理只有在多中心治理制度的大背景下才能持续，多中心治理制度可以培养和维持当地自主治理的组织和运行。在自主治理的基础上构建多中心治理的制度框架，实际上是多中心组织的协商对话架构，是一个多中心组织的竞争与合作过程：比如，美国加利福尼亚地下水资源的管理。如果仅仅依靠社会自治组织，或者仅仅依靠政府行政组织，都不能达到最佳管理效率。为此，当地水生产者和各方组织就西部流域问题形成了一个复杂的多中心系统，包括联邦政府部门——美国地质调查局（了解当地的要求并承担了部分初始研究的基金）、州政府部门——加利福尼亚州洛杉矶洪水控制区和大都市水区、州下属的区域政府部门——11个在早些年争夺水权的城市政府、企业部门——水生产者代表，还有包括美孚石油公司在内的几个大型私人公司，当地居民代表组织等。这些组织都在这个系统中承担重要角色，但都不是中心权威。西部流域水协会的一个常规会议使这些承担着不同角色的组织、企业聚集在一起以一种公开的形式共同讨论地下水管理问题。这个多中心的地下水治理系统看起来没有有计划地制定出完美的解决方案，但是事实上这个多中心系统比附近其他州的流域更好地解决了地下水管理问题。这一"多中心公共企业博弈"的组织活动架构正是埃莉诺的"多中心自主治理"的理想格局：不同类型和不同层次的物品和服务与不同类型和层次的政府规模相匹配，不同层次的政府单位、非营利组织和私营企业形成复杂的互动关系，如果他们的行为模式是在一定自治契约基础上形成自发秩序的，这就构成了国家或地区管理的多中心秩序，多中心不必然意味着无秩序和乱秩序，而可以是一种多主体参与制定并互相制衡的秩序。

认识到多中心治理对社会自治的发展构成必不可少的制度环境，奥斯特罗姆教授对社会自主治理面临的宏观制度环境的必要性及复杂性进行了多角度分析：政治制度的导向对社会潜在自治主体能否实现自治，具有实质性的影响。由于地理条件的差异，或者政治机制的开明度差异，甚至政治官员品格的差异都会影响自治的进程。政治制度与社会自治之间的关系与一个国家的历史文化传统、一个国家的意识形态惯性、法治发展程度、国家官员素质密切相关。虽然社会公民自治的进程是内生于社会的自然演化，内生于社会生产条件和社会生活条件的要求，从长远看不以任何人的主观意志为转移，但是一个国家在一定阶段的社会自治进程却是受政治文化制度约束的。这正可以说明为什么全世界各国的社会自治进程有如此大的差异的原因。埃莉诺意识到历史文化传统阻碍多中心治理的问题本身，还必须要通过文化理念的变革解决。她持之以恒地解释单中心秩序理论假设在现实生活中的困境与冲突，提出多中心秩序理论对国家或地区公共物品或服务供给效用的现实并其长远的价值，为发展中国家的制度创新提供必要的理念前提："多中心意味着有许多在形式上相互独立的决策中心，他们在竞争性关系中相互重视对方的存在，相互签订各种合约，并从事合作性的活动或利用核心机制来解决冲突。"在国家与地区治理的研究中，不单只有市场和国家两种秩序，事实上还存在着大、中、小规模的政府和公共企业、私人企业之间既相互竞争又相互合作的多中心秩序。她还从多中心制度的可实操作可实施的角度分析了集体行动的三个制度层次：操作层次的制度、集体选择层次的制度和宪法层次的制度，明确提示操作层面的制度变动容易，而宪法层面的制度变革比较艰难。从 20 世纪 90 年代以来，埃莉诺用十多年的时间的研究，已经形成了一套比较系统的制度分析与发展的框架。制度分析与发展框架（Insitutional Analysis and Development, IDA）就是为了从宏观层面将存在于所有制度安排中的主要变量及这些变量在不同的制度安排下具有的特殊关系进行系统梳理。首先，是确定制度生成的特殊自然属性和社会属性；其次是划分这些属性条件下的制度的层次结构，从而理解行动舞台上的行动情境及相互作用的模式；再其次，是明晰制度空间的行动者的行动结果；最后根据一定的评估准则来评价这行动者相互作用所产生的结果，以便对制度发展提出改进对策。

奥斯特罗姆教授在建立自己的社会自治理论和多中心治理理论时，并没有对从事社会自治主体和多中心治理的社会民众素质理想化，反而多方面思考了社会民众自身素质缺陷对社会自治可能造成的负面效应，在具体的制度设计中，更多地考虑了各种防止社会自主治理变形的监督、透明、奖惩、冲突解决等各项制度，也考虑了多中心组织之间的契约、承诺、协商、信任、进入退出等社会资本的培育。从人类复杂本性出发，对传统制度环境中的民众如何能够认可并积极从事社会自治和主动参与多中心治理进行了方案设计。制度分析与发展框架以及后来进一步提出的社会—生态可持续性的总体分析框架（DOSES）找寻更多或适用性更为广泛的多中心竞争与合作的途径或方法，以解决个人选择与社会（集体）行动之间的矛盾。由此，可以看到诶莉诺着力解决的是人类社会科学的根本问题——个人发展与社会发展的一致性问题。无论是早期的自主治理的实证研究，还是最新的制度分析框架的不断完善，都力图解决这一问题。埃莉诺希冀社会为每一公民的自由而全面的发展提供制度环境，而不仅仅是追求个人物质利益的最大化。她对市场主体在寻求自身私利最大化的同时，寻求自主治理基础上的多中心治理的主动性持有乐观主义的态度，因为她看到发展中国家大量存在的"地方性本土制度"，表明长期存在于发展中国家的自主治理传统是一种形成有效的、多中心的、公私之间制度安排的社会资本的重要资源。她更担心的反而是一国历史文化传统对一国宪治的制约。她对自下而上地推进多中心治理进行的多种制度设计，也是着力于尽可能减少发展中国家的社会演化进程对历史和文化传统的路径依赖。可见，奥斯特罗姆教授夫妇对社会自治基础上的多中心治理的研究方法，大大超越了现有经济学的惯用的数量分析和模型分析，更多地应用人类学、政治学、社会学、文化学、法学、心理学以及自然科学。奥斯特罗姆教授夫妇的研究方法的特征恰恰是现今很多经济学家所忽视的。2008 年金融危机之后，英国一批最著名的经济学家，在回答女王提问：经济学家为什么没能预测到金融危机？致英国女王的信中坦承："我们缺乏的是由一套丰富的知识体系形成的一种专业智慧，该知识体系需要对心理学、体制结构和历史先例熟谙于心。这种缺失在那些给政府、银行、商家和政策机构提供咨询意见的经济学家身上显露无疑。对全球金融体系的潜在不稳定性非量化的警告应当被予以更多的关注。……对经济学家狭隘的培养——即只关注数学技术工具和构建无约束的正式实证模型——成为了我们这个职业失败的主要原因。"从这个角度思考，奥斯特罗姆教授夫妇的研究也为全球经济危机后的现代经济学如何摆脱现实发展困境提供了路径。

奥斯特罗姆教授夫妇的研究，蕴含着他们的信念——从自治走向共治，是人类社会共有的演化之路。在社会自治的基础上，自下而上与自上而下相结合的多中心的共治体制作为处理纷繁复杂的社会事务的一种制度安排，已经并必将是人类的共同选择。人类社会发明的市场经济是历史的进步，政府与国家机器也是人类伟大的创造，但是人类社会的演化进程没有停止，在现有市场和国家机器基础上继续前行，在自治的基础上发展出社会共治的普世模式，是奥斯特罗姆教授的夙愿，她已经触摸到了人类社会演化的脉搏。面对当前的金融危机导致的经济萧条，我们需要继续追问人们在追求个人利益的同时如何接受相关利益主体的制衡，市场基础上的社会自治如何与政府合作，政府在调节社会的过程中如何接受社会的监控，社会公民如何参与社会自治，也参与国家共治，未来如何形成民主法治的社会和谐。这些问题的答案还不完整，回答这些问题需要我们在奥斯特罗姆基础上继续前行。

中国正在从传统体制向现代体制转型，中国社会的转型体现了人类历史上最复杂的市场与政府关系，也体现了人类发展中最曲折的自治与共治未来。改革开放以来，中国人已经创造了很多社会自治的制度模式：比如高新技术产业开发区的产业联盟自治、社区的业主自治、公益慈善的志愿者自治等。中国人也创造了很多多中心共治的制度模式：比如政务公开、微博问政、E提案等。但是，现实中国面临的改革难题，生动地反映中国社会从自治到共治演化的渐进性、阶段性：比如，政府作用与社会作用的关系、私有产权与公有产权的关系、国有企业与民营企业的关系，甚至是学术地位与权力地位的关系等。虽然中国体制改革的未来之路注定艰难曲折，作为一名中国学者，我们别无选择，只能扎根中国的土地，为中国的明天呕心沥血。值得中国人自豪与骄傲的是，中国的文化正在为当前世界面临的诸多难题提供答案，比如老庄文化奠定的人与自然、人与社会、人与自我之间的和谐依存的原则，孔子文化对解决国际冲突提供的智慧等。为人类的困境寻找出路，为世界的发展寻求方案，为制度的改革设计思路、为理论的难题努力创新。这是奥斯特罗姆的精神，也是我们这一代中国学者的责任。当代中国和当代世界都需要我们通过艰苦的努力，形成社会科学领域的中国学派，我们的努力是对埃莉诺的最好纪念。

性服务产业的自主治理
与其知识基础

E. Ostrom 的研究发现：很多事物民间具有能力自主治理，其效果也比政府的管制好很多。本文以性产业的公共卫生对比于美国加州雷蒙集水区的地下水，论述在相同的知识结构下，性工作者也有能力做到成功的自主治理。另外，性产业具有的亲密性也是性工作者能够自主治理的另一个理由。

一、前言

性产业合法化之后的规模将让人不容忽视。在性产业合法的荷兰，其年产值约占 GDP 的 5%。[2] 在德国，40 万性工作者的年产值也高达 140 亿欧元，其人均产出为全国人均产出的 1.6 倍。[3] 在性产业尚未完全合法化的美国芝加哥（美国仅内华达州合法），也有研究估算街头性工作者的时薪约 25~30 美元，是各州法定时薪的

＊ 黄春兴，清华大学经济学系 联系：cshwang@mx.nthu.edu.tw

[2] Daley（2001）。

[3] 乌多陶比茨（2004）。

2~3 倍。[1] 由于预期的产业规模不小，再加上民众对性产业多少有些疑虑，社会大众要求政府管制性产业的声音也就喧嚣其上。

政府管制的效果在很多场合都已证明是失败的，而 E. Ostrom 的长期研究也告诉我们：其实很多事物民间具有自主治理的能力，其效果也比政府的管制好很多。虽然民间自主治理的效果在逻辑上是不能成为政府政策侵犯人民宪法权利的说词，但民众对性产业的过度疑虑则可能发展成"管制性产业"的新修宪案。因此，如果能在理论上论述性产业也具有自主治理的能力，不仅能确保其宪法权利，也可进一步将自主治理的理论推至负外部性强烈的产业上。

本文内容结构如下。第二节将简述澳大利亚性产业中两个接近成功的自主治理范例，以说明性产业距离自主治理仅是一步之遥。第三节以性产业的公共卫生对比于美国加州雷蒙集水区的地下水，说明在相同的知识结构下，性工作者有能力如雷蒙集水区的居民一样地做到成功的自主治理。接着，第四节进一步说明性工作者的自主治理还可以消除传统上政府管理性产业所衍生的弊端，如贪污、白嫖、雏妓等问题。第五节将提出亲密性的概念，并论述这是性工作者能够自主治理的另一个理由。接着，第六节进一步探讨便利商店店员、餐饮业店员、美发业美发师、托婴业保母人员，性产业性工作者与顾客间的亲密性。我们发现，愈是具亲密性的产业，政府愈要严格管制，这有违本文所论述的：亲密性愈高的产业，其自主治理程度也就愈高。最后一节是本文的结论。

二、性产业自主治理的可能性

性产业的自主治理在国外已有接近成功的例子。这一节，我们

---

[1]　参见：A. Rocio, F. Gomez, and Y. G. Franco（2007）和 S. D. Levitt and S. A. Venkatesh（2007）。相较于其他妓院或是家庭性工作者，街头性工作者普遍被认为最低质量和最便宜的收费标准。

将简述澳大利亚的两个成功范例。

在 20 世纪 80 年代，澳洲艾滋病传染问题严重，出现许多防止性病传播的民间团体和政府团体，最显著的就是 1990 年在新南威尔士州（New South Wales）成立的"性工作者外展服务方案"（简称 SWOP）。SWOP 是性工作者组成的组织，目的在防治艾滋病与其他性病的传播，其经费由卫生署支持。[1] 新南威尔士是澳洲人口最多的一州，其首府（悉尼）又以国际观光闻名，因此性产业发展蓬勃。

SWOP 采"同侪教育"策略，先训练一批熟悉正确防治性病之性工作者，再由他们教育其他性工作者。[2] 因防治工作系由性工作者自己担任，他们比较了解同侪的需求，也相较于官员或学者容易取得信任。[3]SWOP 还为性工作者提供免费性病检查、B 型肝炎疫苗注射等。这些工作提高了性工作者接受定期做性病筛检的比率，也让染病者早期接受治疗和避免病情蔓延。SWOP 的成功大幅降低性工作者传染性病的比率，其群体间性病的传染甚至低于一般女性的平均数。[4]

SWOP 还不能算是性工作者完全自主治理的例子，因为政府除了给予经费支助外，还扮演培训和治疗的工作。然而，这批政府培训出来的教育者，由于她们本身就是性工作者，已呈现出性工

---

[1] Harcourt（1999）。

[2] Roberson（1998）。

[3] 例如教导性工作者们不只有性交会被传染性病，甚至口交也会被传染性病，所以口交也应该要使用保险套。而且让他们知道得到性病之后没办法工作因而损失的收入，绝对大于冒险接一个不戴保险套消费者所赚的钱，另外还会告诉他们现行法律规定的事项，他们有绝对的权利去拒绝不愿意使用保险套的消费者。另外，SWOP 也教育性工作者其工作环境卫生的重要，举凡房间的通风、卫浴设备清洁，到如何安全的保存保险套等等，涵盖的范围非常详细且广泛。SWOP Website.（ http://www. swop.org.au/、www.aidsaction.org.au/swop），the Scarlet Alliance Homepage.（ http://www.scarletalliance.org.au/）. 2010 年 5/9-5/31，查阅。

[4] Harcourt（1999）。该文亦提及：悉尼性产业性病传染率显著低于性产业受政府管制或是禁止的国家。

作者自主治理的可能性。

　　另一个相关的例子是"每日星球"（Daily Planet）妓院。20世纪 80 年代，国际间出现性工作者除罪化的趋势。澳洲维多利亚州对性产业改采登记制度，要求妓院与性工作个体户依法登记。[1]位于墨尔本市的每日星球，在 1975 年成立时为非法，于 1985 年登记为合法。由于卫生及服务深获好评，该妓院即使在全球经济不景气时，仍继续扩大营业，并于 2003 年成为全球第一家股票上市的妓院。[2] 由于该股票风险小、投资报酬率高，妓院和股票投资人都赚了不少钱。不幸，在 2006 年由于多元化经营失败，该院被迫下市。[3]

　　虽然每日星球的股票已经下市，但直到现在，它仍然经营得有声有色。[4] 院内所有性交易都强制使用保险套；如果客人不从，性工作者可以拒绝接待。顾客来访以后，所有的床上器具、毛巾、碗盘、餐具都经高温杀菌彻底消毒，卫生水平比照任何一家医院。性工作者每月的性病、艾滋病、肝炎等检查都需要医生负责签名。[5] 每日星球非常自豪在它成立三十多年间，未曾传出任何一例顾客或性工作者感染性病、艾滋病或肝炎的案例。

　　这两例子距离自主治理都仅是一步之遥。不过，这也突显以下我们以推理来论述性产业自主治理之可能的重要。

---

[1] A. Rocio, F. Gomez, and Y. G. Franco（2007）指出：20 世纪国际间兴起了女性解放风潮，这同时也意味着性解放。这思潮也影响女性视自己是一个自主个体，也拥有自己身体和性的支配权。因而，女人开始被视为可以自由决定他们自己的身体想要做什么，这也包含了从事性交易。从这些立场言，性工作者就如同一般的社会工作者，也应该享有和其他服务供给者一样的社会权利和保护。

[2] 傅沁怡（2008）。

[3] 李世伟（2005）。

[4] 每日星球除了连续五年被评为在澳洲整体性最好的妓院之外，还在 2008 年获得成人产业奖项（2008 ADULT INDUSTRY AWARDS）。The Daily Planet Website（http://www.dailyplanet.com.au/），2010/5/9-15 查阅。

[5] The Daily Planet Website，2010/5/9-15 查阅。

三、性产业能自主治理的理由

这一节将利用美国加州雷蒙集水区的地下水和性产业的公共卫生对比，以说明在相同的知识结构下，性产业也可以做到雷蒙集水区成功的自主治理。[1] 集水区的问题是地下水被偷超抽，而性产业的问题是公共卫生受到威胁，如性病被隐瞒或性病传播。本节将指出：不论就一般知识或在地知识（local knowledge），在逻辑上，性工作者都有能力雷蒙集水区的居民一样地做到成功的自主治理。

根据 Ostrom（1990）的定义，共享性资源（common-pool resource）是一种自然或人为的资源，具有如下特性：这资源是必需品，某人的使用会造成其他人使用量的减少、外部权威想要排除特定使用者需耗费昂贵的成本。地下水符合这定义，公共卫生也同样符合。因此，地下水和公共卫生都是共享性资源，而其差别在于前者为具体的资源，而后者是抽象的资源。为方便理解，我们可以在概念上把公共卫生数量化。于是，在给定公共卫生的数量下，某人罹患性病等于他消费了部分的公共卫生，从而降低他人的可用量。公共卫生也是必需品，且外部权威想要从群体中排除其他使用者的消费也需耗费昂贵的成本。

接着，我们就一般知识的利用来讨论共享性资源的管理。一般知识是政府和地区居民（或社群）都具有的知识，不过，拥有相同的知识未必就会投入相同的心力。就集水区而言，地区居民认为政府不会只为该地区利益着想，因为政府也要顾及其他地区。再说，政府若真的只考虑该地区的利益，必然引起其他地区的抗议。在此情境下，若政府处理该地区的经费必须由当地支付，地区百姓获得的边际收益必然低于付出的边际成本。因此，除非有来自外部的经费补助，否则他们宁愿自主治理。在自主治理下，

---

[1] 本节本将以 Ostrom（1990）、Blomquist（1992）、汤京平、黄建勋（2006）所发展的模型为参照对象。

他们可以做到边际成本等于边际利益。一旦能保有全部的利益，他们就会努力地维护地方的资源，也就是集水区的地下水，而不会使偷超抽问题恶化。

类似地，性产业的工作者也知道政府的公共卫生政策不会只顾虑他们的利益，也要顾虑到嫖客消费权益、社会大众的观感、全国的公共卫生等。他们甚至担心政府管制的动机是为了拿走性产业的部分利益。于是，当政府以管制为由要求他们配合时，他们付出的边际成本只会到他们认定的边际利益之处，也就是不会尽全力去配合。同样地，他们若不幸染病，也因担心政府会以顾及全国卫生安全为由而牺牲掉他们的利益，往往不愿报告给政府知道。他们相信政府不可能比他们更愿意把公共卫生处理好。日日春协会便在《玉凤的故事》中写到："这边我们会鼓励客人戴保险套，不是（怕）怀孕，是（怕）性病的问题，可是法律上也没有硬性规定得戴，也没有每家店都做检查。"[1]事实上，公娼时代政府并没有强制嫖客要戴保险套，但性工作者懂保护自己。

支撑自主治理的另一个基础是在地知识。在地知识需要长时间和在当地的实际操作经验才能获得和累积，不是居住在远地官员所能拥有的。在地知识又称为现场（on spot）知识，因为其需要与内容是到了操作现场和操作时刻才会显露出来。以集水区的偷超抽地下水来说，地区居民常是利用暗管。他们会装两个抽水马达，一个接到登记的电表，另一个则暗藏。当政府派人来检查时，检查人员只看得到接电表的马达，查不到另一个。总有风声外露，但政府的搜索花费庞大，而没有足够的证据也无法执行搜索。在政府管制下，居民为了减少麻烦是不会讨论自己的偷超抽行为，也不会去检举他的邻居。他们即使知道超抽地下水会造成地层下陷，但因政府的介入而陷入不合作赛局下的囚犯困境，偷超抽行为也就难以避免。由于共同的小区生活，他们多少知道谁在偷超

---

[1]　台北市日日春关怀互助协会（2000B），116页。

抽、超抽多少等在地知识。若地下水由当地居民自主治理，他们会公开讨论，以合作赛局方式解决超抽问题，同时也因拥有相关的在地知识达到彼此劝说和监督的目的。

性产业的工作者也是彼此相知相识。他们知道，只要馆里有一个得到性病，整馆的生意都会受波及。因此，除了自身会强迫客户戴保险套外，也会要求同侪强迫客户戴保险套。为了自身的卫生安全和利益着想，他们会严格地互相督促。倘若有人得病，也不可能隐瞒。反之，如果政府介入管理，由于性交易有其隐密性，政府真的想得知性交易的过程有无戴保险套是几乎不可能的。政府无法像性工作者同事们一样可以时时刻刻互相监督管理。政府的介入反而让她们失去彼此互相监督的立场。假使有人得病，她们也会害怕消息走漏后，政府会为了全民健康而发布，如此一来生意就完了。于是，大家会相互隐瞒事实，性病问题就变得严重许多。[1]

四、自主治理的防弊意义

自主治理除了可善加利用一般知识和在地知识外，还可消除传统上政府管理性产业所衍生的弊端。

在未合法化下，性产业会转入地下，此时性工作者将面临黑白两道的压迫。黑道会对性工作者索取高额的保护费，也可能暴力欺凌、毒品控制。白道指负责执勤的警察和相关执法官员，其中的坏警察对她们勒索、白嫖时有所闻。[2] 如果遇到"好警察"，性

---

[1] "中央社"（2000）：2000年5月19日基隆第五号公娼户被证实发生公娼感染艾滋病毒。虽然当局在事发之后已让这名公娼就医并且吊销其公娼执照，但嫖客还是担心其他公娼也可能感染艾滋病病毒。所以消息一曝光之后，这家公娼户生意越来越差，最终使基隆这唯一的公娼户关门。

[2] Levitt and Venkatesh（2007）的调查指出：在性产业未合法化的美国芝加哥，街头性工作者宁愿被警察白嫖也不愿意被抓起来。

工作者的处境也没好到哪里去。因为"好警察"三不五时会来店里抓人，把她们关在拘留所，让她们维持不了生计，造成更大悲剧。[1]澳洲新南威尔士州政府鉴于当地警察和非法妓院之间的严重贪污问题，才决定在 1995 年让性产业合法化。[2]

性产业合法化后可能遭受的责难就是合法掩护非法，如在合法的性工作场所里暗藏雏妓。的确，这会增加政府管理的困难，毕竟合法化以后，警察就不能说抄就抄，说查就查。雏妓问题确实存在，但那和性产业合法化未必有因果关系。相反地，只有在非法下，由于性工作者受困于警察和黑道，根本无力去关心被迫卖淫的雏妓。合法后，雏妓问题会大为减轻。其理由有二。第一，性工作者大多都反对雏妓。早期台湾地区许多的性工作者都是从小就因为家计困难而被迫卖淫，他们都知道从事这工作对身心伤害很大。将心比心，只有她们最了解这种苦，非常反对雏妓。[3]第二，他们珍惜好不容易才争取到的职业正常化。不论在荷兰、德国或仅部分州除罪化的澳洲，性工作者都是经过十几年或甚至更久的血泪抗争才争取到合法化。他们从每天躲躲藏藏、受黑白两道欺压、生计难以维持的处境下，辛苦到能够把性产业正常职业化，过着经济稳定、不受到压迫、稍有尊严的生活，她们自然不愿意让非法行为又把自己带回到以前处境。暗藏雏妓或合法工作孰轻孰重？她们心里非常明了。她们比政府更能有效抑制雏妓的问题。另外，性产业合法化，若采取专区设置，也可能会遭遇附近居民的抗议。[4]政府若要介入，势必处于两难：一方面要安抚好

---

[1]　钱震宇、张源铭（2006）。

[2]　Harcourt（2000）。

[3]　在台北市日日春关怀互助协会（2000B）书里，小凤为了分担家计，14 岁就从事性交易，那段岁月的伤痕甚深。她说："所以你说我反不反雏妓？当然反啊，因为 14 岁的年纪，月经也没来几次就上班了，发育都还没完就做这行，对身体真的很不好；而且有些老娼对小姐很坏，还会把他们吊起来打；有些卖身契也很坏，还规定小姐一天要接几个客人才准休息。"（83 页）。

[4]　附近居民的抗议问题是由清华大学经济系刘瑞华教授指出。

居民，另一方面要保障性工作者的权利。事实上，最好的解决方法就是让性工作者们自己去和居民协调沟通。[1] 为了生意和正常的生活，性工作者们会愿意和居民沟通，而居民多半会也具有同情心和包容心。[2]

五、自主自理的另一个理由：亲密性

性工作者承担自身在生理和心理的高风险，其对自身的关怀往往较其他产业的工作者更为严肃。下面，我们试着从文化界人士借着文学和电影的表达归纳出几点。

第一，性工作者理解性交的亲密会改变自身对其他事物的观点。在莫泊桑（2000）小说里，羊脂球（Boule de Suif）是一名法国妓女。普法战争时，她和法国人一起逃难。法国人想和羊脂球做性交易，但被她拒绝。羊脂球担心旅社隔房的德国人若知道了这事，也会来找她交易。她担心亲密的性交会改变自己对法兰西的爱。羊脂球也一再拒绝德国高阶军官的求爱，宁愿得罪德国军官，也不愿意接受这性关系。

第二，性工作者会选择自己心仪的顾客。在小仲马（1995）的《茶花女》里，女主角玛格丽特因深爱着男主角亚蒙，放弃了一直疼爱她且家财万贯的老公爵，也拒绝其他有钱伯爵的追求。

---

[1] 徐沛然 （2009）引述日日春关怀互助协会秘书陈星乔的话："在澳洲，政府会主动通知预定设立性工作场所的周边居民，并收集意见，出面召开会议，让业者与居民直接沟通协商，讨论共同管理的机制。而日日春协会在一个月前，直接与万华区的妈妈们沟通过性工作事宜，小区妈妈普遍都能接受'我们要养家，小姐们也要'的说法，乐于经营共同管理机制。"

[2] 王芳萍 （2002）说到："在柏林以及笔者探访过的荷兰阿姆斯特丹、澳洲悉尼，这些城市对性产业的关注点在于性交易形式是否影响公共秩序及安宁。举例来说，这些城市的住宅区里其实都分布许多低调隐密的性工作场所，外观看来实在与一般公寓房舍无异，顾客则透过广告找上门，只要能解决噪音、交通或敲错门的问题，性工作场所与居民也就能达成一定程度的相安无事，居民无须恐慌或担心。"

她提到自己的选择标准："如果我现在打定主意要再找一个情人的话，那我希望他要具有三种非常罕见的品德，他要信任人，体贴人，还要做事深思熟虑。"[1] 她对亚蒙说："我们这些受命运摆布的人，有一些意想不到的欲望和不可思议的爱情。有些男子为我们倾家荡产，却一无所获，另一些男人呢，仅用一束花便得到我们。"[2]

第三，性工作者非常在意自己的健康和心灵感受。在电影《麻雀变凤凰》（Pretty Woman）里，女主角薇薇安是一名街头妓女，但在从事性交易之前，都会让嫖客选择五颜六色、不同口味的保险套。她不想因任何一次的性交易得到性病，因而以营销手段要嫖客戴保险套。她规定顾客不能亲吻她的嘴，因为她内心深处认为只有爱情才能接吻。她害怕和嫖客接吻会亲出感情。

从这些电影和文学作品，我们可以抽象出"亲密性"的概念。亲密性不仅指身体层面的接触，同时也包含心灵层面的感觉。不同产业的从业员与其顾客间存在不同程度的亲密性。亲密程度越高的产业，其从业员与其顾客在身体层面的接触以及心灵层面的感动皆越深刻，因此他们遭遇到伤害的风险也越大。这里所指的伤害，除了身体外，还有心理创伤。因此，亲密性愈高的产业从业员，愈在意从交易获得的自身感受。[3]

性产业所存在的亲密性让性工作者知道自己在交易中所承受的

---

[1]　小仲马（1995），101 页。

[2]　小仲马（1995），156—157 页。

[3]　传统的妓院里有一个口耳相传的故事：曾经有位穿着破破烂烂、身体布满烂疮的糟老头要来妓院消费性服务，但是没有一位妓女想要接待他。最后，终于有一位妓女看他可怜就接待了他。这位糟老头离开时，付给那位接待他的妓女很大一笔钱。这个不在说好心有好报，而在说明性工作者与其顾客所存在的亲密性远胜于其他产业的从业员。便利商店的店员不会因为顾客的穿着、长相而决定要不要让他消费，但性工作者则拒绝了这位糟老头。在台北市日日春关怀互助协会（2000B）书里，玉凤所说的："我们也会怕，可是我会先看，比如说这个人外表骯骯脏脏，我就一定不做，没必要为了赚这几百块，拿自己的生命开玩笑。"（116 页）。

高风险，所以他们会设法避免自己受到伤害。Clements （1996） 就指出：性工作者清楚知道要使用保险套，他们相较于一般人还要注重安全的性行为。她们不会只是关心自己会传染性病给客人，更担心自己会被客人传染。为了保护自己，性工作者自身会发展出一套保护自己的交易规则。在强烈的诱因下，性产业的自主治理能力远比其他产业强。再者，自主治理需要内部契约来稳定组织发展，而可信承诺和道德危机常是组织必须克服的问题。[1]但在亲密性存在的情况下，组织成员不会因为签了契约就故意不去保护自己，这使得道德危机问题得以减少，因而增加可信承诺的可行性。也是说，亲密性的存在能提升自主治理的顺利运作和组织内部的稳定发展。

六、产业的亲密性与自主治理

亲密性不只存在于性产业，也存在于所有服务业，只是程度不同。底下，我们以上节的定义来讨论便利商店店员、餐饮业店员、美发业的美发师、托婴业的保姆人员、性产业的性工作者与顾客之间的亲密性。同时，我们也讨论现行政府的管制态度。

（一）便利商店店员，以7—eleven为样本。除了关东煮等极少数现煮食品外，便利商店的店员并不与顾客有直接的接触，亲密性程度甚低。在政府管制方面，便利商店的店员不需要通过任何专业考试或认证，也不需要做任何的健康检查就能上班，故其管制也是最低。

（二）餐饮业店员，以肯德基为例。由于店员直接接触到食物，故其亲密性高于便利商店。政府也没有直接的管制要求，但公司则有直接要求。在技术方面，公司规定店员由职位低到高分为试用员、一般服务员、训练员、组长、襄理，升职与加薪都要先通

---

[1] 参见 Barzel（1982）和 Varian（1992）。

过升级考试，其内容包含笔试、实际操作。另外，每个店员每月都必须通过复习考，否则会被解聘。在卫生方面，店员需要做一年一次的健康检查，检查项目包含 A 型肝炎和肺结核，工作满一年之后要多检查梅毒项目和病历史。

（三）美发业美发师。美发师和消费者之间有直接但轻度的接触，故其亲密性高于便利商店和餐饮业。政府规定美发师须通过由"行政院"劳工委员会主办的"女人美发职类"检定考试，考试分成乙级和丙级，其中乙级考术科，丙级考术科和学科。[1] 此外，政府并要求美发师从业期间每年应接受主管机关或其审查认可机构举办的讲习。[2] 在卫生方面，政府对美发营业场所从业人员有一些规定：（1）健康检查合格始得从业、每年定期接受健康检查及各种预防接种；（2）发现有精神病、性病、活动性结核病、传染性眼疾、传染性皮肤病、或其他传染病者应即停止从业，接受治疗，经复检合格始得从业。[3]

（四）托婴业保姆人员。保姆不仅喂食婴儿，也时常抱着他们，其亲密关系已不算淡。政府规定儿童福利保姆人员应经技术士技能检定考试及格取得技术士证才能营业，考试内容为术科和学科。[4] 拿到证照后，保姆人员每年还要上 20 小时以上的专业课程，包括居家安全、儿童健康等。在卫生方面，政府要求保姆人员每两年要做一次健康检查，检查项目包含：A 型肝炎、肺结核、HIV 抗体等。

（五）性产业性工作者。性工作者与客人之间的亲密关已达肉体关系的极限。政府在技术方面没有举办任何专业技术检定。而在卫生方面，政府则是订定了许多繁杂的规范，根据《台北市公娼管理办法》，总共分成五章，其内容再细分成二十九条，其中对

---

[1] 《98 年度全国技术士技能检定简章》，行政院劳工委员会。

[2] 《台北市营业卫生管理自治条例》第十四条、第二十九条、第三十二条、第五十三条、第五十六条。

[3] 同上注。

[4] 《98 年度全国技术士技能检定简章》，行政院劳工委员会。

性工作者有明确卫生规定的如下：（1）患有性病或其他传染病者，不得接客并应立刻治疗、许可证及健康检查纪录表应随身携带备游客索阅，未经定期检查，不得执业、定期停业于复业前应经健康检查，始准复业；[1]（2）公娼健康检查每周一次，由本府性病防治主管机关负责办理，并在健康情形纪录表上注记、警察机关应于每三个月指定医师抽查或复查一次其费用由政府负担、前项健康检查之医师，如有不实之注记时，应依法惩处；[2]（3）健康检查时，如发现有患性病或其他传染病者，应由警察机关嘱托扣留许可证停止执业，并强制治疗，非经性病防治主管机关证明恢复健康发还许可证者，不得复业；[3]（4）公娼有拒绝接客之自由，游客不得加以强迫，游客与公娼性交时应戴保险套；[4]（5）公娼每月有两次以上无故不到健康检查者，吊销其许可证。[5]

根据上面的说明，这五产业的亲密性程度由低到高的顺序是：便利商店店员、餐饮业店员、美发业美发师、托婴业保姆人员，性产业性工作者。另外，我们也分别从技术和卫生两方面综合这五产业从业员面对的政府管制，其管制程度由低到高的顺序也是：便利商店店员、餐饮业店员、美发业美发师、托婴业保姆人员，性产业性工作者。参见下表一。由表一，我们发现政府对各产业从业员的现行管制的严格程度是和该产业从业员与顾客之间的亲密性一致的。换言之，愈是具亲密性的产业，政府愈要严格管制。这充分表现出政府父权主义的管制模式。

表一　产业亲密性和政府现行管制之比较

	亲密性的程度	政府现行管制
便利商店店员	最低	最松懈

---

[1]《台北市公娼管理办法》第十二条。
[2]《台北市公娼管理办法》第十七条。
[3]《台北市公娼管理办法》第十八条。
[4]《台北市公娼管理办法》第十九条。
[5]《台北市公娼管理办法》第二十条。

餐饮业店员	次低	次松懈
美发业美发师	中等	中等
托婴业保姆人员	次高	次严格
性产业性工作者	最高	最严格

　　然而，就如上一节的讨论，愈是亲密性高的产业，产业从业员愈是关心自己交易时所面对的高风险，其自主治理程度也就愈高。反观亲密性程度较低、肉体接触不多的产业，其从业员即使感冒、有性病，但因和消费者亲密性不高，他会比较疏忽。这时候政府才应该要介入管制。遗憾地，政府的现行政策却是积极去管制亲密程度高、自主治理强度强的性产业，反而不去管理那些亲密程度低、自主治理强度弱的其他产业。

七、结论

　　本文并不否定性产业较其他产业会带给一般百姓更大的疑虑，然而，也就是本文的论述，性产业具有较高的自主治理的诱因和能力。因此，政府不需要回到公娼时代的严格管制。相反地，政府还可以借用性工作者的专业能力，让她们帮助政府做到政府无法做到的事情，例如性病的防治和传播。

　　性产业虽然具有自主治理的能力，但也存在着一些限制。自主治理要完美必须仰赖市场机能的作用。如果性产业市场是竞争市场的，性工作者为了跟其他性工作者竞争，势必要努力提升自己的服务质量、提供优良的服务。他们也可能以通过 ISO（International Organization for Standardization）的认证方式去获取消费者的信任和信心。如果性产业市场是不完全竞争，就像其他不完全竞争的产业，政府的监督工作就是定时将该产业的环境信息发布给消费大众。

参考文献

Barzel, Y.,"Measurement Cost and the Organization of Markets",*Journal of Law and Economics*, 1982，25（1），27—48

Blomquist,W.,*Dividing the Waters: Governing Groundwater in Southern California*, San Francisco, CA: Institute for Contemporary Studies Press，1992.

Buchanan,J. M., "An economic theory of clubs," *Economica*,1965, 32（1），1—14.

Caswell, M. F. and D. Zilberman,"Managing California's Water in the Long Run", *Contemporary Policy Issues*, 1990，8（4），92—105.

Clements,T.M.,"Prostitution and the American Health Care System: Denying Access to a Group of Women in Need", *Berkeley Women's* L.J., 49—72.

Daley, S.,"New Rights for Dutch Prostitutes, but No Gain", *The New York Times*,2001，August 12。

Harcourt, C.,"Whose Morality? Brothel Planning Policy in South Sydney", *Social Alternatives*, 1999，18（3）.

Harcourt, C.，"南威尔士性产业政策沿革"，《公娼与妓权运动》，台湾工运杂志社出版，2000。

Hardin, G.,"The tragedy of the commons". *Science*,1968，162, 1243-8.

Levitt S. D. and S. A. Venkatesh，"An Empirical Analysis of Street-Level Prostitution", U*niversity of Chicago Working Paper*，2007.

Ostrom, E., *Governing the Commons: the evolution of institutions for collective action*, Cambridge University Press, 1990.

Ostrom, E.,"Self-Governance and Forest Resources"，*CIFOR Occasional Paper*,1999.

Ostrom,E., J. Burger, C. B. Field, R. B. Norgaard and D. Policansky ,"Revisiting the Commons: Local Lessons, Global Challenges",

Science, 1999，9，284（5412），278—282.

Roberson, W.J.，"澳大利亚的性工作者与公共卫生政策 —— 厘清健康医疗公共政策实施的障碍所在，以北悉尼市为例"，《公娼与妓权运动》，台湾工运杂志社出版，2000。

Rocio A., F. Gomez, and Y. G. Franco, "Regulating Prostitution: A Comparative Law and Economics Approach", *FEDEA Working papers*, 2007.

Sandler, T. and J. Tschirhart , "Club theory: Thirty years later", *Public Choice*，1997，93, 335–355.

Varian, H., *Microeconomic Analysis*, NY: W.W. Norton, 1992.

小仲马 ，《茶花女》，奈眉 译，台中市：三久出版社，1995。

"中央社"，"基隆唯一公娼户因公娼染爱滋而关门"，2000。

王芳萍，"性产业合法化以后……"，《自由时报》，2002。

佐拉，《娜娜》，钟文 译，台北市：桂冠出版社，1994。

李世伟，"妓院股票变壁纸 不卖淫改跳脱衣舞"，《法新社》，2005。

林新辉，"蓝委提案性工作除罪娼嫖都不罚"，《联合报》，2009。

徐沛然，"性工作除罪修法 性劳联：内政部勿闭门造车"，《苦劳报导》，2009。

乌多陶比茨，"谁该为妓女正名，法律抑或嫖客？"，芙茗译，《德国之声》，2004。

莫泊桑，《羊脂球：莫泊桑中短篇小说集》，南京：译林出版社。

傅沁怡 （2008），"每日星球 全球首家上市妓院"，《经济日报》，2008。

汤京平、黄建勋，"取用者自治与水资源管理：比较我国嘉南地区与美国加州雷蒙集水区之地下水治理"，《政治学报》，2006，1—39。

黄建勋、汤京平，"水资源永续管理与制度选择：以嘉南农田水利会与嘉义县养殖渔业来看'共享性资源'自治的形成"，《台湾公共行政与公共事务 2005 年会》，台北：台北大学公共行政暨政策学系，2005。

台北市日日春关怀互助协会，《公娼与妓权运动》，台北：台湾工运杂志社出版 ，2000A。

台北市日日春关怀互助协会 ，《日日春——九个公娼的生涯故事》，台北：台湾工运杂志社出版，2000B。

钱震宇、张源铭，"钱庄逼债 公娼自救会长官姐投海"，《联合报》，2006。

晚清向民国转型期间企业家自治社会的形成过程

苏小和 *

一、引言

晚清后期直至民国初期，中国缺少一个强有力的集权制政府，时间跨度大约为 1895—1925 年这 30 年的时间，史学家认为这一段历史时期出现了两个历史上不曾有过的社会秩序，其一是中国形成了一种被动展开的市场体系，中国经济开始真正参与全球贸易，并形成了一批具有近现代新技术特征的企业和企业家。其二则是中国出现了一批相对独立的知识人群，并由此促进了中国现代教育的发生和发展。刘广京、费正清、郝延平、白吉尔等学者将这样的历史变化解释为，渐渐开放的社会，为传统中国的市场注入了外来要素，推动了中国社会的近现代社会转型；大陆的主流历史学界则以马克思主义的历史学观为解释方法，认为这个时代是一个波澜壮阔的反帝反殖民反封建的时代，中国由此展开了一个独立自主的漫长求索过程。

* 苏小和，经济学者、独立书评人，出版《我们怎样阅读中国》、《我的自由选择》、《中国企业家黑皮书》、《晚清启蒙课》等著作。

本文针对这一历史事实，试图引入埃莉诺·奥斯特罗姆关于人们如何自主治理公共事务的思想体系[1]，用历史实证研究的基本方法，分析晚清向民国转型的过程中，企业家阶层如何组织起现实生活中的民众，构建了中国近现代史上一次醒目的自治社会秩序。我的观点在于，正是由于专制大政府的被动退出，以及新的大政府主义尚未形成，企业家和民众基于这样的政治条件和市场条件，用一种自愿合作与集体行动的方式，推动了中国近现代史上第一次资产阶级黄金时代的出现。而这个黄金时代所搭建起来的市场经济框架、国际贸易体系、企业家精神和民间自治经验，才是中国这个古老专制国家向现代化转型的市场基础和社会基础。

二、前民国时代经济解释的三种路径

关于近现代中国市场经济兴起的方式，一直见仁见智。

有一种观点认为，中国区域性的农耕经济发展到 19 世纪下半叶，已经失去可持续发展的动力。著名的马克斯·韦伯在 1912 年就这样说过，中国是一个君主专制、闭关自守和停滞不前的社会[2]；更加著名的亚当·斯密在国富论里也直言，中国社会和经济的发展已经抵达"最高限额"[3]，如果没有制度性的变革，中国的进一步发展将变得不再可能。这样的观点，得到了西方大多数学者的认可，在西方经济史和经济思想史学界占据主导地位。

在经济史的角度看，斯密所说的最高限额时代，应该是在

---

[1] 埃莉诺·奥斯特罗姆，《公共事物的治理之道——集体行动制度的演进》，余逊达、陈旭东 译，上海三联书店，2000。

[2] 韦伯的《宗教社会学论文集》三卷本，第一卷《世界宗教的经济伦理学》，第一部分《儒教与道教》，集中分析了中国的社会问题，他的观点影响了大部分西方研究中国历史的社会学家和政治学家。相关的文献，主要由马里恩《中国现代商业阶级的崛起：两篇导言》、卢西恩《中国政治学的精髓》、李仪渊《中国人的性格——克己综合性的讨论》等等。

[3] 亚当·斯密，《国富论》。

1400—1850 年之间。这大约四百年的时间，中国人口的总数从 6 000 多万增加到了 4.3 亿，生产的总值当然也是正比例的增长，人口大面积向南方地区迁徙，而耕地面积从 3.7 亿亩增加到了 9.5 亿亩 [1]。当传统农业的发展积累到一个变量之后，手工业的出现就是必然的结果。区域性市场的交换随之出现，并且勃兴，这又反过来推动农业、金属加工业、纺织业、造纸业和陶瓷业等制造行业的发展。中国人耳熟能详的集市现象在这个时候蔚为大观，这成为区域性商业经济高速发展最主要的表征。学者施坚雅（W. Skinner）认为，到晚清末年，中国经济结构中地方的集市现象达到了 6.3 万个，集市的增长率甚至超过了人口的增长率，中国传统的农业社会终于发展成为一个区域性的商业社会 [2]。

　　有些经济学的常识需要在这个时候提出。当商业发展到一定的程度，市场的交换成为常态，人们对货币的需要就变得非常迫切。一直以来，清政府在货币政策方面都是严重滞后于商业交换，通行的做法，是通过增加白银进口，或者提高本国的铜产量来生产货币，这显然已经不能满足市场的需要。在这种情况下，人们开始求助于一种准私人银行，也就是钱庄。也就是说，钱庄的出现，是市场化自由交换背景下民间力量自发的秩序，在山西、长江中下游地区，尤其是宁波一带，一种民间的信贷制度变得十分火热，由于得到家族和同乡的支持，钱庄在几乎没有政府干预的制度背

---

[1]　白吉尔，《中国资产阶级的黄金时代》，上海人民出版社，1994，第 15、16 页。

[2]　施坚雅（G.WilliamSkinner，1925—2008），斯坦福大学人类学教授，1950—1951 年到中国四川考察，1977 年考察中国城市市场。美国亚洲学会会长，著有《中国农村的市场和社会结构》（中国社会科学出版社 1998 年版）、《中华帝国晚期的城市》（中华书局 2000 年版），发表大量研究中国社会、经济结构、农村和农民、人口、民族、海外华人的论文。

景下迅速发展，肩负起了一个时代市场交换的主要职能[1]。

事实上，按照市场自发秩序的逻辑，政府在这个时候应该顺应市场的发展，共同将市场的容量做大。比如主动向外部世界开放，进入国际贸易秩序。但众所周知，在接下来的大约几十年之内，晚清政府采取的主要经济政策，是抵制西方经济秩序，拒绝更大范围的开放。这一段历史图景，国内的主流历史观解读为西方列强通过鸦片战争，通过一系列不平等条约，将中国拖入了一个半殖民地半封建的时代。国外的历史学界则认为，正是由于一系列条约口岸的产生，中国进入了一个被动开放的时代。从19世纪20年代开始，中国虽然极不情愿，但不得不被更大范围的工业化和国际贸易秩序推着走，这种被动地开放和发展的历史态势，才是历史的主流，任何一种力量都不可能阻止，即使一些历史时期出现了明显的倒退，但从大势来看，中国市场的开放，融进世界经济秩序，才是真正的大势。[2]

另外一种历史观点，与第一种观点几乎是尖锐对立。这就是中国国内一大批以马克思主义理论作为学术基础的历史观，他们认为，中国更加现代化的市场经济之所以流产，主要是19世纪帝国主义的侵略阻断了市场的发展。这是占据国内所有历史教科书的观点，它的影响力在于，由于强化了民族主义与帝国主义的利益冲突，使得大多数中国人转向一种更加决绝的自力更生精神，即中国人可以在不接受世界经济秩序的前提下，实现自我范围之内的发展。[3]

---

[1] 苏珊·M. 琼斯《1750—1850 年宁波的金融势力》，安德烈《1880—1935 年的上海钱庄，处在变化中社会的一个传统机构》等著作，分析了东南沿海民间金融的发展。而山西票号的出现，事实上比宁波、上海的钱庄要早，但山西票号普遍建立在官僚特权的基础上，主要收集国家官款和官僚的私人款项，并没有外来资本，因此不具有对外资本自由流通的意义。这是山西票号和东南沿海钱庄的区别所在。

[2] 这是郝延平先生的主要观点，见《中国近代商业革命》结论篇。

[3] 这是范文澜先生的主要观点。

事实上，这种分析框架的漏洞很明显。第一，整个世界市场经济的大幅度演进，取决于工业革命意义上的新技术的支持，如果假定1820年条约口岸经济产生之前的中国经济可以衍生出足够丰富的市场经济和资本主义，则必须证明，中国在此之前已经走上了工业革命的道路，技术的发生和发展已经足以支撑中国人大踏步进入资本主义时代。第二，事实上，整个晚清时代、民国时代，以及更加丰富的1978年之后的改革开放时代，中国社会和中国市场最大的主题，是对西方技术的引进，学习和模仿。也就是说，正是1820年以来条约口岸经济的展开，才带来了工业技术的革新，而技术的革新，才真正推动了中国市场经济的发展。因此，任何一种对中国资本主义发展的解释路径，都不能回避技术因素，因为无论在哪个国家，哪个地区，如果没有新技术的展开，几乎就不会有市场的拓展，尤其不会产生近现代工业秩序，不能产生具有产权意义、技术创新和自由竞争意义的现代企业家。

第三种对中国市场经济的解释框架，来自于中国传统的儒家伦理秩序。事实上，沿着儒家伦理维度分析中国市场经济的发生和发展，争议更大。所谓矫枉过正，当儒家伦理支撑中国经济的发展长达千年却没有将中国经济导入资本主义的自由竞争秩序，人们有理由也有情绪将所有的错误归咎于儒家精神，并大声指出，正是儒家的内在价值观才构成了中国现代化的障碍。比如儒家伦理观念尊重等级制度，所谓士农工商，这里既有对官僚士绅的抬高，也有对从事商业市场人士的歧视。官僚阶层由此构成了一种无可非议的、绝对专制的政权，这种政权体制不仅在思想的层面主导社会，而且在市场的层面主导经济的秩序，正是后者，使得中国社会在相当长一段时间没有给各种形式的私人企业提供自由竞争的空间，大量的商人和生意都依附于官僚体制，一个古老帝国的政府框架从根本上束缚了资本主义和自由市场经济的发展。[1]

这种解释框架，放在更加开放的全球化时代，可能有一些合理的成分，但放在以农耕经济和手工业经济为主导的前工业时代，就显得说服力不足。按照韦伯的新教伦理与资本主义精神的逻辑关系，人们必然能够看到，儒家伦理除了给中国社会提供一个社会秩序之外，无疑也给市场的发生和发展，提供了道德自律的秩序。事实上，儒家传统价值观对产权的尊重，对官僚集团的道德制约，的确有着丰富的价值观资源。当这种价值观成为政府的主流，人们看到，诸如晚清政府对盐业的垄断，有些时候采取了灵活而且有效的市场性方法。比如适当放松监管，和市场化的盐商联盟；比如更多的朝廷政策会适时推出休养生息措施，减税，或者由政府主导兴修水利设施等等[2]。这些措施显然有利于私人经济的发展。

这可能是儒家伦理支撑之下的市场秩序最理想的图景。明清两代，耕田的私有化秩序一直比较健全，这种秩序事实上一直延续到了民国，相应的地租也随之契约化，整个国家的土地市场是可以自由交换的。[3]市场的力量在这里成为主要动因，虽然官方的意识形态和朝廷的官僚并不支持这样的市场秩序，但一直没有成为这种秩序的拦阻力量。可以肯定地下结论，儒家伦理支持下的农耕经济和手工业经济，在明清两代已经发展到了一个辉煌的水平。

---

[1] 这是著名的中国学家墨子刻的观点。墨子刻，斯坦福大学胡佛研究所资深研究员，主要著作有《清朝官僚体系的内在组织：合法的、标准化的、沟通的因素》、《摆脱困境——新儒学与中国政治文化的演进》等。其中，《摆脱困境——新儒学与中国政治文化的演进》一书涉及从宋明理学、清代官僚制度一直到当代毛泽东、新儒学以及社会科学家们的思想，从"政治文化"的角度揭示了宋代以后新儒学的发展与政治发展之间的深刻联系，在美国汉学界中可谓是一大突破。

[2] 除了墨子刻对此有分析，学者伊德的著作《清朝国家在商业领域中的组织能力》，比较详细地呈现了清朝官僚与私营企业家实现有效合作的大量史料。见《中国社会的组织结构》第 16 页。

[3] 墨子刻《论中国经济现代化的历史根源》。

只是当这样的经济形态面临着工业革命的新技术秩序，才显得力有不逮。

或许人们可以得出这样的结论。古典的儒家伦理精神和大一统的朝廷式政府管理方式，配合传统的农耕经济和手工业经济，对市场和资本的推动已经抵达顶点。亚当·斯密的"最高限额"，韦伯对中国制度性的批评以及对传统道德文化的批评，其意义就在这里。这在市场的逻辑维度上，是可以解释的。因为人们不难发现，晚清垮塌之前的相当长一段时间，中国没有实现有效的市场容量的积累和有效的资本积累，也没有有效的企业家精神积累，更没有形成一种自发的技术革新，相反，对外来技术的引进与运用，都被人为控制在抵御外来技术的层面，而与市场经济的自由发展基本无涉。

这成为中华民国的经济展开之前最主要的图景。是的，中国市场的对外贸易在加强，以集市为基础的区域性贸易也在加强，民间信贷市场一直顽强生长，资本的流通速度不仅在国内有加快的趋势，在国际上也是大面积扩展。但由于企业家阶层的建设受到了官僚集团的大面积压制，整个市场缺乏推动力，无法将经济纳入到自由竞争和利润法则的市场化轨道。[1]

或者干脆这样说，正是由于市场的场域不够开阔，自由竞争的程度不够深入，民国的经济发展只能立足于一个非常浅层次的市场基础。大量的农产品没有商品化，只有大约三分之一的农产品进入流通渠道，而且其辐射范围仅仅限制在方圆10公里之内的消费需求[2]。国家的对外贸易形势，基本限定在以上海为中心的东南

---

[1]　这是陈锦江先生的观点，见：《清末现代企业与官商关系》，王笛、张箭译，虞和平校，中国社会科学出版社，1997，第255页。

[2]　帕金斯，《1368—1968年中国农业的发展》，第115页。20世纪30年代的中国农村，农产品大约有20%—30%在当地作为商品得以交换，10%会被运到外地出售，3%出口。总体而言，农产品的市场交换半径比较狭窄，这与市场的过度区域化、人口的流动性不够有关。

沿海一带，远远没有形成对整个内需市场的拉动能力。那些散落在各地的小集市，仅仅对当地的简单消费品有一个更加简单的交换作用，并没有将生产和大面积的销售卷入到市场中，因此这样的集市现象无法形成一种更大范围的整合，人们找不到一个统一的国内市场，虽然人口基数庞大，但贸易的展开却一直是区域性质[1]。在这个时候，整个中国基本上还处在日出而作日入而息的农耕文化时代，而亚洲第一个共和国，以及更加激进的中华民国，以一种新国体的形象，已经站在所有中国人的门口。

三、看上去模棱两可的市场格局

学者西蒙·库兹内茨（Simon Kuznets）的研究呈现了一个基本的经济史现象：市场经济既不是市场大量增加的结果，也不在于其整体化的程度，而是将工业新技术引入到了一个极其商品化的社会里，"将科学技术普遍地应用于市场经济生产和交换的所有问题之中"[2]。

沿着西蒙的思考路径阅读中华民国之前的中国市场经济趋势，有几个命题就会浮出水面。第一，可能是新技术的缺失拖后了中国传统的农耕经济向资本主义的转型，第二，可能是政府的管理方式拖后了技术的自发创新与外部引进。这是一个发展的悖论，一方面，农耕经济背景下的商业发展已经积累到了一个变量，另一方面，技术的停滞和政府管理方式的陈旧，又与自由交换的商业经济秩序构成一种紧张的关系。学者米歇尔·莫瑞诺（Michel Morineau）将这种经济史的局面定义为"发展的模棱两可状态"。这个定义后来成为经济史学界分析诸多后发国家市场经济态势的

---

[1] 施坚雅，《城市与地方系统中的等级结构》，见《中华帝国晚期的城市》，第275—351页。

[2] 西蒙·库兹内茨，《现代经济的发展、速度、结构和范围》，耶鲁大学出版社，1966，第9页。

关键词。[1]

事实可能正是这样。由于中国社会在长达几百年的农耕经济秩序下几乎没有发生具有创新意义的新技术革命，因此，由农耕经济和与之相关的手工业经济堆积起来的经济繁荣，事实上只是一种简单的生产量的扩展。它可能是一个国家经济腾飞和工业革命的必要性前奏，但并不是经济腾飞和工业革命本身。事实上如果没有新技术的介入，如果政府的制度设计不支持新技术的开放与流动，那么这种立足于传统经济的繁荣模式，就会导致一些意外的结果，比如中等收入的陷阱，已经由此导致的整体经济的衰落，以及崩盘。

这样的经济史陈述，能够让人们很好地理解中国经济在进入19世纪之后的景象。是的，这一段经济史的基本轨迹，首先是本土农耕经济和手工业经济的衰落，其次才是国际贸易秩序之下中国近代企业和企业家的兴起。严重的格局在于，国家的开放、新技术的参与以及近代企业和企业家的兴起，一直是一种被动的状态。冲突是非常明显的，最本质性的冲突，是传统经济与新技术的市场经济的冲突。固守传统农耕经济的模式已经没有可能，可是却又本能地抵制和排斥新技术。人们的生活方式遇到了极大的挑战，经济的链条被暂时割裂，新的经济发生方式却又不受欢迎，这迅速演化成了一种社会的断裂。内有方兴未艾的农民暴动，外有不断升级的贸易纠纷，整个国家陷入腹背受敌的局面中，三千年未有之变局，同样的，这也是三千年未有之危机。

社会的分化几乎以几何级数的方式在裂变。商业的快速交换再也不会停顿下来，传统的政府管理方式却又尾大不掉。那么，社会结构的层次就会出现新景象。传统的士农工商结构，已经不能

---

[1]　白吉尔，《中国资产阶级的黄金时代》，张富强、许世芬 译，上海人民出版社，1994，第19页。白吉尔认为，这个关键词已经成为一个非常明确的经济史学分析概念。

说明新的社会结构形式，一个重要的变量，是无论城镇，还是乡村，都出现了一个前所未有的变化，这便是商人地位的不断攀升，人们的生活方式和价值观大面积向市场和商业转移。随着小私有企业主、佃农和商人的社会地位不断攀升，随着人口的流动性的不断加速，传统的士绅阶层也开始走出传统的道德权力秩序，将公共职务、财富和地方名望结合起来，掌控经济的流动。此外，在快速的经济流动过程中，以小职员、买办阶层和地方商业团体为主体的人群，事实上构成了市场的中介性组织群体，这再一次加速了市场的流动。

社会阶层分化最大的意义在于，它消解了传统朝廷式政府的绝对强权管理方式，使得国家和民间社团之间的关系开始趋于平衡。也就是说，事实上正是新兴的商业阶层推动国家的经济体朝着市场和竞争的方向发展，而不是政府有意识的引导经济向自由市场转型。双方之间的博弈与交流，在中国历史上，第一次有了平等对话的可能性。

这正是伟大的经济学家熊彼特所描述的企业家秩序。一定只能是企业家推动市场朝着深度演进。中国的情形当然也是如此。商业团体和企业家阶层的崛起，将中国传统的社会形态缓慢推向了市场经济秩序，表现为这些新崛起的民间力量能够在不同的区域之间协调经济活动，促进商品在更大的地理区域和更宽阔的市场之间自由交换。著名的徽商、晋商、闽商、粤商和浙商，以商业帮会的形式出现，带来丰富的自由市场交换，对市场的扩展性作用显得尤为突出。从 18 世纪开始，一直到民国时代，几乎所有的大城市都出现了这些商业团体和民间企业家的市场行为，他们在自己寄居的城市建立同乡会和以生意为主要诉求的会馆，将过去不同区域的集市现象发展成为更有规模的商业交换场所。[1]

---

[1] 何炳棣，《中国会馆史论》，台北：学生书局，1966。收录了张平的博士论文《1812—1911 年中国诸省商人集团的分布及其实力》。

事实上，除了商帮现象隐含的企业家精神之外，还必须看到其中隐含着的非常醒目的非政府组织形式。历史的确是这样。商帮现象和遍布城市中心的会馆，也是一种社会精英聚结的民间组织。这是一种完备的民间机构，参加者需要交纳费用，用以维持机构的财政开支，除了分享和整合相关的市场信息，机构还开办学校、购置土地，并倡导一种社会责任。当然，机构一定会参与市场交换过程中的各种司法仲裁事务，为所有会员协调、平衡与保护。当这样的机构趋于成熟，人们会发现，正是由于这些商业性质的非政府组织大量出现，笼罩中国商业秩序上千年的地方保护主义和垄断偏见开始被自由的市场精神瓦解，城市的多样性，包括人口的多样性、市场的多样性开始大面积呈现。当这样的商会或者会馆发展到一定规模，他们的管理能力，尤其是他们基于市场的特征建立起来的一套管理方法，开始向社会上辐射。的确是这样的，在市场比较发达的地方，是商业而不是政府肩负着地方公共管理事务的职能，诸如消防、公共卫生，初等或者中等学校，都随之建立。[1]

因此，在企业家精神和非政府组织两个维度来理解民国前后的中国社会变化，可能让我们更清晰地看见历史的趋势[2]。在长达千年的中央集权大政府和彻底边缘、几近于无的民间社会的二元机构中，由于商业团体和民间商人的大面积涌现，中国社会第一次出现了一种类似于第三种力量的组织架构。如果说新技术的学习与引进是推动传统的农耕中国向近现代社会转型的外部因素，那么商业团体的出现和企业家阶层的产生，则是中国社会向现代化

---

[1] 陈锦江，《晚清帝国的商人组织、变化和发展的样式》，第28—43页；白吉尔，《中国资产阶级的黄金时代》，第24页。这两本书中都提到，会馆的大量出现，不仅是市场意义，生意的意义，还有行政的意义甚至是政治意义上的目的。

[2] 这是笔者根据史料提出的一个新的分析框架，企业家精神和非政府组织，前者隐含着市场的新秩序，而后者则隐含着社会结构的新秩序。相信这两个维度的分析，能够让人们看清楚中国在进入近代化之后的本质性变化。

转型的内部因素。外部的变革与内部的自由力量相互呼应，构成了中国社会向现代化转型的历史大趋势，这样的大趋势方向清晰，风起云涌，无人能够拦阻，即使中途有短时间的倒退，但只是一个古老国家的小型彷徨，历史发展到民国，中国社会向市场经济的转型，是一种必然，此外别无它途。

有必要梳理一下传统皇权管理方式对市场的控制方法。

一个最明显的标志，是行政区划结构中，通常情况下，一个政治管理中心一定是商业中心。这种看似理所当然的现象，却是大政府集权体制多年积累的结果。其作用是官僚阶层不仅控制着政治，而且控制了商业与经济的发生与发展。至少在官僚阶层看来，只有控制了市场和经济的运转，政治上的控制才能真正有保障，不至于出现因为商业经济的大面积发展导致的政治危机，皇权的权威因此得到本质性的保证。于是，千年以来，中国社会中占人口比例并不多的官僚阶层，通过限制城市商业精英的社会影响，通过阻碍西方资本主义精神在中国的产生，看上去成功地控制了社会系统。[1]

一切看上去都似乎有效。大政府主义通过绝对垄断官员的授权制度，来进行对社会的控制。这么做的结果，显然是过度彰显了官僚的无以伦比的社会地位，相应的，是弱化甚至忽略了商人企业家的社会地位。这正是中国社会的主要秩序，不论商业或者是企业家多么富有，他的地位一定要逊于官僚，一直以来，在中国社会，企业家都是官僚阶层的门下走狗，这已经是一个不争的事实[2]。而企业家也一直有意识恪守本分，只是谨慎地维护自己的生意，为此不惜巴结各类官僚，以求生意平安。在商人看来，人生最理想的境界，应该是官商合一，是商业积累发展到一定阶段

---

[1] 这种对市场和经济发展的控制，是中国传统体制管理社会的主要方法，施坚雅在《城市与地方系统中的等级结构》中，有详细分析。

[2] 巴拉兹，《官僚的乐园，关于传统中国社会和经济的研究》；李维和史国恒《中国现代商业阶级的崛起》都分析了官僚主导的传统体制下商人的位置。

以后，进入官场，以前是巴结政治资源，现在是自己试图构建自己的政治资源，以求商业发展的确定性。18世纪和整个19世纪，中国的企业家阶层基本上都是在按照这样的思维方式在发展，在江苏、上海、福建和广东，很多生意红火的商人都以官商自居，众所周知，尤其是在上海，几乎所有的大商人都领有官衔，而官衔的获得，有的人的确是通过科举考试，但更多的，却是通过捐纳，通过向政府或者官员提供大笔捐款获得。这正是所谓的买官卖官文化。[1]

必须要指出，这种以官僚授予权为核心的超稳定社会管理体系，最大的害处在于它破坏了市场的逻辑，使得一个国家不可能产生企业家阶层，进而不可能产生如同15世纪到16世纪欧洲出现的资本主义趋势，也不可能产生如同日本德川家族时期的市民主义阶层。没有这样的变化，后果是严重的，它导致中国虽然历经千年，但一直无法建立起市场的自由秩序，也没有建立其丰富的多元文化，整个社会只有一种文化，这就是无所不在的官本位文化。

感谢工业革命之后新技术的潮流，正是这种技术的要素，让中国社会的这种超稳定，反市场的结构开始瓦解。中国的市场经济建设由此进入一个模棱两可的时代。市场的结构出现了具有企业家精神和非政府组织形式的民间元素，长达千年的皇朝制度崩塌，整个社会一方面开始走向市场层面的相对自治，一方面国家对市场和社会的控制处在一种模糊状态。历史推进到北洋政府时代和具有大政府主义特征的民国时代，中国的市场经济和企业家建设，或许有了一种可能性的发展空间。这正是一部中国市场经济史和一部中国企业史的新兴气象。

---

[1] 何炳棣先生的《中华帝国的晋升阶梯：社会的流动问题》、《扬州的盐商：关于18世纪中国商业资本主义的研究》中列举了一些富商家庭中家庭成员之间有着不同的职业和经历的案例，最醒目的则是他们之间亦官亦商，官商流动的细节。

四、对自上而下的国家主义经济政策的一般性怀疑

有一个历史的问题需要再一次提出：晚清政府在最后差不多一百年的时间之内，的确让中国的市场变得比过去要活跃，要有规模，要有国际化气象，一批官商结合企业的兴起，的确使得中国社会第一次出现了具有醒目特征的近现代企业和企业家，中国的国力在 1842—1895 年之间，一度雄踞亚洲之首，无论是国家的经济总量，还是军事力量，其他亚洲国家不能望其项背。但为什么晚清政府却没有利用这样的经济发展态势，将中国带入真正的现代化进程？而且，令人不能理解的是，不仅晚清政府没有建立其现代化的国家秩序，反而进入 20 世纪后，辛亥革命爆发，这个曾经构想自上而下改革的帝国政府，竟然迅速崩溃。

一种解释的路径，是晚清政府面对新的时代和经济格局，依然使用陈旧的管理方式，这导致近代化的进程和朝廷管理方式之间构成一种巨大的撕裂。的确，晚清最后几十年，民间的反抗此起彼伏，地方政权军事化，地方乡绅和新崛起的商业团体，使得晚清政府的大政府管理方式失去了足够的财力和军力支持。传统的药方，当然是要继续做大政府的规模和实力，然后用堵的方式化解社会问题；新的方法，则是顺应社会的转型和市场经济的逻辑，用现代化的方法，尤其是市场经济的方法，来解决危机。很遗憾，晚清政府选择的是前者。

事实上，真正的儒家传统观念，并不支持国家过多参与经济管理事务，但是这种观念很早就被朝廷抛弃，一种相反的价值观成为主流，人们普遍相信，工业的发展、经济的转型、政府对经济事务的控制，是帝国得以继续存在下去的基础。刚开始，官僚们对外国人的经济渗透是非常警惕的，提出了自强的主流意识形态，以求避开帝国主义的控制，确保朝廷大体。大量的改良主义人士，基本上就是在这样的维度上思考和工作，比如设立通商口岸，就

是为了将外国人的势力锁定在几个狭小的城市，而不至于让整个中国都被外国人控制。比如著名的"师夷之长技以制夷"，这是朝廷官员意识到了技术的重要性，中国的改革必须吸收科学新技术，这甚至包括了要改革教育制度，制定适合市场经济发展的新的法规，有人还趁机提出了更加重要的制度，代议制。

但这一切的构想，都是要以官僚的觉醒为基础，更重要的是要按照一种自上而下的改革秩序来推行。这才是中国进入近代以来最大的历史真相：这个国家的现代化的思想和政策，一直以来都是通过官僚和改良者之间的私人关系，才得以缓慢推广。事实正是如此。中国历来的确存在改良主义，但是大量的改良主义人士，都有意无意地遵循两种原则。第一是提倡自上而下的渐进主义秩序，幻想构建一个由国家和政府推动的真正的改革，第二是大量的改良主义人士为此纷纷挤进官僚团体，接受政府顾问等诸多闲职，甚至是实职。

两个历史的悖论显得非常醒目，一个早就被既得利益把持的现行官僚集团，事实上不太可能对自身的利益进行真正有影响力的改革，这导致中国社会进入近代化以来，所有的改革都是隔靴搔痒，不切实际，导致所有的改革似乎都是政府对民间社会、对每一个人的利益恩赐。另一个巨大的现实则是，大量本来有改革精神并有一定现代化事业的改革派人士，一旦进入官僚体系，迅速被这个庞大的利益集团吸收并同化。

历史就是按照这种令人沮丧的逻辑在推进。当试图改革的人们看到了一点短期的利益，改革的激情就开始减弱，改革的内容也越来越空洞。历史作证，1895 年中日战争爆发的时候，晚清政府已经没有任何能力领导一个古老国家的现代化转型。当时，一批改良主义人士认识到了这一点，但反思的路径依然是自上而下的改革思维方式。比如人们发现，在没有进行税制改革的前提下，政府的财力应不太允许政府对所有的工业化进行直接的投资，而土地税早就面临着民间的抵制，政府的财政收入已经难以为继。

在财政收入的分配方面，各省的实力在做大，中央政府的力量在弱小。基本上，除了海关税有所增加之外，中央政府所掌握的财源，只能勉强维持行政开支。

本来，在过去的大概二十年之内，政府曾经以官商结合的模式主导建设了一批近代化的企业，但依然是官僚和企业家阶层严重的相互依赖，导致这一批官商合办的企业没有良好的发展，市场的力量弱于政府的力量，晚清政府并没有在这个时候培训出真正的新财源。

初衷当然是美好的。李鸿章等改良派的精英甚至比很多人都看得更远，比如在操持官商合办企业的时候，为了防止朝廷和各路官僚对企业的干预，当然也是为了调动民间的积极性，新起来的企业被允许主要依靠民间资金，而不是完全依赖朝廷的投资。改良派人士似乎找到了一种不错的企业管理方式，通过选择私人投资者和私人企业管理者，给予他们一些政府的权力，甚至吸收他们进入政府机构，让他们成为官僚集团的一部分。中国政府历来的谋略大概都是这样：已经形成的官僚集团只是这个国家管理层的核心，在这个核心的周围，则是众多的合作者，在企业和企业家越来越重要的时代背景下，这个合作的对象，当然要发展到对所有资本持有者和企业家，要越过意识形态的障碍，越过官僚阶层的出身论，将传统的政府管理集团演变成一个更大范围的官僚组合。

这样做的好处，几乎是立即可以预期的。在发展近现代工业，甚至在发展这个古老国家的市场经济秩序的过程中，政府不用承担生产和交换的成本，但是却能够对新生的商业阶层实行有效的控制。这正是著名的洋务运动的主要方法论。官僚阶层事实上对改良派，尤其对一批有资本市场能力的买办人士，并不信任，但国家面临近代化的压力，朝廷财政匮乏，变化成为必然。所以政府必须启用民间人士，发挥私人资本的作用，以此推动由政府实际掌控的国家近现代工业化运动。这正是官商结合体制大行其道的利益逻辑，也正是通商口岸的经济形态终于可以得以市场化的市场理由。

但这么做的坏处更加一目了然。首先是政府和企业的不分开，导致政府必须要干预企业，这严重抑制了企业的自由成长，抑制了市场的进一步分工，导致企业和企业家只能充当政府官僚的门下走狗，刚开始可能有明显的效益，但很快人们就发现，企业不过是政府的延伸，企业家不过是官僚集团的佣人，国家的经济依然是醒目的大政府自上而下的秩序，而不是市场的自发秩序。这样的格局，对真正具有企业家精神的优秀人才，是一个致命的打击，比如企业的产权，企业家不可能完全把握，当企业破产的时候，所有的负担都属于企业家，但官僚却是优先的债权人。

一个国家的经济格局如此，作为新生代的商业资本阶层，显然不愿意长期处在这种被动的状态中。在内部分裂越来越严重，政府不得不接受官商合作的制度背景下，商人力量的提高，就是一个必然的趋势。一大批具有企业家天分的商人不仅推动着市场的发展，而且开始真正影响社会甚至政治利益格局。晚清最后20年的确就是如此，王朝在衰落，商人团体在发展，私人和民间性质的企业家阶层，商业团体与政府之间的合作条件，就需要重新界定。晚清最后20年推出的诸多经济改革政策，正是民间力量推动的结果。

应该说，中日海战之后，晚清的大政府经济导向政策开始瓦解，中国社会从过去自上而下的改良主义路径，慢慢转向了一种由民间推动的自下而上的社会转型。这个时候的晚清政府，事实上是做出了让步的，环境发展如此，官僚们知道必须顺应大势。一系列新政中，教育、军事和行政等方面的改革，比较醒目。政府的目的，当然是要复兴清朝权威，通过中央集权的、有经济发展能力的官僚体制，建设一个现代化的国家。1906年是一个改革之年，清政府甚至开始筹备议会选举。站在中国历史的轨迹里看，这太让人意外了。事实上很多政府都这么做过，比如当年的俾斯麦、明治维新时代的日本政府，但日本显然成功了，晚清却归于彻底失败。

一种权威的解释，是推动改良的人士权力不够大，他们没有能力彻底让中国走向现代化，走向共和，走向真正的市场经济。也就是说，在一个长期依靠自上而下改革的思维路径之下，改良派存在对大政府天然的依赖性，中国需要的应该是一种民间的觉醒，一种自下而上的渐进性的改革，然后用一种倒逼的方式来推动政府放权让利。这样的解释有道理，晚清最后几年的改革，事实上一直是政府主导的改良计划，政府退出的计划是保守的，是对既得利益的依依不舍，这让很多期待改革的人们伤心不已。悲剧由此出现，改良的目的是和平的渐变，但结果却是革命性的暴力战争。

至此，依靠自上而下的秩序进行改良的中国现代化进程，在这里划上了一个悲剧性的句号。暴力带来的，不可能是建设，只能是破坏。有意思的是，晚清在一片嘘声中崩溃，但晚清自上而下的大政府主义方法论并没有就此偃旗息鼓，它变换了一种形式，开始出现在中国人的生活里，之后的民国时代，还仍然深深迷恋这种自上而下的发展方法论，不仅经济政策方面如此，文化思想领域，更是如此。这个古老的国家的发展，虽然脚步迈进了工业化和现代化的大门，但在观念的层面，思想的层面，方法论的层面，头脑却依然停留在中央集权制度下的大政府模式里。

这也正是一部民国的市场经济史需要首要陈述清楚的地方。

五、逐渐崛起的民间自治社会

晚清自上而下的市场变革归于失败，既没有建构起自由交换的市场体系，也没有产生出可持续创新的企业家阶层。随着朝廷的崩溃，各路官僚作鸟兽散，传承几百年的大政府格局几近于无，民间的、市场的各种力量开始浮出水面，整个国家进入一种自下而上的由民间社会主导的变革秩序，社会阶层出现一种罕见的多样性格局，这包括了士绅阶层的分裂，现代城市精英阶层的崛起，以及独立知识分子的出现等等。

从社会结构的角度看，这应该是晚清最后几十年有限度的市场发育留给历史的最丰富的资源。在接下来的北洋时代和民国时代，在中国的中心城市中，处于领导地位的不再是传统的官僚阶层，而是由士绅和商人组成的城市精英，从晚清延续过来的一部分资本家和企业家，虽然普遍遭遇失败，但以其强大的市场影响力，也归入到了这个精英的阶层中。他们与士绅阶层是一种松散的联盟关系，这种联盟一方面继承了早期的改良精神和开放眼光，一方面也将整个社会带进一种商业经济性质的稳定社会结构。接下来的历史证明，正是这一批具有明显市场精神的企业家人群，秉承保守主义的立场，民族主义的诉求，还有对国家政权的充分不信任态度，将中国从1911—1937年带进一个资本主义的黄金时代，使得中国前所未有地建构了一个具有小政府大市场特征的自由市场经济秩序。

因此，深度分析晚清最后几十年的市场发展如何培养了多样性的有别于政府主导的民间社会，就是一个至关重要的课题。

在所有的群体中，最先成为民间社会有效力量的阶层，是众所周知的买办。到晚清末年，买办阶层在社会结构里，尤其是在东南沿海大城市里，几乎举足轻重，他们不仅握有惊人的财富，而且把控着丰富的国际贸易关系。通常情况下，这些人的年收入差不多能够达到2 000两白银，此外，他们还利用自己的市场地位，一方面在外国商行这里领取到不菲的佣金，一方面又在中国商人和外国商人之间充当中介，赚取丰厚的利润。少数名声在外的买办，不仅自己经办着巨大的企业，连朝廷的诸多工商业企业的操办，也必须依赖他们。1842—1894年，买办阶层的总收入是5.3亿两白银，而这些年这个阶层的总人数，从开始的几百人，发展到后来也不过是两万人，因此他们的人均收入，是非常令人羡慕的[1]。更为重要的是，这些人大多数分布在广东、上海和宁波等地，由于这些地方是中国市场自由交换最为活跃的地区，因此买办阶层在近现代化的中国经济发展过程中，起到了一种巨大的整合作用，甚至是领导者作用。1911年，上海总商会的规模已经非常庞大，而这个商会的16名领导者之中，买办或者买办出身的，达到了7人。[2]

第二个具有民间市场整合效应的阶层是贸易商。他们大多从事进出口贸易，这得益于晚清东南沿海的开放制度。这批人通常居住在通商口岸，操纵者大宗商品的购销业务，甚至控制着国内主要商品的购销渠道。他们的市场意义在于，他们的生意的确促进了一个具体市场的建立，而且，还在上下游拉动了一个丰富的产业链，这包括了以生丝、茶叶为主要产品的生产环节、加工环节和贸易环节，更包括了围绕这些市场环节而产生的信贷资本环节[3]。传统的山西票号显然不足以继续支持如此大规模的对外贸易格局，因此，具有外资和内资合营背景的钱庄和商业银行应运而生。的确，钱庄是中国商人、企业家、在华商业银行之间的金融业务的平台，它起到了一种大面积投融资的居间作用，能够分配外国银行为中国企业提供的贷款。这种资本的力量很快就让贸易商人和与之相关的信贷资本家成为当时社会的中坚力量。[4]

第三个具有民间社会影响力的群体，是新式的知识分子。众所周知，差不多几千年以来，中国社会中的读书人阶层，基本都是依附在官僚体制之下，没有一个独立的知识分子阶层。这种格局在晚清末年有所变化。一批边缘的读书人阶层没有进入仕途，而他们所接受的教育，一部分主要来自在华的外国传教士，一部分

---

[1] 郝延平，《19世纪中国的买办》，上海社会科学院出版社，1988。

[2] 小岛淑男，"辛亥革命时期的士绅，商人阶级与上海的独立运动"，《东方史汇编》，1960，第113页。

[3] 琼斯，"宁波帮和上海的金融势力"，《上海经济研究》，1983，第10期，第75—77页。

[4] 陈锦江，《清末现代企业与官商关系》，中国社会科学出版社，1997，第146页。

曾经留学欧美，还有一部分则在企业开设的技术学校里接受真正的工具理性教育。出现这种局面，主要原因在于，1905 年晚清政府取消了科举考试，大量试图通过读书进入官场的读书人失去了这个传统的通道，只能在更加民间的渠道上寻找出口，而晚清末年不断开放的自由交换市场，为他们提供了新的人生可能性。

这可能是一个更加有意义的变化。教育制度变了，中国社会出现了一大批有学问、有学历但是不太可能做官僚的知识分子。新的职业开始出现，比如新闻记者、医生、律师、编辑以及新式学校的教师。由于不再依附官僚阶层，他们对市场、对民间社会的依赖性就必然加强，这个时候思想的独立性就成为他们最大的价值，一方面他们要怀疑传统社会的价值观与生存方式，一方面又要对新兴的社会现象保持怀疑精神，这显然是一个不受任何约束的社会群体，容易接受任何性质的离经叛道思想，是所有试图改良或者革命的团体最受欢迎的对象。事实上正是如此，日后西方的科学精神、民主思潮，对传统价值观的否定，甚至包括一个新的国家应该拥有的制度框架，都来自于这样一批新式的知识分子群体。

第四个民间阶层，是海外华侨和港澳台同胞。20 世纪初期，聚集在南洋一带的海外华侨和港澳台同胞大约有 760 万人，其中一些人创立了东南亚地区比较有市场影响力的现代化企业。比如在香港建立起来的先施贸易公司、他的竞争对手永安公司、还有南洋兄弟烟草公司等等。随着中国大陆东南沿海主要通商口岸的发展，这些境外公司不久就开始迁移到上海，主要在中国市场扩展自己的生意 [1]。这些企业完全没有获得政府的援助，相应的，晚清政府也没有干扰他们的经营，这使得为数不少的海外华侨和港澳台同胞型企业成为中国当时最有市场影响力的企业。这样的影

---

[1] 迈克尔·戈德利，《来自南洋的官僚资本家：1893—1911 年中国现代化进程中的海外华侨和港澳台同胞企业》，剑桥大学出版社，1981。

响力主要表现在，他们除了带来财富和企业管理的能力，还带来了现代企业经营的思想。这样的资源，是国内的一批企业和企业家所不具备的。这是他们的核心价值。有趣的是，很快，内地大量的市场人士意识到了这样的价值，他们愿意或者是渴望与这些境外过来的企业合作，希望这些人充当经济顾问或者是能够有资本运作能力的银行家。不仅内地的企业家和商人愿意这么做，就连晚清政府也开始谋求同南洋企业家的大面积合作，试图推出一些改革和发展的经济政策。张弼士本是广东人，18 岁去印尼和马来西亚谋生，成为东南亚最富有的商人之一。1905 年这一年，他就被北京朝廷任命为商部侍郎，为晚清政府的招商引资做了大量有益的工作。[1]

海外华侨和港澳台同胞参与中国内地的经济建设，这不是第一次，也不是最后一次。众所周知，20 世纪 80 年代，中国进行了改革开放，面对南洋华侨富商，招商引资，为中国陷于贫穷的经济注入资本强心针。晚清政府的思路同样如此。事实上，晚清政府这么做，是一种被迫的结果，国内各种动荡不断，经济衰落，中日战争严重失利，中法战争也是如此，政府只能一而再，再而三地改变治国方略，而国内可以利用的资源，包括政治资源和市场资源，已经少之又少，因此对海外华侨和港澳台同胞的期待，就成为必然。

海外华侨和港澳台同胞当然对参与内地经济建设，抱有热切之心。这是中国人的一种群体无意识，一方面，这些身居境外的商人当然看好国内庞大的市场，人口基数和地理范围摆在这里，生产和贸易的机会几乎随手可见。另一方面，在与其他国家的商业力量竞争的过程中，大多数的海外华侨和港澳台同胞都饱受民族主义精神缺失之苦，因此对国内的强大，有一些本能的期待。如此，虽然海外华侨和港澳台同胞商人并不赞同国内的政治制度、

---

[1]　同上，第 4 章，"张弼士征募资本"。

市场格局，但还是愿意回到中国，在市场和企业的层面，为这个国家做出一些努力。

无论是晚清政府当年面对海外华侨和港澳台同胞的招募，还是后来邓小平时代的招商引资，都取得了成功。资本层面对内地经济的激活与拉动效应，自不待言，重要的是这些境外归来的商人很快成为中国社会结构中的精英，少部分甚至进入核心决策层，成为国家级别的领导人。所以有学者认为，进入近代史以来，每逢国家走投无路的时候，人们总是把希望放在境外，开放成为一种时代的呼声。这足以说明，中国的社会结构并不是如人们想象的那样死气沉沉，一沉不变。在这个时候，封闭的意识形态总是要让位于开放，道德的秩序总是要让位于利润秩序。一旦这样的变化构成了一个时代的势头，传统中国自上而下的纵向社会秩序，就一定朝着一种平面的、横向的，甚至是自下而上的社会结构转型。集权的中心被慢慢消解，政府的力量淡出市场，而企业家对资源的配置作用大面积发生，市场的边界持续延伸，任何传统的、封闭的、守旧的秩序原则都无法阻挡市场的发展。这正是晚清政府垮台之后，1911—1937年这一段历史时期之内，中国市场与社会发展的大趋势。在这样的趋势下，企业家的出现是一个必然的结果，开放成为企业家诞生的土壤，企业家又反过来推动进一步的开放。在某种意义上，这也是中国社会虽然百转千回，历尽磨难，却能曲折前行，朝着自由市场艰难进发的社会性理由。

六、自治秩序与一种新的混合的价值观

朱志尧，生于1863年，逝于1955年，自小就在一个传统的天主教家庭成长，有着深厚的基督文化背景，他很年轻就加盟法国东方汇理银行中国总部，成为晚清著名的买办，是近代史以来

横跨几个时代的著名商人之一。[1]

事实上，类似朱志尧这样的商人，从晚清末年到整个民国，不在少数。他们有几个共同特征。第一，他们的日常生活方式已经基本西化。比如他们居住在欧式的别墅里，使用着从欧洲进口过来的家具。他们很早就脱掉了蓝色的丝绸长衫，改穿笔挺的西装长裤。事实上，当年这身打扮，即使在人潮汹涌的上海滩，也是一种身份的象征，甚至更是一种人身安全的需要。的确，当这些受雇于外国商业集团的买办们需要深入到内地处理商务，他们的身份，他们的衣服格调，使得内地的生意人刮目相看，尊重有加。有趣的是，为了提高自己的这种洋格调，他们纷纷说起了一种奇怪的语言，这就是在传统的汉语句子中，夹杂一些英语、印度语或者是葡萄牙语的单词，这被后来的模仿者戏称为"洋泾浜"。正是这种发音并不标准，只在华人中才流行的日常说话方式，让这些买办们增添了一种外来的虚荣感，同时也让那些深处内地传统文化背景下的人们，羡慕不已。第二，他们很快就确认了自己的基督信仰，不仅他们自己确定，甚至连他们的家人也成为基督徒。这种信仰层面的改变，其意义可能更加重要。比如他们相信博爱，力图在生意的过程中讲究诚信原则，比如他们要求自己要交纳十一税，也就是要求自己必须过一种有奉献细节的生活。当这样的信仰人数变得更多，在东南沿海的主要通商口岸，教会学校变得很普遍，很多华人家庭的孩子不再继续进入传统的中国学校，而是改进教会学校，让自己的孩子一边读书，一边领受来自上帝的话语。[2]

这样的变化，实际上是一个社会的价值观的变化。一种西化的生活方式成为这个时代的时尚元素，人们用尽全力，都要介入到这样的价值观里去。

---

[1] 郝延平（1988），第180—206页。

[2] 郝延平（1988），第180—206页。

　　这和过去的生活方式太不相同了。长期以来，中国的商人阶层一直需要接受官僚设定的游戏规则，经商的第一原则是建构比较稳固的官商合作关系，以至于在晚清末年，商人捐买官爵，成为商人的生意的一种必须。可以说，这可能是一个处在末日的时代最特别的景象，大量的商人愿意花大钱购买官位，主动向国库提供金钱，不仅自己要跻身于官僚之列，更希望自己的儿孙之辈要由此进入仕途。在官僚主宰一切的时代，商人们的这种构想，无疑是可以理解的，他们希望自己能够融合到主流的社会秩序里，希望通过自己的努力使得自己不再是一名处于底层的商人，而是出在上层的官僚。刚好，末日晚清的体制为商人们提供了这样的途径，更多的商人进入到了官场，当这样的人数足够多，整个社会的结构开始出现变量，过去单一的仅仅由官僚主导的社会结构，变得松弛、柔软起来。也就是说，市场的力量越过坚硬的官场台阶，开始影响曾经牢不可破的官僚阶层。

　　在任何时代，商人的利润原则都在主导人们的生活方式。晚清末年的市场风景是，商人们很快发现曾经强势的官僚阶层不再是生意的最佳保护伞，比官场人脉更加有商业价值的资源，是通商口岸的外国商业集团，有鉴于此，人们开始大面积融入通商口岸的城市社会，在各个领域与外国资本进行合作。一种比较开阔的利润原则，将一部分中国人带进了更加开阔的市场，市场的逻辑开始主导他们的生意与生活，而不再是过去的官场逻辑。

　　这当然更是一种崭新的价值观，遵循市场的规律，用开阔的视野来主导商业的演进。长久来看，只有市场的变化，才能推动人们观念的变化，进而可能推动政策的变化。这样的社会嬗变逻辑，在晚清末年也是如此。有观点认为，正是这种比较肤浅的西化式的生活，构成了中国社会走进现代化的起点。当这样的生活方式成为一个社会的趋势，人们发现政府的变化出现了。1902年，清政府下发文件，禁止妇女缠足，这个绵延中国几百年的虐待妇女文化终于寿终正寝。1904年，朝廷颁发创办新学的政策，并同时颁布了新学教学大纲，这意味着新式教育，包括通商口岸的教会学校的秩序与内容正式被政府接纳，掌控中国教育几千年的经子典籍教育被加进了更多的现代化内容，思想的营地因此变得比过去活跃起来。1907 年，朝廷更是发布诏令，允许女人出国留学，中国妇女的位置在这个时候得到了前所未有的提升。所有这些，都是晚清政府在法律的层面承认通商口岸最近十几年的价值观的变化。民间社会的发育与发展已经推进到了现代化的层面，即使在封闭的政府，也必须与时俱进，跟上现代化的脚步。

需要强调的是，身为中国商人，人们的价值观的变化不太可能彻底西化，或者说，当年晚清政府对整个社会被西化的担忧，几乎没有道理。人们看到，一方面，大量的商人的确在寻找一种新的生活方式，一种与西方价值观和生活观紧密联系的生活方式，但另一方面，他们在模仿外国人的时候，也一直在努力拒绝模仿，尤其是商业层面的民族主义在通商口岸迅速成长，一个时期之后，人们惊讶地发现，是通商口岸而不是封闭的内地，经济民族主义得到了迅速地发展，以至于人们将通商口岸看成近现代以来真正商业民族主义的摇篮。[1]

这可能得益于商人长期以来形成的传统价值观。天下兴亡匹夫有责，从来都是中国人的第一理念，即使在各种新兴价值观纷至沓来的时代，人们对这一传统的价值观，依然在坚守。更重要的是，差不多百年以来，晚清政府面对外国力量，长期采取一种容忍的政策，并没有一个强势的民族性力量。当更多的中国商人看到这一点，他们的变化事实上是出乎意料的，他们将那些来自西方的商业技术与理念看成了救国救民的手段。这正是传统家国思维方式的价值所在，商人们在竞争中接受来自西方商业力量的挑战，希望推动中国市场经济的进步，并进而推动社会和政治的进

---

[1]　雷麦，《关于中国抵制洋货运动的研究》，霍普金斯大学出版社，1933。对中国的抵制外国商品有记录。

步。这被看成是一种使命，一种被绝大多数中国人视为责任的集体意识。

这是一种典型的中国商业思维方式！自从中国社会进入 20 世纪以来，几乎所有的商人，所有的企业家都将它们商业上的成功看作是拯救国家的工作，每一个中国企业家在这个时候都是一名强烈的民族主义者，几乎没有例外。无论是在本土经营的企业家，还是在海外经营的华裔企业家，他们对这个国家的责任总是挥之不去。

面对这种现象，有两个历史层面的意义需要辨析。

第一层面的追问是，商业的目的，只能是国家的富强和民族的昌盛吗？这个看似像真理的答案，其实隐含着巨大的谬误。这种巨大民族主义情结的商业精神，在短期来看，的确可以在一个相对有限的市场，用一种集体主义的方法推动商业的发展，找到公司的中期利润，但却由此失去了更加宽阔的市场自由交换，失去了寻找商业可持续发展的可能。并不是任何国家任何时代的商业阶层，都紧紧抓住这种民族主义的商业逻辑，有人看得更远。17世纪以来欧洲一批具有基督精神的企业家，都愿意把企业获得的利润看作是上帝的恩赐，把获得的财富看成是对上帝的荣耀。他们坚信，企业家只是财富的管家，没有人能真正完全永远拥有财富，企业家的使命是帮助上帝管理好财富，而不是彻底拥有财富。拼命地挣钱，拼命地省钱，拼命地捐钱，成为这些企业家一生的财富生活。这种极为开阔的财富观念，反而让更多的欧洲企业家找到了财富真正的逻辑，这样的观念，越过了个人的欲望，越过了民族主义财富观，真正指向了一个能够持续展开的自由市场。当这样的观念成为企业家普遍的价值观，人们惊讶地发展，市场的逻辑出现了，整个欧洲、北美、日本、韩国相继在接下来的几百年之内，用自由市场经济的方法，创造了巨大的财富，国家相应地变得强大，人们的生活变得富足、自由、而且有尊严。

第二，民族主义商业精神，能够把我们带到哪里？必须在常识上说出一个事实，民族主义让市场变小了，让市场交换变得不自由了，这是任何国家、任何时代经济发展的大忌，是典型的画地为牢。不过，更值得分析，更加具体的历史事实是，在接下来的几十年之内，正是民族主义的商业逻辑将中国的市场经济力量划分为两个不同的阵营，并形成了现代经济史上最醒目的窝里斗，这就是日后盛行一时的民族资产阶级和买办资产阶级的对立现象。那些钦定的历史教科书认为，民族资产阶级就是纯粹用本国的资本经营，敢于和外国商业力量进行竞争，全面反对外国在华商业机构特权的企业家群体。而买办资产阶级，则是在政治上、经济上都完全依附于外国商业机构的企业家群体。

但这样的二元对立的分类，却经不起分析。在 20 世纪初期中国所有的通商口岸中，并不存在完全不依赖于外国商业力量的所谓纯粹的中国企业。事实上，中国的近代商业最大的主题，就是对外贸易，这是区别传统商业秩序的惟一特点，而近现代工业最大的特点，则是借助于西方的工业新技术，将中国传统的手工业带进了以机械化为主导的工业革命之中。在分工意义上，这种中外合作的模式更为明显。几乎所有重要的中国企业，有的是在资本投资的层面与外国企业合作，有的是通过原材料供应，让民族企业成为更大的产业链的一部分。而有的则是通过技术设备的合作，或者是商业渠道的合作，构成一种分工意义上的间接关系。

合作才是现代经济秩序的主题。市场所有的力量事实上都处在依赖或者依存的商业关系里。因此，将中国的资本主义力量按照意识形态的分野，划分成两个不同的类型，只是背离市场的逻辑，给市场主体安置了一种人为的标签，便于谋求一种政治力量的博弈。

七、对城市商业社会的自治局面的基本描述

晚清通商口岸商业精英阶层的崛起，一方面承担着市场自由交换的职能，一方面还承担着相当一部分社会公益的职能，并且带

动了内地相当一批城市的社会格局，这是晚清政府管理能力逐渐式微的结果，也是中国商人长期以来秉承儒家道德伦理的结果。

相关的领域，政府的力量长期以来苦于财力不够，或者执行力有限，一直处在松散且不作为的状态。现在，民间的、市场的商业力量崛起之后，他们自然而然地肩负起社会管理的职能。这类似于日后人们总结出来的非政府组织，或者是民间自治的局面。诸如发展慈善事业、维护社会治安、疏通河道、修筑堤坝、城市的下水道治理、港口维修，以及实业型企业的创建与管理。到晚清末年，这样的社会自治局面，差不多成为一种常态，不仅商人群体自己亲力亲为，而且将过去传统的士绅阶层也接纳进来，从而进一步加大了民间社会自治的范围和力度。[1]

此情此景，在长期极权管理的体制下，是不可想象的，是开放的国际贸易秩序和自由交换的国内市场秩序，让民间自治成为一种可能。这样的格局，对历史发展的意义，可谓巨大。它加速了中国长达数千年的中央集权社会的瓦解，推动了整个社会走向市场化和现代化。

和其他国家市场化、现代化的进程类似，中国的市场化进程，也是从城市的精英阶层开始的。这是一个令人兴奋的社会现象，城市精英阶层在社会管理的层面，构成了一种能够和中央集权博弈的社会性力量，这种力量的崛起，不是一蹴而就，而是潜滋暗长。中日甲午海战之后，各种学术团体和教育会开始产生，1897年，上海创立了第一家农会，1905年江苏成立了中国第一个民间教育会。农会主要关注由日本引进过来的农业技术，他们办有自己的刊物，试图向上海周边的农村推广。教育会的使命感显得更大，他们不仅关注教育与学术，还要求政府进行政治改革，参与

---

[1] 孔飞力，《民国时期的地方自治：控制、自治及其流动的问题》，加利福利亚大学出版社，1975，第257—298页。详细描述了当时的社会自治秩序。

到了管理的培训计划之中。[1]

需要强调的是，这种民间自治组织的出现，事实上也是通商口岸的外国商业机构为中国人提供了样本。现代中国人对民主的表述，对民主选举少数服从多数原则的认识，主要是上海商业组织借鉴了外国商业机构的方法，1903 年，这样的原则正式写进了上海总商会的章程。1905 年，上海的另一家商业机构，城厢内外总工程局，也采用了这样的民主原则。今天依然在运行的城市市政管理办法，主要也是当时的上海民间机构从英美公共租界和法租界的经验中借鉴而来。[2]

不过，种种民间自治力量的勃兴，并不构成和晚清政府的直接对抗，相反，这些自治性组织完全不希望看到晚清朝廷的中央集权体制的消失，或是过分的削弱，他们谋求的是一种渐进主义的改良性力量。这是城市商业经营阶层参与社会管理事务的过程中必然占据的立场和方法 [3]。事实的确是这样的，晚清末年，当朝廷兴起一批技术性官僚，几乎所有参与到洋务运动中的专业人员和企业家，都按照这个逻辑组合起来。到 20 世纪新兴的商业精英阶层以及他们培养起来的民间自治力量，与朝廷的官僚体系，达成了一种暂时的共识，导致地方行政管理权力向城市机构转移，一批有专业背景、有商业能力，同时又有社会管理经验的精英人群，为官僚体制输送了大批的社会管理人才。而这样的格局，对于朝廷而言，也是能够接受的，一方面，朝廷当然不愿意放弃通过官僚机构来对社会进行控制的权力，另外一方面，社会自治的力量

---

[1] 这样的历史图景，主要是传统的士绅阶层和城市商业精英分化之后，与官僚拉开了距离，形成的一种社会自治力量。孔飞力教授的另外一本著作，《晚清帝国的叛逆者及其对手，军事化与社会结构》，哈佛大学出版社，1970，第 223—225 页，有比较详实的资料记录。而周锡瑞，《中国的改良与革命辛亥革命在两湖》，加利福利亚大学出版社，1976，第三章，《城市精英阶层的改革者》也有比较丰富的细节。

[2] 中国本土研究者并没有太多的文献关注晚清末年新式教育的兴起这一重要事实，法国学者巴斯蒂的《20 世纪初中国的教育改革概况》，是这方面值得参考的重要文献。

[3] 这是白吉尔先生的观点，见：《中国资本主义的黄金时代》（1994），第 57 页。

参与到改良的过程中，也为朝廷谋求进一步的管理提供了新的思路。总之，晚清末年，传统的大一统的管理模式和民间社会的自治经验相结合，整个城市的管理秩序的总体利益似乎是一致的。

社会自治的管理秩序，具有醒目的示范效应，而且天然具有协调性。不同的社会自治团体很快找到了合作的理由和途径，社会精英的影响力在不断扩展。散落在各个城市的社会精英，既拥有富裕的物质条件，又拥有参与社会管理的兴趣和能力，他们在一个时代的凸起，几乎就是水到渠成的事情。比如在江苏，这个受到通商口岸海外商业经验深深影响的地区，就涌现了一批真正的精英人物。

张謇（1853—1926）是那个时代最具有社会管理能力的企业家精英，他几乎成了南通的行政长官，如果站在地方自治的角度看张謇，他应该算是中国进入近代社会之后最成功的企业自治领袖。[1]

黄炎培（1878—1965）在自己的家乡川沙兴办学校，他是近代以来在教育自治方面走得比较远的社会精英之一，一方面做一些基础性的教育工作，一方面不断发出改良社会的声音，差点被慈禧砍头，幸得一名基督教牧师的保护，才得以脱身。[2]

马相伯（1840—1939）的贡献更大，震旦大学的创始人、基督徒、神学博士，培养出了蔡元培、于右任、邵力子等大学者。早年曾经致力于洋务，中年后把全部精力放在了教育事业上。著名的"毁家兴学"，即马相伯所为。1900年，他将自己的全部家产，清浦、松江的3000亩田产全部捐赠给教会，作为创办中西大学堂的基金，并立下"捐赠家产兴学"的字据，规定这些钱财是日后培养学生的助学金。马相伯在教育层面的自治性努力，以及对中

---

[1]　参见本人著作《晚清启蒙课》，有关张謇的章节。

[2]　事实上，黄炎培主要是江苏教育会的积极人物，在当时就有很大的影响力，辛亥革命之后，他成为教育方针以及制度的主要设计者之一，主要理念是，倡导职业教育。

国现代教育的影响，几乎是无与伦比的。不过他在晚年曾经对前来看望他的胡愈之先生说，"我是一条狗，叫了一百年，也没有叫醒中国人"。

罗振玉（1866—1940），江苏淮安人，著名的金石学家，在甲骨文研究和敦煌研究方面成就卓著，曾经以一己之力保护晚清大库档案，让明清两代历史第一手资料得以部分幸存。同样，他也是晚清著名的教育家，曾经在上海创办东文学社，培养了包括王国维在内的诸多大学者，他还担任过京师大学堂农学堂的校长，日后的中国农业大学即来源于此。[1]

许鼎霖（1857—1915），著名的实业家，参与创办耀徐玻璃公司、赣丰机器油饼厂、海赣垦牧公司、大达外江轮船公司等。和张謇、沈云需并称"苏北三大名流"。是晚清末年真正的社会精英，今天江苏的企业家传统，相当一部分来自于许鼎霖。[2]

这些在企业、教育、学术领域具有杰出才能的社会精英，构成了一个国家在转型的过程中最有思想意义的风景。他们不仅在自己的领域承担着领导作用，而且促成了各个领域各个团体之间的直接合作，从而是政府行政机构的决策构成了巨大的影响力。这可以说是晚清末年最有价值的社会现象，一个由专家、社会精英构成的社会管理阶层由此产生，他们是这个时代真正有建设性意义的改革者，他们普遍具有保守主义的改良特征，相比那些革命者、那些愤怒的暴力推崇者，这一批社会精英的政治属性，最为清晰，他们对现代化的认识，对市场的自发秩序，民间社会的自治经验的认识，可谓前无古人。

社会发展的逻辑总是这样：当民间的自治发展到一定的水平，政府的改革就被逼出来了。至少晚清年代的各种改革，都不是政

---

[1] 罗振玉除了涉及大量的学术活动，还积极参加过当时的政治改良运动，但辛亥之后，他并不赞同不断兴起的革命主张，因而淡出政治圈子，潜心研究古学。

[2] 许鼎霖通过了科举之路，并入仕途，不过后来他参与到洋务运动之中，兴办了一些工厂和学校，因此在地方经济和教育方面，产生了不错的影响。

府的主动性改革，不是所谓的"顶层设计"，而是民间社会与市场
自发秩序之后倒逼的结果。1905—1906 年，晚清政府推出了一系
列改革措施，赐予商会、教育会、农学会和地方自治研究所合法
的地位 [1]。虽然这些措施的出台，很大程度上是朝廷试图将大部分
的城市社会自治机构纳入政府行政轨道的一种努力，但一个不可
否认的变化是，朝廷终于全面接受了民间自治的社会秩序。

　　一个古老的社会终于产生了裂变，这一次的变化，不再是一种
增量性的变革，而是一个古老的集权制国家向民间社会自治管理
方式的变量性变革。自此之后，国家的管理方式出现了一种由政
府主导的管理方式与民间社会自治管理方式之间的博弈。朝廷的
努力当然是希望这些民间的自治机构依然隶属于中央政权的控制
之下，所以朝廷根据社会的变化，很快就设立了一些新的政府机
构，比如 1903 年设立的商部，后来改组为农工商部，就是希望将
各地的私人企业和企业家管理起来。比如 1906 年设立的学部，就
是希望将各地出现的民间教育机构统一管理。还比如 1908 年颁布
《钦定宪法大纲》，规定地方和各省级议会实行有限的公民选举，
就是要将各地不断出现的民间自治选举现象规范化，促使国家最
高议会，即资政院的选举，政府能够控制其运行。[2]

　　整个国家都在朝着市场化的方向、自治的方向发展，这正是民
间自治秩序和朝廷大一统的管理秩序博弈的结果。晚清的社会图
景是这样的，社会精英在探索社会管理的新方法，朝廷也在探索。
区别在于，朝廷设立的一系列控制性机构，很快就变得软弱无力，
甚至固步自封 [3]。重要的是，传统的思维方式让他们始终认为，
民间的自治力量一直处在朝廷的管辖范围之内，双方的博弈并不

[1] H.S.布伦纳特，V.V.汉格尔斯特罗姆，《当前中国的政治机构》，台北世界图书公司，
　　第 184、358—363、408—409 页。
[2] 陈锦江，《清代现代企业与官商关系》，第 226 页；巴斯蒂《20 世纪初中国的教育改
　　革概况》，第 71—72 页。
[3] 这是白吉尔在《中国资本主义的黄金时代》里提到的观点，第 59 页。

在一个平等对话的层面。但是，新兴的社会精英阶层显然不这样看问题，他们拒绝政府制定的辅助性角色，而是谋求平等对话者的身份，不断对国家制度和社会管理提出自己的批评和建议。

双方之间的张力是巨大的。晚清政府对这些自发的民间机构非常不安，事实上民间团体的联盟变得越来越紧密。1907 年，商会的联合可谓狂飙突进，他们在上海聚会，成立了有别于朝廷商部的民间商会联合会，与之相适应，到 1907 年年底，各省商会代表在上海再聚会，选举产生了全国性的商会代表。1911 年 5 月，教育会的代表在上海举行大集会，并且制定了共同纲领，建立了一个常设机构，中国教育会 [1]。1909 年 11 月，17 个省的咨议局的57 位代表聚会上海，在张謇的倡议下，发起了一次要求全国召开真正国会的请愿运动，全国上下响应者众多。[2]

这意味着一个重大的历史事实，晚清政府试图努力控制民间社会的努力归于失败。而另一个重大的历史事实则是，不断兴起的民间自治力量并没有谋求革命性的暴力，而是致力于一种对话性的博弈，一种和平的改良 [3]。从历史上看，这是一种巨大的进步，它完全区别于那些暴力性的农民起义，区别于不久之前的具有彻底破坏性的太平天国起义和义和团运动，所以，有一种观点认为，晚清中国的变革，或多或少具有英国光荣革命的影子 [4]。至少一个历史事实摆在这里，晚清的谢幕，并没有发生巨大的战争，没有血流成河，没有民不聊生，中国的历史第一次以一种看上去渐进、和平的方式，走进了新时代。

这样的变化，既不是晚清自由贸易的结果，也不是近代洋务

---

[1] 巴斯蒂，《20 世纪初中国的教育改革概况》，第 73—74 页。

[2] 瑞玛丽，《革命中的中国，第一阶段（1900—1913）》，耶鲁大学出版社，1968，第215 页。周锡瑞，《改良与革命：辛亥革命在两湖》，江苏人民出版社，2007，第91—96 页。

[3] 张朋园的作品《立宪派》提到了这样的观点，瑞玛丽的著作《革命中的中国，第一阶段（1900—1913）》，第 161 页，引用了张的资料。

[4] 此观点参见：高全喜，《立宪时刻》，广西师范大学出版社，2011。

运动的结果，更加本质的内在动因，是市场的自发秩序、社会的自治秩序构建了一个多样性的社会，士绅阶层的分裂、现代城市精英阶层的崛起，以及知识分子的独立。一个时代的思想在裂变，人们的生活方式有了多样选择的可能，古老的集权式管理基础被瓦解，延续千年的单向度社会终于衍生出一种市民社会，而这正是一个伟大的市场经济时代，一个企业家的黄金时代得以产生的社会基础。

图书在版编目（CIP）数据

规则与治理：理论、现实与政策选择 ／ 毛寿龙，冯
兴元主编 . — 杭州：浙江大学出版社，2014.12
（奥地利学派研究）
ISBN 978-7-308-13906-9

Ⅰ.①规… Ⅱ.①毛… ②冯… Ⅲ.①奥地利学派－
文集 Ⅳ.①F091.343-53

中国版本图书馆 CIP 数据核字 (2014) 第 226019 号

规则与治理：理论、现实与政策选择
毛寿龙　冯兴元　主编

责任编辑	叶　敏
文字编辑	张海容
出版发行	浙江大学出版社
	（杭州天目山路 148 号　邮政编码 310007）
	（网址：http://www.zjupress.com）
制　　作	北京大观世纪文化传媒有限公司
印　　刷	北京天宇万达印刷有限公司
开　　本	635mm×965mm　1/16
印　　张	21.25
字　　数	276千
版 印 次	2014年12月第1版　2014年12月第1次印刷
书　　号	ISBN 978-7-308-13906-9
定　　价	56.00元